谨以此书
纪念潘序伦先生
诞辰130周年

经世济民

——中国现代会计之父潘序伦的家国情怀

上海立信会计金融学院　组编

罗银胜　著

立信会计出版社
LIXIN ACCOUNTING PUBLISHING HOUSE

图书在版编目(CIP)数据

经世济民：中国现代会计之父潘序伦的家国情怀 / 罗银胜著；上海立信会计金融学院组编. —上海：立信会计出版社，2023.7(2023.8重印)
ISBN 978-7-5429-7391-7

Ⅰ. ①经… Ⅱ. ①罗… ②上… Ⅲ. ①潘序伦(1893—1985)-生平事迹 Ⅳ. ①K825.31

中国国家版本馆 CIP 数据核字(2023)第 114507 号

策划编辑　　华春荣
责任编辑　　张翠芳　彭秋龙

经世济民：中国现代会计之父潘序伦的家国情怀
JINGSHI JIMIN ZHONGGUO XIANDAI KUAIJI ZHI FU PAN XULUN DE JIAGUO QINGHUAI

出版发行	立信会计出版社
地　　址	上海市中山西路 2230 号　　邮政编码　200235
电　　话	(021)64411389　　传　　真　(021)64411325
网　　址	www.lixinaph.com　　电子邮箱　lixinaph2019@126.com
网上书店	http://lixin.jd.com　　http://lxkjcbs.tmall.com
经　　销	各地新华书店
印　　刷	上海雅昌艺术印刷有限公司
开　　本	710 毫米 × 1000 毫米　 1/16
印　　张	19.5　　插　页　2
字　　数	227 千字
版　　次	2023 年 7 月第 1 版
印　　次	2023 年 8 月第 2 次
书　　号	ISBN 978-7-5429-7391-7/K
定　　价	95.00 元

如有印订差错，请与本社联系调换

序

在中国会计历史长河中,以潘序伦为代表的老一辈会计学家、会计教育家、会计实务专家是中国现代会计事业的开拓者。改革开放以来中国会计画卷之宏伟,得益于老一辈打下的底色(陈毓圭,2021)。被誉为"中国现代会计之父"的潘序伦先生是中国现代会计的奠基人,他毕生致力于会计事业,创办了立信会计师事务所、立信会计学校、立信会计图书用品社"三位一体"的立信会计事业,提出了以"立信"为核心的会计思想,为我国会计文化、会计理论、会计实务、会计教育、会计出版的发展作出了不可磨灭的历史贡献。2018年上海市社会科学界联合会向社会推出首批68位学术宏博、贡献卓著、德高望重的上海社科大师,潘序伦名列其中。

学者的伟大,不仅在于其广博的知识和出众的才华,更在于其家国天下的初心。正是一代代中华儿女一脉相承的家国情怀才让中华民族有着如此旺盛的生命力。在迈上全面建设社会主义现代化国家新征程、向第二个百年奋斗目标进军之际,我们要增强文化自信,深化爱国主义、集体主义、社会主义教育,用社会主义核心价值观铸魂育人,因此,对于大师学术思想及家国情怀等精神境界的探寻意义重大。

一路走来,潘序伦先生始终坚守着家国天下的情怀、发扬会计学术的精神和服务会计教育的宗旨。"向以服务社会职志,并以改革我国会计制度、促进工商各业为己任",是他建立会计事业的初心和使命;"取之于社会,用之于社会,取之于会计,用之于会计,取之于学生,用之于学生",是他创办教育事业的目的和归宿;"俾国内会计事业,随文化学术之推进而臻于发扬光大",是他创建出版事业的宗旨与愿景。潘序伦先生的家国情怀,还在于与人民出版家邹韬奋先生的肝胆相照,与黄炎培、马寅初等知名爱国人士的交往、相互勉励、以身许国的无畏正义,以及对顾准、黄逸峰、李建模等爱国青年在立信校园从事革命活动的默许与保护。潘序伦先生是会计诚信的光辉典范,是坚定的会计改革家,更是一位爱国者。

2023年是潘序伦先生诞辰130周年,也是上海立信会计金融学院成立95周年,我们组织编写了《经世济民——中国现代会计之父潘序伦的家国情怀》一书。该书回顾了潘序伦先生的心路历程,展现了潘序伦先生的家国情怀,书写了一代会计大师的责任与担当。立时代之潮头、发思想之先声,是潘序伦先生的真实人生写照。潘序伦先生以人民为中心,秉持教育为民的思想和爱国情怀,"为人民谋幸福,为民族谋复兴",通过创建"三位一体"的立信会计事业来践行"实业救国",推动出版创兴,将立信会计事业与"振兴中华"的伟大抱负紧密相连。

传承大师风范,赓续立信文脉,是续写立信事业更加辉煌篇章的重要保障,是培养担当民族复兴大任的时代新人的现实需要。党的二十大报告强调,"教育、科技、人才是全面建设社会主义现代化国家的基础性、战略性支撑"。面向建设教育强国的新征程,上海立信会计金融学院以坚持党的全面领导为根本保证,以立德树人为根本任务,以为党育人、为国育才为根本目标,紧紧围绕厚植基础、彰显优势、追求卓越的"三步走"战略构想,深入推进高质量发展、开放发展、特色发展三大战略,全力朝着"建成国际知名、国内有重要影响、特色鲜明的高水平应用型财经大学"的奋斗目标迈进。我们要继续秉承潘序伦先生提出的"信以立志,信以守身,信以处事,信以待人,毋忘'立信',当必有成"的谆谆教诲,自信自强、守正创新,踔厉奋发、勇毅前行,为全面推进中华民族伟大复兴而奋斗。

是为序。

解 超

2023年7月1日

前言

潘序伦，江苏宜兴人，生于1893年7月14日，卒于1985年11月8日。他是中国现代杰出的会计学家和著名教育家。潘序伦生前历任立信会计师事务所主任会计师，立信会计专科学校校长、名誉校长，立信会计图书用品社社长，以及中国会计学会和上海市会计学会顾问、上海市社会科学界联合会顾问、上海市审计学会名誉会长、上海公正会计师事务所董事长、立信会计编译所主任和上海市高级会计技术职称评定委员会副主任等职。他是发展我国会计事业和培养会计经济人才的先驱。

1985年10月25日，中华人民共和国财政部为表彰杰出的会计专家、教育家潘序伦先生从事会计工作和教育工作60周年，对我国会计事业作出的卓越贡献，特向他颁发荣誉证书。

2018年，上海市社会科学界联合会公布首批"上海社科大师"人选名单，潘序伦、陈望道、贺绿汀等68位著名学者当选。

在中国当代学术界，能称为"学科之父"者凤毛麟角，潘序伦先生是其中之一。他被誉为"现代会计学宗师，职业教育之楷模"[①]，他将现代会计理论引入中国，告诫学生"夫学识经验及才能，在会计师固

---

① 时任中共中央政治局常委、国务院副总理李岚清同志纪念潘序伦先生诞辰100周年题词。

无一项可缺,然根本上终究不若道德之重要"①。终其一生,恐怕没有比立"信"更重要的事业。

1993年,上海市原市长、海峡两岸关系协会首任会长汪道涵为纪念潘序伦诞辰100周年,欣然题写"经世济民"。

"经济"一词的出处就是"经世济民"。《抱朴子·审举》谓:"故披洪范而知箕子有经世之器,览九术而见范生怀治国之略。"《晋书·殷浩传简文(司马昱)答书》:"足下沈识淹长,思综通练,起而明之,足以经济。"

可见,"经纶济世,强国富民"是历代中国有志向、有作为的知识分子的崇高思想境界,经济学应该是"经世济民"之学,充分体现经济学厚生、惠民的人文主义思想。"经世济民"正是潘序伦先生的人格信念与人生追求,是他一生心怀家国、无私奉献的绝佳写照。

潘序伦先生在垂暮之年,还曾振臂疾呼:

> 我今天要求我所训练出来的成千上万同学和同事一起和我高喊口号:我们有生之日,都是为国竭智尽忠效力之年,这是我们最最幸福之时!②

"为国竭智尽忠效力",是潘序伦先生在其晚年对家国情怀的完美诠释。

"为国竭智尽忠效力",是潘序伦先生始终心怀"国之大者"的生命之呼。

---

① 潘序伦:《中国会计师职业》,《潘序伦文集》,立信会计出版社2008年版,第40页。
② 潘序伦:《热烈庆祝国庆三十周年》,《潘序伦文集》,立信会计出版社2008年版,第529页。

"为国竭智尽忠效力",是潘序伦先生一生无私奉献的真实写照。

"为国竭智尽忠效力",是潘序伦先生报国强国的初心所在。

潘序伦漫长的人生道路充满艰辛与曲折,但他始终信守报国强国的爱国之志,无怨无悔,踔厉奋发,竭尽全力,真正做到了鞠躬尽瘁,死而后已。

潘序伦以"立信"精神自警自律,他一生牢记使命,践行初心,完美地演绎了"信以立志,信以守身,信以处事,信以待人,勿忘'立信',当必有成"的"立信"精神,为世人所敬仰。

潘序伦秉承报国强国初心,倡导"信以立志"。志,意谓人生志向,即理想、抱负、人生坐标,或者说是心中拥有的孜孜以求而非虚幻的梦。它是人们人生目的的体现,是由各自的人生观决定的。

解读"信以立志",就是要明确目标,脚踏实地;坚忍不拔,矢志不渝。

当然,人活着是要有目的的。人生目的是人生观的核心。人生的目的是多层次的,人生目的不同,人生观也各异。人来到世上,究竟为什么活着?持什么样的人生观?是否有志?又立什么样的志?这些人生的根本问题对人生旅程至关重要,决定着每个人的人生价值。

潘序伦的人生经历,为我们诠释了立志对于人生的重要意义。有的人少时既已明志,其人生坐标非常清晰,其人生历程大体没有脱离当初设计的轨道;而有的人却是历经曲折,甚至误入歧途,倘若能幡然醒悟,立志自强,仍能使人生出现转机,扬帆远航。潘序伦即是如此。

潘序伦一开始以读书来解决人生的出路问题。他青年时代求学求业,有过轻率、盲目、任性的经历,因而曲折坎坷,曾陷入危机。

志是人生旅途的精神支柱和指路明灯。志,能专一,自然会影响到气;气,能专一持久,自然也会影响到志。气,即精神状态,好的

"气",用我们今天的话来说,就是"激情燃烧"。有志,才能有激情;有激情,才能体现其志,有助于实现其志。

潘序伦要出国留学深造,必须冲破"三关":拿到学士学位,掌握外语,取得资助。这三者对于他来说,均非轻而易举。但潘序伦的宏志激发了奋进的力量,使他发奋到了极限。

潘序伦在圣约翰大学求学时,"有两点较深刻的体会:一是要在逆境中善于忍耐,如果我不咬紧牙关,忍受任何同学对我的种种刺激,而贸然辍学返乡的话,我将有可能终生堕落下去,沉浮于泥淖之中而不能自拔;二是要有勤学苦读的毅力。如果我不能夜以继日地勤学苦读,我就不会获得圣约翰大学文学士的学位,更不可能获得留学美国的机会"。[①]

从潘序伦的自述中我们可以清楚看出,其高效高速并取得优异成绩的求学过程,是以他的宏志所激发的无坚不摧的精神力量为支撑的。正如俄罗斯的伟大诗人、剧作家托尔斯泰所说:"理想是指路明灯,没有理想就没有坚定的方向,没有方向就没有生活。"[②]这也是托尔斯泰从人民群众的生活实践中总结出来的人生体验。

潘序伦在会计和会计教育事业中所遭遇的困难也是层出不穷的。

潘序伦刚迁川时,生活上无亲人照顾,住在望龙门的江边,从住地到办公地点仅走山路就有160个台阶。在这段时间,"生活艰苦,身体疲劳,以致随时有生命的危险,都没有使我在事业上松劲。我的脑子里只有六个字:'立信会计事业',首先是忙着开办立信会计学校"[③]。

[①] 潘序伦:《潘序伦回忆录》,中国财政经济出版社1986年版,第19页。
[②] 姜韵宜、董乃祥:《潘序伦与立信文化知行教程》,经济科学出版社2006年版,第24页。
[③] 潘序伦:《创业散记》,《潘序伦文集》,立信会计出版社2008年版,第564页。

这六个字就是潘序伦志之所系。脑子里闪现这六个字，工作就有了方向，那就是买地、盖教学楼、重新凝聚师资队伍、解决教材供应渠道、筹措资金、招生等。这一切工作落实之后，重庆立信会计专科学校就诞生了。

纵观历史，举凡事业上有辉煌成就的人，胸中都有大志，尽管征途艰难险阻，其志也能照亮其前进方向，指引其阔步前行。

志是创造人生价值的原动力。志反映着人的价值取向。

爱因斯坦曾说："一个人的价值，应当看他贡献什么，而不应该看他取得什么。"这句话言简意赅，令人信服。

在《热烈庆祝国庆三十周年》一文中，潘序伦号召："为国竭智尽忠效力之年，这是我们最最幸福之时！"在他看来，对一个人来说，人生观、价值观、幸福观是一脉相承的，是一致的。实现自己的志向，自然而来的是成就感，进而带来幸福感。

我们应该向潘序伦学习，始终牢记"为国竭智尽忠效力"，树立正确的世界观、人生观、价值观，努力实现人生价值，为社会多作贡献。

这样的人生是丰富的、充实的；这样的人生是幸福的、圆满的。

在潘序伦先生诞辰 130 周年之际，我们倍加尊崇潘序伦先生伟大的家国情怀、非凡的献身精神、杰出的会计成就。让我们高举习近平新时代中国特色社会主义思想伟大旗帜，为全面建设社会主义现代化国家而不懈奋斗！

罗银胜
2023 年 6 月

目录

第一章　家国情怀养成之路 … 1

第一节　恩师启迪　少年初蒙 … 3
一、中华优秀传统文化的浸染 … 3
二、中华民族知识分子品质的血脉传承 … 6
三、职教先驱黄炎培教育思想的熏陶与影响 … 9

第二节　踔厉奋发　学贯中西 … 14
一、经历蹉跎，心存自强之志 … 14
二、进入圣约翰，开启西学之钥 … 17
三、负笈哈佛，迈入会计殿堂 … 22

第三节　立信为本　笃行不息 … 30
一、学成归国，传播西方现代会计学 … 30
二、饮水思源，设立"思源助学基金" … 37
三、会计报国，开创"三位一体"会计事业 … 40

第二章　会计实业救亡之道 … 43

第一节　实业救国　创办立信会计师事务所 … 45
一、以公正会计推动民族经济 … 45
二、以专业精进赢得社会信誉 … 52

第二节　将"立信"思想融入服务社会 … 54

一、支持抗日救亡，为抗日团体提供审计服务 ………… 54
二、倡导会计诚信，在会计实务中践行诚信 …………… 56
三、服务民族工商业，为推动社会发展贡献力量 ……… 59

第三章 会计教育为民之行 ………………………………… 65
第一节 大力推行会计职业教育 ………………………… 67
一、从小小簿记训练班起步 ……………………………… 67
二、兴办立信会计补习学校 ……………………………… 69
第二节 创办私立立信会计专科学校 …………………… 74
一、于民族危亡之际捐资办校 …………………………… 74
二、于战火中坚持办学，弦歌不辍 ……………………… 83
三、学验并重，以"信"立校 …………………………… 93
第三节 敢于担当，乐于奉献，为国为民办教育 ……… 103
一、无私奉献的教育救国情怀 …………………………… 103
二、做成一点有益于人民的事业 ………………………… 107
三、倡导教育与社会相适应，为振兴中华服务 ………… 107

第四章 会计出版创兴之途 ………………………………… 115
第一节 会计学术的高峰——"立信会计丛书" ……… 117
一、会计研究者的绿洲 …………………………………… 117
二、会计革新的先驱 ……………………………………… 120
三、严肃学术的权威 ……………………………………… 124
第二节 会计出版的开端——立信会计图书用品社 …… 137
一、与商务印书馆的出版合作 …………………………… 137
二、与生活书店创办会计专业出版 ……………………… 141

三、为《新华日报》供应纸张 ················· 146

第五章　一代宗师的革命情缘 ················· 153
第一节　与邹韬奋先生肝胆相照 ················· 155
　　一、于国难中发出时代最强音 ················· 155
　　二、为《生活》周刊背书 ················· 167
　　三、为《生活日报》献策 ················· 171
第二节　与仁人志士同气相求 ················· 176
　　一、职业教育引路人和力行者：黄炎培、马寅初、
　　　　章乃器 ················· 176
　　二、中共党内的经济学家：顾准、黄逸峰 ················· 200
第三节　与立信师生团结同心 ················· 210
　　一、抗战风云中的师生救亡活动 ················· 210
　　二、新中国成立前的立信进步学生运动 ················· 218
　　三、中共立信地下党支部的成立 ················· 228

第六章　改革开放的践行者 ················· 237
第一节　几度浮沉　初心不改 ················· 239
第二节　青春不老　老而弥坚 ················· 249
第三节　与改革开放同频共振 ················· 267

后记：我与潘序伦研究 ················· 291

第一章

家国情怀养成之路

第一节　恩师启迪　少年初蒙

一、中华优秀传统文化的浸染

沿江苏省宜兴（旧称阳羡）县城东南方向走二三十里路，便是丁蜀镇。1893年（光绪十九年）7月14日，潘序伦出生在这里。

潘序伦生活的江南这片土地，自古以来不仅培育出无数英才，也孕化出主情、尚文、风雅的审美系统，即以灵性智慧著称、体现诗性特征的江南文化。

潘家世代书香，潘序伦的曾祖父和胞伯都在清朝中过举人。潘序伦的父亲潘亮之年幼时因太平天国运动而失学，花钱捐了个候补知县的虚衔。所以，他把光耀门楣的希望寄予儿辈，他为儿子起名时，将他们兄弟的名字按排行第几取名为"某曾"（潘序伦起名为"嗣曾"，序伦是他自己成年后另起的名字），其用意无非是要后代用功读书，像曾祖父一样中举，以光宗耀祖。

潘序伦从小浸润博大精深的传统文化，终身服膺。12岁以前，他受的是私塾教育，接受传统的经义、策论和文艺等方面的教育。塾师先是他家的一个远亲，后来就是他的长兄。

潘序伦入学之初，他父亲领着他，跪在红毡地毯上，向塾师叩了三个头。当时的规矩是"一日为师，终身为父"，塾师对学生有绝对的权威，可以任意责打或禁闭学生，即使学生家长看到也不能劝阻。私塾就设在大厅，当中供着大成至圣先师孔子、文昌帝君和北斗魁星。清晨读书之前，学生必须先向供位作揖叩首。潘序伦读书时也是这样真心诚意地行礼祝祷的。

康、梁维新变法之后，清政府废止"八股文"取士之途，改为经义、策论和文艺三场考试。经义以四书五经为题，策论则可议论时政得失。为了准备策论考试，潘序伦的长兄叫他熟读梁启超的《新民丛报》和《饮冰室文集》。其中有不少文章，如《彼得大帝传》《意大利建国三杰传》等，潘序伦都能琅琅背诵。所谓文艺，主要是数、理、化，中外历史，地理等。为此，潘序伦的长兄特地为他到上海买了不少理化试验器械和《泰西各国通史》《瀛寰全志》《数理精蕴》等书籍，使他开始接触许多新知识。

"以人为本"是中国文化最根本的精神。纵观潘序伦的一生，其自始至终充溢着一种鲜活的"以人为本""人文关怀"的人文精神。这种饱满的人文精神，体现在他毕生对祖国的挚爱、对人民的忠诚、对事业的追求、对学问的钻研中；这种人文精神激励着潘序伦克服千难万险，毅然投身为国家、民族、人民而斗争的伟大洪流之中。

后来，潘序伦将"以人为本"的人文精神，落实到办学育人，解决"培养什么样的人"的首要课题。他学习、研究会计，执行会计师业务，具有系统而完整的会计职业观，这是他超于他人的能力。他还有一个超人的长项，那就是他早年储备的我国古代优秀文化的底蕴。他清楚会计人员应具有的素质要求，并致力于培养会计人才：专业知识技能方面的素质要求，可以通过编教材、开课、讲授来解决；至于品德修养方面，他认为，做一个合格的会计人员，品德上必须"坚定不移地守信重诺，严禁弄虚作假"。他提出的"立信"的校训，即取诸《论语·颜渊》中"民无信不立"之意。潘序伦曾在毕业生纪念册中题写道：

昔孔圣有言：去食去衣，无信不立。则因以立信为建国之首务矣。

若退而言会计,则立信为尤要……必基石稳固而后可以尽其功能。此虽常言,实为先圣之所昭示,昭开日月,愿与诸同学拳拳服膺而信守也。①

潘序伦的上述题词体现了其对孔圣的崇敬和信仰。孔子所说"民无信不立",是"民无信不足以立国"之意,而潘序伦则将"民无信不立"用之于办学无信则不足以"立校",会计人员无信不足以"立身"。由此可见,"立信"之精神源于《论语》是不争的事实。潘序伦创办会计师事务所和会计学校,均以"立信"冠名,以"立信"为训,是他的传统文化素养与其会计职业观相撞击而产生的火花,体现了他以人为本的人文精神。

从潘序伦的道德文章和一生的事业成就,后人不难发现,潘序伦深刻汲取了博大精深的中华优秀文化,自觉传承中外先进文化,成为推动中华优秀传统文化创造性转化、创新性发展的不朽典范,不仅具有鲜明的时代特征,而且有令人着迷的历史穿透力、文化感染力、精神感召力。

与西方文化相比,以人为本的人文精神是中国文化最根本的精神,也是一个最重要的特征。中国文化中没有一个外在的神或造物主,中国家庭、社会秩序的维护都是靠道德的自觉自律。中国传统文化强调人的主体性、独立性、能动性。以人为本的中国文化是中华民族对人类的一项重要贡献。在很多人的观念中,现在的人本主义是西方的"舶来品",而根本不知道它其实是中国文化的"土特产"。近代西方文化所倡导的人本主义思想,与中国传统文化中的人本思想有着密切的关联。

---

① 姜韵宜、董乃祥:《潘序伦与立信文化知行教程》,经济科学出版社2006年版,第13页。

而在中国传统文化中,我们的古人非常强调修身。《大学》的第一句话是:"大学之道,在明明德,在亲民,在止于至善。"第一个"明"是发扬光大,第二个"明"是形容这个德是光明正大的。每个人都有明德,我们要把它发扬出来。这几句话揭示了《大学》的"三纲领"。《大学》还有"八条目":格物、致知、诚意、正心、修身、齐家、治国、平天下。其中"修身"是关键,因此才有"自天子以至于庶人,壹是皆以修身为本"的提法。修身就是自我德行的提升,不仅仅是在口头上、认识上,更重要的是要从行动上、实践上提升自己。

二、中华民族知识分子品质的血脉传承

在接受中华优秀的传统文化的哺育过程中,中华民族优秀知识分子的品质在少年潘序伦的心中越来越清晰。从孔子"舍生取义,信善性善"到充满"浩然之气"的东坡精神,再到谭嗣同"肩承社稷,肝胆昆仑"这一脉相承的中国传统知识分子所追求的人格和所信仰的价值观,深深地渗入他的心灵深处。

潘序伦的故乡宜兴,与宋朝大诗人苏轼(号东坡居士,世称苏东坡)有着密切的关系。

数百年前的一个秋天,苏轼乘船来到宜兴,心情舒朗,不但在此地买田造屋,而且书写一首帖:

> 吾来阳羡,船入荆溪,意思豁然,如惬平生之欲,逝将归老,殆是前缘。王逸少云"我卒当以乐死",殆非虚言。吾性好种植,能手自接果木,尤好栽橘。阳羡在洞庭上,柑橘栽至易得,当买一小园,种柑橘三百本。屈原作橘颂,吾园若成,当作一亭,名之曰楚颂。
>
> 元丰七年十月二日书。

这首帖子被后世称为《楚颂帖》或《买田阳羡帖》，《苏东坡书法全集》名之为《种橘帖卷》，故宫博物院有藏本。文中的阳羡、荆溪均是宜兴旧称。

《楚颂帖》写于1084年（元丰七年），苏轼年近50岁，人生走过了大半程。在此之前，1079年夏天，苏轼因"乌台诗案"被捕入狱。经过100多天的牢狱之灾后，苏轼被贬黄州。

1084年，苏轼离开黄州，调任河南汝州。这一年，苏轼也写下了《菩萨蛮》："买田阳羡吾将老，从来只为溪山好。来往一虚舟，聊随物外游。有书仍懒著，水调歌归去。筋力不辞诗，要须风雨时。"结束黄州任期的苏东坡似乎对自己的后半生已有了规划。以《菩萨蛮》为例，从他这一时期的诗词文章可以看出，他有归老阳羡、寄情山水的愿望。

在苏轼看来，阳羡便是自己心中的世外桃源，田园生活的归处。

在《楚颂帖》里，苏轼畅想归老宜兴的情景："当买一小园，种柑橘三百本。屈原作橘颂，吾园若成，当作一亭，名之曰楚颂。"在苏轼看来，它不仅仅是一个亭子，更是一种精神寄托、情感表达。

后人在楚颂亭旁建造了东坡祠堂，每逢他的生辰，地方士绅组织集会祭祀，参加者行礼时都按官阶品级，头戴各式帽顶、花翎，身穿朝服，向东坡神位行三跪三叩首的大礼。潘序伦小时候每逢举行这样的仪式，他都随着父兄溜进去观看。

东坡书院作为文人学士例行嘉会、福怀先贤之所，在清代康熙、乾隆年间被多次修缮、扩建。咸丰年间，书院被焚。光绪八年（1882年），宜兴县东南八乡24家望族合资重建东坡书院，作为培养人才之地。

在科举废除的次年，宜兴县东南八乡上的24家望族集会讨论利用东坡祠堂房屋兴办了一所东坡高等小学，各族子弟都可以入学。

东坡高等小学第一期共招收36人,分正科、预科两班。

1906年,潘序伦被选入东坡高等小学正科(正科毕业就可以算是"秀才")。学校规模很小,但"麻雀虽小,五脏俱全",除设校长、学监(相当于教务主任),因学生全部住读,还设有舍监(相当于训导主任)。学校成员全都是由24家望族论资协商推荐的。例如,校长是由一位年已古稀的"贡生"担任,他的祖父是进士,父亲是举人;学监姓崔,也是贡生;舍监则由一位祖上做过高官的姓吕的人担任。学校的教育制度和管理方法仍保留着许多旧科举私塾的痕迹。课程除了四书、五经、史记等古典文学,还有英文、日文、数学、中外史地、体操、音乐等,与现在的高中课程相似。

潘序伦熟读苏轼诗文,感悟苏轼的文学造诣与精神世界。苏轼等人创立宋诗格调,代表着一种以才情浩荡,诗、文、词、书、画兼通,而又意趣旷达为标志的士人文化形态。苏轼的诗率真大气,饱含着忧患和理趣。所有这些都深深地影响着潘序伦。潘序伦秉承苏轼精神,心无旁骛,发愤读书,勤奋思考。

潘序伦还努力学习历代经典。从他的文化心理结构或精神谱系形成的角度看,中国传统思想文化的某些原型与他朝夕相伴。例如,讲尊师,他会想到张良的圯桥拾履;讲重才,也许想到萧何月下追韩信;讲忍耐,可以想到韩信的胯下之辱;讲信义,可以想到季布的一诺千金。这些原型既涉及修身,也涉及治国。例如勾践的卧薪尝胆、项羽的破釜沉舟、韩信的背水一战、范蠡的扁舟五湖,蕴含着何等的意志、决心、气节、豪情和潇洒。又如焚书坑儒、指鹿为马、项庄舞剑以及冯唐易老、李广难封,又包含着多少残酷的权术和悲哀的命运。这些给民族精神带来深刻影响的史实与传说,对潘序伦的成长与为人处世有深刻久远的影响。

重才、讲信义、重气节等价值理念对潘序伦的人生追求、事业发展也有重要影响。

在少年成长时期,除了时代的烙印,我们个体的志向和价值观发展往往受到亲友、师长、同学,特别是受阅读过的书籍、崇拜的偶像的影响。潘序伦也不例外。

在东坡书院的学习,是潘序伦人生中的一段难忘经历。这段经历与他个性成长和人生历练密切相关。

潘序伦的身份虽有他的特殊性,但他的人格魅力却可以代表中国许多知识分子的品格特征:正直、务实、宽容、谦逊、聪慧、睿智;富有同情心,知恩图报;富有责任感,忠于事业;富有爱心,会接受别人的爱,也会爱别人;充满感情色彩,能以性情之心去对待周围的一切;不乏理性色彩,能以达观的心态待人处世;有自知之明,能以谦和的态度看待自己的成绩。这些美德与他早期所受的教育相关联,给人以启迪。

有一年,潘序伦在东坡书院的年终考试中,荣获第一名。回到家里,他将成绩禀告了父亲潘亮之。潘亮之向来对子女很严厉,面部表情总是冷若冰霜,这次总算对儿子露出了满意的笑容,亲切地抚摸着潘序伦的头,勉励他继续努力,早日成才。

三、职教先驱黄炎培教育思想的熏陶与影响

潘序伦小学毕业后,和他的三哥一同来到上海,考进了位于浦东六里桥的浦东中学。浦东中学的创办人是由泥水匠起家而后又毁家兴学的杨斯盛。浦东中学的兴建与开办,又与杨斯盛的浦东同乡、中国现代著名教育家、民主人士、中国共产党的亲密朋友黄炎培密不可分。

黄炎培成长于中华民族苦难深重、存亡继绝的年代。国家危亡，催促着年轻的黄炎培探索寻求救国救民的道路。黄炎培逐渐形成了强烈的国家民族观念，确立了他教育救国的志向。黄炎培教育思想的内核是深沉的教育救国的爱国精神。潘序伦作为黄炎培的学生，深受黄炎培教育思想的熏陶与影响，并将其发扬光大。

黄炎培认为，"今之策国是者，莫不重教育"，"吾辈宜十分信仰教育救国唯一方法"，"要救中国，只有办学堂"①。因此，"兴教育，办学堂"6个字，成了黄炎培早期救国思想的核心。

黄炎培于1903年离开南洋公学后，遵从蔡元培的安排，回到川沙，改观澜书院为川沙小学堂。其办学思想着重于"唤醒民众"。黄炎培后来办浦东中学，仍然和部分师生一起，在每周规定的时间，各肩小黑板，分向附近各村落，招集男女老幼，从识字讲到国家情况、国民责任，教得六里桥一带人民兴奋起来。

1904年黄炎培从日本回国，创办广明小学在先。而后，1905年杨斯盛毁家兴学，在浦东六里桥创办浦东中学和浦东小学。对这些早年办学情况，黄炎培后来在《八十年来》一书中有所涉及：

> 1906年浦东中学开办了。就浦东六里桥购地四十亩，特建校舍，嘱我设计草图，由校主杨先生以专家资格亲自督工，中间大礼堂容千人以上座位，东西各建"匡"字形的两层楼，楼上楼下各容几十个教室，两个"匡"字形向大礼堂对抱着。一边是小学，容量较小；一边是中学，容量更大。后边是两座饭堂。再后是两座雨中操场。礼堂前是很大

---

① 黄炎培：《川沙公立小学校史最初的一页》，载《川沙县志》，上海人民出版社1990年版，第7页。

的运动场,设备着各种运动器具。校舍以北是杨先生别墅,花木满庭,下临白莲泾,清幽绝俗。我和伯初是直接受杨先生委托的。各科教师,由我严格选聘。校医有西医还有中医。大家感于杨先生热诚兴学,被聘的个个尽最大的努力。每周定期,我和伯初、广明师范毕业生孙肖康、王则行各肩小黑板,分向附近各村落,招集男女老幼,从识字中间,讲到国家情况、国民责任,教得六里桥一带人心兴奋起来。杨先生得暇即来校,和师生谈笑为乐。开学那天,杨先生亲向全体学生提出修养三点:"勤""朴""诚"。把一个新兴的教育机关,办得如火如荼,各地考察教育的,争来参观。一天,江苏提学使毛庆蕃来了,巡行全校,详细视察,满意而去。

　　大问题来了。有人密告两江总督端方:前在南汇县新场镇演说革命的黄炎培,现潜回上海,运动杨斯盛捐办浦东中学,日对诸生宣讲排满革命。江督饬江苏提学使毛庆蕃彻查。一天,杨先生忽接毛提学使电邀,相见之下,详问黄炎培为人怎样?在校做什么?教些什么?杨先生据实答复。问有没有革命嫌疑?答没有。问你能保么?答愿以身家担保。问黄炎培月薪多少?答四十元(其时中学校长月薪标准一百元,但浦东同事感于杨先生的热诚,大家领薪极少)。毛提学使听了大惊异。说:上年我去视学,确是(实)不错。这样说来,黄炎培当是好人。命杨归,嘱黄来苏。明天我去,大堂设公案,揖见之下,略问兴学旨趣,施教方针,邀至后堂,给午餐,命子侄辈作陪,详问平时读什么书?我乃详细答复:"幼读四书五经,后从十三经中选读《尔雅》,从二十四史中读《史记》《前汉书》《后汉书》《三国志》,从诸子百家中读《庄子》《墨子》,从唐人诗集中读李白、杜甫两家,为的他们都是代老百姓说话。从宋儒学案中读朱(熹)、陆(九渊)两家。但我特别重陆,他说'六经皆我注脚',此言正确。明儒特重王阳明(守仁)、顾亭林(炎武)……"话还没完,毛提学使就说:"你读那么多书,选择那么精确,谁说你是革命党?"对他的子侄辈叹口气说:"唉!你们要学黄先生认真学习、认真工作。"临别告我:"你好好努力办学,学校是办得好的,我亲眼看过了的。"隔几天,发表一道公文,长三千言,结语:"今后如再有人根据旧案,控告黄炎培革命,从此立案不准,以免冤枉拖累好人。"哪知这时候我正当中国革命同盟会上海干事,执行任务!我虽万分感激杨先生以身家担保,毛先生有意维护开脱,我怎敢忘却献身国族的大义!怎敢放弃我天职呢!我只有更加努力,来答报两先生的厚爱了。①

作为浦东中学的首任校长,黄炎培坚持德、智、体三育并重,对学生的教育、训练和管理,比其他中学严格得多。如别的中学住读生,每逢星期、假日可以出校自由行动;浦东中学的学生全部住读,每月只有一天假日可以离校,别的假日仍在学校修习课业或参加运动。浦东中学不仅重文科,还特别重视武术,把文体活动作为重要教学内容。

1908年,刚从小学毕业的潘序伦闻悉浦东中学的黄炎培校长对学生德、智、体三育的训练极为严格,便前往报名应试,经录取成为该校的一名学生。由此,黄、潘两人结下了师生情谊。黄炎培亲自担任修身课教师,"讲课时,讲得有声有色,富有兴趣,发人深思,学生认为是难得的乐事。任师(黄炎培号任之——引者)真是一位教育家和心理家,我们和他谈话,犹如见到了严父,又如遇着了慈母"②。对此,直到晚年,潘序伦仍记忆犹新。

潘序伦在校期间,学习成绩优异,颇得师长青睐,他的文章经常被当时的校刊所采纳。其中,《知非》即潘序伦1909年的作文:

---

① 黄炎培:《八十年来》,文史资料出版社1982年版,第46—49页。
② 潘序伦:《缅怀黄任之老师》,载中华职业教育社《社史资料选辑》第1辑,第137页。

> 世之人于其言行,上之是者,固常自知之;而其非者,则常不自知。不能自知其非,即不能自改其非,而过因之成矣。故夫非也者,过之所由成也知。知非即无过,无过,即圣贤。虽然,非岂易知者哉。乡觉自好之人,束身自爱之士,庆洁自守之吏,鞠躬尽瘁,殚心竭力,以事其事,其心非不正也,其志非不可嘉也。然而偶一不慎,非即乘之,迨其既中于非也,又往往未能知其非。而致之甚,且自负为是,而力行之,鼓其一往直前之气,而一线之差,遂如汽车之出轨,强弩之离弦,其祸乃不可收拾。古来英雄豪杰,因自负之,一念以致身败名裂者,岂少也哉。然则知非有法乎?曰:"反省者,知非之法也;虚心者,知非之原也。虚心则不敢,自负其无非。反省则必能自知其非,既能自知其非,故过不能成矣。过虽成,必能改过矣。"虽然,世又有明知为非,而故为掩饰者焉。亦有既知为非,而惮于迁改者焉,是则以鸩疗渴之类,小人之所为而已矣。

潘序伦自恃各科成绩优异,经常考得第一名,就骄傲自满起来。在行将毕业时,因抗议某教师批分较严而举行的交白卷的风潮中,潘序伦也卷了进去,被开除了学籍。

攀登科学高峰,本没有捷径可走,只能刻苦钻研,循序渐进。但潘序伦和他的三哥那时都年少气盛,不肯按部就班,而喜欢跳班越级。潘序伦后来回忆:

> 记得在浦东中学读到二年级时,我们就一同去投考天津高等工业学校,结果竟被录取了。我还取得第一名,我三哥取得第二名,我们兄弟都很高兴,以为指日就可以做高等学校学生了。不料我大哥和二哥只许我三哥去,而一定要我等到中学毕业后再进高等学校。我从14岁先父去世后,依照封建礼教中所谓"长兄为父"的体制,一切家庭事务,

均由我大哥作主。这时我只能听他的,但心中大不高兴,认为我的学业比三哥还胜过一些,为什么同意他去天津高工反而不许我去呢?大哥说:"你年纪尚轻,尽量好好按部就班地求学,不必性急,否则,欲速则不达。"这些话,当时我是听不进去的,直到后来我因乱跳乱转学校,走了许多弯路,才认识到我大哥当时的劝阻是对的。所以,接下来我每逢遇见因天资比较聪明、成绩比较优秀而自满的学生们,总是现身说法,用我大哥的话来劝勉他们呢。①

第二节　踔厉奋发　学贯中西

一、经历蹉跎,心存自强之志

潘序伦在他的青年时期走了许多坎坷之路,用他自己的话说,就是"在青年时期由于自己的过错,在求学、就业方面走过许多的弯路,其中有一段时间,我险些堕入了污泥浊水之中。我这段历程很可以作为现代青年升学、就业的借鉴。因我毕生从事会计事业,因此更希望财会界的青年同志引以为戒,庶免重蹈我的覆辙"②。

潘序伦被浦东中学开除以后,转入当时的常州府中学堂就读。辛亥革命后,中学由五年制改为四年制。潘序伦认真学习,很快就获得了常州府中学堂的毕业证书。

潘序伦从常州府中学堂毕业之时,正值民主共和国初创,全国各地都需要政法人才,潘序伦就考入了当时由几位政客筹办的私立大

---

① 潘序伦:《潘序伦回忆录》,中国财政经济出版社1986年版,第11—12页。
② 潘序伦:《求学经过的自述》,《商业会计》1983年第9期。

学——南京民国法政大学。潘序伦在这所大学读了不到两年，有所长进。但该校因不符合大学的办学条件，被主管部门勒令停办。这样，潘序伦便第二次失学了。

不久，潘序伦又看到报纸上刊登的南京海军军官学校招收无线电收发班学员的广告，其中所列的学员待遇，除了学、膳、宿费全免，每月还发给每人生活费18块银元，每学期发给冬、夏军服各一套，待遇可算得上优厚。当时潘序伦想，家庭为自己负担的求学费用已经不少了，倘能考进这所军官学校，可以减轻家庭的负担。于是，潘序伦没有考虑无线电收发工作是否适合自己，就贸然投考了。这次去报考的学生很多，足足有1 300人，结果只录取21名，潘序伦竟得了第1名。这样，他就成了我国第一批学习无线电专业的学生。

在南京海军军官学校，学生每天学习的是极简单的电磁知识以及练习收发无线电报。毕业考试考5门科目，潘序伦每科成绩都是100分。毕业后，学校把他派到海军某舰任准尉无线电收发报员，每月饷金不过18块银元，和做学生时的津贴相等。舰上生活既辛苦又单调，待遇又如此之低，这时潘序伦才意识到，像他这样的人在军舰上当个无线电收发报员，实在太不适合了。因此，他先请病假回家休养，然后呈请退出军籍。

这就是潘序伦第一次就业的失败经历。究其根源，只因他为眼前小利所惑，蹉跎了青年时代的宝贵光阴。

在潘序伦第一次就业失败之后，他又遭受了接踵而来的第二次和第三次的失业：

在这一时期，潘序伦先是在南京造币厂谋得了一份翻译员的工作。不到两年，潘序伦便离开了该厂。潘序伦从造币厂回到宜兴蜀山家中，不久就担任了乡村小学教师职务。过了一段时间，潘序伦又辗转来到镇江中学担任教习一职,其间潘序伦所担任的课业,虽然每周只有12小时,但科目有英文、数学、历史和地理,可谓花色繁多,凡是其他专科教员所不愿担任或不便担任的课程,都交给了他。于是他就成了一个样样都能、但没有一样精的人。就这样,潘序伦浮浮沉沉地度过了6个年头。

对于第二份职业南京造币厂翻译员之失业,第三份职业镇江中学教习(教师)之失业,潘序伦感叹自己没有真实的本领,要想谋得稳定的职业非常困难。

后来,潘序伦的情况变得越来越坏。他从镇江中学回来以后,在家乡闲住了半年。"小人闲居为不善,无所不至。"他竟在乡间结识了一群赌徒,经常出入乡间赌窟。他的结发妻子储氏不忍潘序伦如此堕落,每次都扯着他的衣襟不让他出门,但他总是绝裾夺门而出。

眼见潘序伦就要沉沦下去,全家人都为之着急。后来,总算来了一个转机,他才醒悟过来。事情是这样的:1919年农历除夕,按照宜兴本县习俗,凡是旅居他乡的人都要回乡过年。潘序伦听说西邻的小时同学、现在外地任小学教师的周君已回家,就过去与之聊天。

周君对潘序伦说,他任小学教员已多年,觉得自己没有学识,前途没有希望,听说近来到法国去"勤工俭学"的人很多,他也想拼凑一些旅费到法国去留学。这寥寥几句话似雷轰电击般地打动了潘序伦的心。

潘序伦回到家里,躺在床上整夜不能入睡。潘序伦认为,周君的家境比自己还要清寒些,年龄也比自己大些,天资比自己还要差些,他倒有这样的志气,想到国外去留学,自己却这样不求长进,浑浑噩噩,虚掷光阴,实在太对不起自己了!

大年初一天刚破晓,潘序伦就唤醒自己的妻子储氏,对她说明情况,请她不要阻止自己在新春头三天里仍到外面去玩玩——"从大年初四起,我保证不再赌博闲荡,如有机会,要同周君一起出国留学!"

二、进入圣约翰,开启西学之钥

潘序伦的家境平常,哪里有自费留学的条件呢?况且他的英语程度很低,以前读的学校又都不够资格。不得已,潘序伦就去上海找以前的老师黄炎培,请他帮忙出主意,给一个入学的指导。

暌违几载,黄炎培与潘序伦彼此都十分兴奋。黄炎培听了潘序伦的想法以后很稀罕地说:"你还想再求学吗?"

"是的,"潘序伦说,"将来有机会还想出洋游学呢!"

黄炎培说:"你的志愿很好,若是你要预备出洋,到大同学院去补习英文数学是最相宜。"

但是潘序伦早先在镇江中学教授英文课程的时候,因为自己的英文水平不行,受到不少同事和学生的讪笑,所以很想到著名的圣约翰大学去补习一番。圣约翰大学的入学考试是非常困难的,他岂能侥幸于万一?潘序伦想莫管它,且请黄炎培先生介绍进去做个特别生,或者能够勉强收留罢!

黄炎培慨然俯允,答应了潘序伦的要求,给在圣约翰大学任教的朱友渔博士兼牧师写了一封介绍信。

潘序伦拿着信,径直到圣约翰大学思孟堂见朱友渔博士。朱友渔看了介绍信后很客气地对潘序伦说:"潘先生,你想入敝校求学,鄙人是欢迎的,停刻我和你去见卜舫济校长。"

听到这番话,特别是"先生"的称呼,潘序伦感到很惶愧,陡生了一种感愧交集的感想,因为在旧社会是断乎没有老师称学生为"先生"的。这一声"先生"勾起了他很多的心思。

潘序伦心想，必是因为自己宽袍大褂，看来有30多岁的光景（其实这时他不过26岁，只因环境欠佳，心绪不宁，所以看起来年龄大些，倒是真的），况且黄先生的介绍信上又说，潘序伦曾经担任过军界、政界、学界种种职务。虽然朱博士称一声"先生"，确实也是对潘序伦相当的敬重，但在潘序伦的心理上却大有不同，像他这样大的年纪，本来是应该做先生了，只因他青年时代频繁更换学校和职业，到现在真所谓"学书不成，去学剑，又不成"，仍回来做学生。潘序伦思前想后，心里好不难过！

潘序伦由朱博士引见了卜舫济校长，卜校长用英语与潘序伦谈话。其实卜校长能说一口很流利的上海话和普通话，之所以用英语交谈，无非是要考验潘序伦的英语程度如何。潘序伦很勉强地应答了几声"yes"和"no"。

事后朱博士告诉潘序伦："卜校长认为你的（英文）程度固然还差得很远，但想到你已任职多年，有了经验，且求学精神可嘉，所以收你为特别生（旁听生）。"

对圣约翰大学而言，这也算是一件特别的事。至此，潘序伦又重新开始了他的学生生活。

圣约翰大学是一所出名的教会学校。1879年9月，美国圣公会主教施若瑟（Joseph Scheresehewskv）将上海的三个教会学校——神道学校、培雅书院、度恩书院合并成圣约翰书院。1881年10月，圣约翰书院正式设置英文部，学生入学要收费，每月付墨银（墨西哥银洋）8元。许多富家子弟纷纷前来求学。然而由于各方面急需，仅靠英文部还远远不能满足社会的需要，于是从1884年起圣约翰书院把预科改为半天学英文、半天学中文，并扩大招生名额。1888年卜舫济继任圣约翰书院院长，逐步进行课程教学改革。1900年圣约翰书院只能接受三分之一的入学申请者。1905年圣约翰书院升格为大学。由于圣约翰大学在美国注册,该校获得学士学位的毕业生很容易进入美国的大学深造。耶鲁大学不要求考试就肯接收圣约翰大学的学生攻读研究生,哈佛大学等大学也愿意接收圣约翰大学的学生进入他们的学校读本科高年级。1907年至1908年,有30多名圣约翰大学的毕业生在美国留学,10多名毕业生在英国留学。后来圣约翰大学又设工学院,并附设研究院和附属高中。到1913年,全校学生人数达到500人,其中四分之一的学生在大学部学习,教师人数也增至40名。1918年圣约翰大学把中学部分离出去,成为独立的教会大学。1920年该校学生达到250多人。

起初同学们都以为潘序伦是个国文先生,后来知道他也是学生,都觉得有些奇怪,常常有人在他的宿舍门前探头探脑地张望。

在圣约翰大学里,到处都能看见种种实用的英文,如章程、规则、通告、书信等都是用英文书写;同学间相互交谈也是用英语;教师讲课,全是用英语。有这样好的条件,潘序伦如饥似渴地学习起来。他从晨间6时起身直到晚上10时宿舍里熄灯,除了饮食和体操的时间,大部分时间都在用功读书。

起初,潘序伦在班里的英文程度很低,教师们知道他不会说英文,所以总不向他提问。

有一次,朱友渔在社会学班上破天荒地问了潘序伦一个问题,原应答"Yes"的,但是潘序伦错答成了"All right",顿时引得全班同学哄堂大笑。自此以后,许多教师为顾全他的面子,再也不向他发问。

潘序伦觉得自己英文程度差,故拼命用功。卜校长和经济系主任雷曼教授看见潘序伦读书着实努力,又曾经在多所学校就读,就告诉他说："倘若你本学期大考各科全数及格，便可以升做大学四年级正式生。"

这样一来，潘序伦得了一个新的希望，更加努力修习功课。到学期大考，他8门功课里虽还有一门心理学成绩略差几分未能及格，然而校长、经济系主任还是允许他做四年级的正式生，把以前在学校里所读的功课，来充作大学前三年的学分。这在圣约翰大学方面，确是个创例。

自从成为圣约翰大学四年级的正式生后，潘序伦在学业上便开始一帆风顺，直登彼岸。潘序伦没有辜负他们的期望，第一学期的考试成绩便是全班最优二人中的一个。最后毕业考试，他的各科成绩均为全班之冠。此外，他在全校英文作文比赛中得了唯一的一块金质奖章，被授予文学士学位。接下来的一学期，他8门选课的考试成绩有4门在90分以上，其余4门也在80分以上。全班同学50人中，考试成绩和潘序伦一样好的，只有方立庆同学1人。这是1921年的事。

圣约翰大学将宗教科目设置为必修课，所用课本就是《圣经》。每逢星期日，全体在校学生照例都要到学校专门设置的教堂里去"做礼拜"。但是，这并未能使潘序伦信仰上帝，因为他之所以进入圣约翰大学，完全是为了学好英语。潘序伦在圣约翰大学求学过程中，有两点较深刻的体会：一是要在逆境中善于忍耐。如果不咬紧牙关，忍受住周围同学的种种刺激，而贸然辍学返乡的话，将有可能终生堕落下去，于泥淖之中而不能自拔。二是要有勤学苦读的毅力。如果自己不能夜以继日地勤学苦读，就不会获得圣约翰大学文学士的学位，更不可能获得留学美国的机会。总之，成功道路多艰难，奋力前趋能过关。

不过那时候,潘序伦家庭里的情况极为不佳。对此,潘序伦后来回忆说:

> 连年鸰原抱痛①,鼓盆遭戚②,经济上很受打击。兼之以前我糊口四方的时候,多少总好得些薪金,现在重新就学,并且重新婚娶,非但毫无收入,反平添了巨额的特别支出,因之家境很是窘迫,一年半前自费出洋的豪念,至此早知难达目的。③

以潘序伦当时的经济条件,欲留洋深造,希望非常渺茫。他之所以能够到美国留学,全赖简氏兄弟的南洋兄弟烟草公司的资助。

1921年夏,潘序伦从上海圣约翰大学毕业。当时,他只希望早日就业,以维持一家人的生活。这时《申报》和《新闻报》上刊登的一则启事,引起了潘序伦的注意,其主要内容如下:南洋兄弟烟草公司招考留学生,录取后,每月可供给膳食费80美元,往返路费、服装费全部由公司负担;但报考条件是要有国内名牌大学保送。

潘序伦早就想进一步深造。于是,他又找到黄炎培。黄炎培嘱潘序伦赶紧向圣约翰大学申请,并修书给校方,予以保荐。这对潘序伦来讲真是一次难得的机会。他赶紧向圣约翰大学校方申请,学校同意保送。结果是,他在上海考区圣约翰大学保送的四名考生中以第一名的成绩被录取。同时被录取的还有日后成为金融家的王志莘。

---

① 鸰原为兄弟之代称,鸰原抱痛指兄弟痛逝。《诗经》有"鹡鸰在原,兄弟急难"句。
② 鼓盆遭戚,指丧妻。典出《庄子》:"庄子妻死……鼓盆而歌。"
③ 潘序伦:《求学经过的自述》,《商业会计》1983年第9期。

这时潘序伦和后妻鲍亚晖新婚不过两月,便要长征异国,数年不返。但想到求学大事,潘序伦也就毅然告别妻女。

1921年8月20日出版的《申报》刊登了一则消息,标题为《南洋公司选送学生今日赴美》。这则消息为人们还原了潘序伦出国留学的诸多历史细节,如赴美留学人数问题、出发时间问题、出发地点问题、搭乘轮船名称、所属公司问题、出国手续办理问题、到码头欢送情况等。关于同一批考取人数问题,之前一直认为是5人,这则消息中给出的答案为10人,而潘序伦排名居第一。

三、负笈哈佛,迈入会计殿堂

此次留学,潘序伦在选科上再三斟酌。他的秉性接近理工各科,可是在中学阶段,他未能真正学好理化各科,现在到美国的大学入工学院,程度是接不上的;读法科师范科等,又不是南洋兄弟烟草公司所期望的,所以潘序伦决计选读商科。

然而,在商科之中,中国赴美留学生绝大多数都选学"银行货币学"一科,因为那时银行业一时勃兴,大大小小的银行遍设于全国各大城市。而在当时国内其他学生存在着毕业即失业的危机。选学"银行货币学"一科,不仅就业机会多,还可以谋取较高薪俸,但是潘序伦采取了"人弃我取"的方针,选定了会计作为他自己的终身职业。潘序伦认为,会计是一门应用面很广的学科,公私事业单位以及农业方面都有需要。他认定我国日后对于会计人才的需要会逐年增加。平心而论,潘序伦的选择是对的。潘序伦后来说:

说来很是惭愧,现在虽是人人尊我一声会计专家,并且时有过誉我为会计学泰斗的,但在三十岁以前,我还没有好好的学过会计。记得民国初元,我在二十岁的时候,进了野鸡式的南京民国法政大学,校内也有所谓簿记一课,担任这门功课的是一个东洋没有毕业的留学生,一学期中,时常缺课,总共只发了二三十张讲义,就是上课的时候,我虽打起精神来听讲,但是始终连什么叫作簿记,还是没有听得清楚。我想这位先生自己恐怕也未必明了簿记是什么东西吧?后来我在圣约翰大学最后一学期里,新开了一班簿记,特地从美国洋行会计科请了一位外国教师,用的教科书便是科尔教授的《簿记与会计》(这本书在十几年内,我国各大学中学采作教本的极多,我在圣约翰读这本书时,在我国还是第一次用作教本)。这位教师对于簿记学的教授方法,好说是毫无经验,随便在课堂里发了些无系统的问题,便算了事,对于簿记的原理及方法,始终没有一次加以有系统的演讲,所以,全班学生的成绩都很不好。我虽然依样画葫芦般读完了这本书,可说是仍旧没有了解簿记的整个组织。直到我进了美国哈佛大学商学院,方才算是我会计途程正式开始的时候。①

哈佛大学(Harvard University)是美国一所声名显赫的私立大学。它创立于1636年,是美国最古老的大学之一。

哈佛大学有10余所研究院、40多个系科、100多个专业,其中以潘序伦就读的商学院和法学院最为闻名。多年来,哈佛大学除了培养大量的美国学生,还接纳了来自世界各国的大批留学生和访问学者。

1908年成立的哈佛商学院在当时只是一个研究生院,而不设大学本科。招生标准之一是学生必须具备学士学位。这样,哈佛商学

---

① 潘序伦:《求学经过的自述》,《商业会计》1983年第9期。

院就不仅有别于先期设立的宾夕法尼亚大学沃顿管理学院、纽约大学管理学院、芝加哥大学管理学院和加州大学管理学院等,而且比这些学院更高一筹。因此,哈佛商学院一开始就成立了美国第一所授予学生企业管理硕士学位(MBA)的研究生院。

那时潘序伦的会计学教师是哈佛商学院的科尔教授。在美国各会计学名家中,他讲解非常清楚,说理非常透彻,习题非常多。潘序伦一生会计学的基础,可以说主要是在这二年内筑成的。

在哈佛大学修满了商学硕士的课程,潘序伦又到哥伦比亚大学去研究商业经济。同时,他问业于 Kester 教授,继续研究会计,取得了政治经济学博士学位。在留学的这些年中,潘序伦不知什么是假期,也不知道什么是游戏娱乐,自朝至夕,总在书堆里过日子。在费用方面,他也极会节省。他的书堆后面,就放着一个煤油炉子。他自己做饭,吃完又是读书。南洋烟草公司每月给他津贴 80 美元,他在波士顿、纽约等生活费用昂贵的城市,用去不到 50 美元,余下来的钱,一部分买书,另一部分还要汇回中国作家用。

这种孜孜不倦、勤奋治学的情形,他的亲人一直记着。他的女儿潘屺瞻回忆说:"在国外求学的时候,父亲也是很刻苦的。他曾经告诉我,他住的屋子里除了一张床就是一张写字台,连炉子都没有。就是在这样的环境里,父亲依然分秒必争、刻苦学习。"[1]

潘序伦如此这般的留学生涯,非常罕见。在一帮同学当中,常常有人说潘序伦这种勤奋节俭的生活,是谁都不及的。

潘序伦晚年回忆自己在哈佛大学的学习经历时表示,自己有意

---

[1] 《潘屺瞻:一家两泰斗——潘序伦之女潘屺瞻记忆中的父亲与先生》,载上海国家会计学院口述历史项目工作组主编:《会计口述历史》(第一辑),立信会计出版社 2019 年版,第 41 页。

在选修了经济学、商品学、销售学、市场预测等课程以外,尽量选学有关会计的学科,如初级会计学、高级会计学、成本会计、银行会计、政府会计、会计制度设计等课程。据潘序伦在哈佛大学的入学申请,他还选修了会计准则、工厂管理、营销问题、产业金融、商业合同、普通会计实践、商业统计等课程。在短短两年时间里,潘序伦自述"夜以继日地勤学苦读,星期日和假期也不休息,放弃了一切游览娱乐",这应该是毫不夸张的。

潘序伦心怀强国之志,发愤攻读,各门课程的成绩优异。据他的学生吴君实介绍:"有一次我在潘师办公室之文书柜里查阅参考资料时,无意中看到哈佛大学发给潘师在该校攻读企业管理硕士学位(MBA)的成绩报告单,其中会计学、审计学、成本会计学、会计制度学、统计学各课程之评分均为最高分'特优'(distinction),具见潘师师承有自及其会计学识之精深。此项学业成绩单潘师从未出以示人,更为后生楷模。相信知此情况者不多,故敬附笔录之,以致'高山仰止'笃敬之诚。"①

对自己的留学生活,潘序伦后来回忆如下:

> 我在哈佛大学企业管理(商)学院除了选学经济学、商品学、销售学、市场预测等以外,尽量选学有关会计的学科,如初、高级会计学、成本会计、银行会计、政府会计、会计制度设计等。当然这只是(20世纪)30年代的会计学科目。50年代以后,会计学的分科更多,我只是跟随时代的需要,继续不断地学习,才免于落后。这是后话。当时,哈佛企业管理(商)学院会计学系的主任教授,是年过七旬的科尔博士。他的

---

① 吴君实:《难忘岁月》,载龙一圆主编:《立信史话》,立信会计出版社1993年版,第61—63页。

会计学识虽比较守旧，但讲解得很透彻，习题也非常多。我一生会计学的基础，就是在这里奠定的。

我在哈佛大学学习期间，就预定要在毕业后到纽约的哥伦比亚大学政治经济学院进一步攻读博士学位。因之，我在哈佛这二年的课业非常繁重，不仅要学好必修、选修各科，还要准备政治经济学博士考试的各项课程。在这种情况下，我只好夜以继日地勤学苦读，星期日和假期也不休息，放弃了一切游览娱乐。两年期间，我未看过一场电影，也未到餐馆吃过一顿饭，从清晨到深夜，都是在自己租赁的宿舍内或学校图书馆里度过的。有时连饭也没有功夫做，只好买个面包就着一杯温水充饥。

我在哈佛大学苦读了两年后，取得了企业管理硕士学位（MBA）。随后我又到哥伦比亚大学政治经济学院进一步攻读博士课程，博士课程要博览广学，以自习为主，上课时间较少，而我在纽约和另一个同学合租的宿舍很小，不免彼此干扰。因此，我干脆把学校的图书馆作为自己的自修室，每天从开馆起直到晚上闭馆止，我总是带上几块硬面包充饥，整天在图书馆学习。英、美、德、奥各学派的经济书籍我都借阅，马克思的《资本论》我也读过。但当时不是为了接受马克思主义，而是为了挑《资本论》的眼子，批驳马克思主义。现在看来，这是何等的可笑。

博士考试，需要撰写一篇论文和通过口试。我选定的论文题目是：《中美贸易论》。初审中，（评审老师）对我的论文曾吹毛求疵地提了不少问题，并要求我重写某些章节，这使得我食不甘味，寝不安席，但在西里门主任教授复审时，却盛赞我的论文广征博引，写得不错，才使我安下心来。毕业考试的前几天，我因苦读过度，不仅精力不济，而且思想混乱。为了镇定情绪，我干脆把一切已知都束之高阁，整天到纽约各大公园去参观、游览，呼吸新鲜空气，倒也很有效果。考试那天,我精神饱满,体力充沛,对主考老师提出的各种问题,对答自如。最后,考试团一致决定,授予我政治经济学博士学位。①

潘序伦这篇博士论文《美国对华贸易史(1784—1923)》对1784—1923年约一个半世纪的美国对华贸易史进行了全面、深入的研究,分阶段论述了中美两国早期贸易的总体状况及其形成原因,详细探讨了两国间主要进、出口商品的贸易发展状况,阐述了美国对华金融投资及美国对华贸易政策的演变历程。这篇论文旁征博引,内容翔实、图表丰富,兼具史料价值,是中美贸易研究领域的开创性文献之一。

潘序伦在博士论文扉页写着如下献词:

谨以此书献给
中国现代工业的先锋、中美商业合作的坚定支持者
已故　简照南先生(1870—1923)
他的精神鼓励和经济支持使得本人在美国完成这一研究成为可能

这篇博士论文得到美国学者的高度肯定。哥伦比亚大学政治经济学教授塞利格曼(Seligman,1861—1939)和纽约大学政府与公共管理研究讲座教授、东方商业和政治学部主任精琪②(Jenks,1856—1929)应邀为之作序。

塞利格曼教授盛赞"潘序伦博士已经对中国外贸的兴起与发展进行了详尽、精确的描述。他最有价值的贡献也许在于对中国出口美国,及从美国进口的每一种重要货物的详细描述",并且指出,"而

---

① 潘序伦:《潘序伦回忆录》,中国财政经济出版社1986年版,第21—22页。
② 也有人译作精其。

让人非常感兴趣的则是对美国商业政策的描述,以及近期国际银行财团的失败故事"。

精琪教授则称赞潘序伦的论文是"本着精准的、学术性的和友好合作的精神而进行的中美双边研究"。

潘序伦在其博士论文的前言中写道:

> 在这本专著里,笔者试图尽可能全面地讨论过去 150 年间美国对华贸易之发端、扩张、衰退和复苏等阶段中的经济力量。这一讨论主要立足于中、美两国现有文献中的历史事实和统计数据,而对当前的商业实践则一笔带过。作者试图根据中美贸易的历史发展来解构其未来发展趋势,并提出有助于增加太平洋两岸两个大国间的贸易、增强共同利益的建设性意见。
>
> 在本书完成之际,作者诚挚地感谢哥伦比亚大学的 Edwin R. A. Seligman 教授、Wesley C. Mitchell 教授和 Theodore H. Brown 教授;纽约大学东方商业和政治学部副主任 Charles Hodges 教授;中国贸易局经理 Ernest K. Moy 先生;纽约南洋兄弟公司秘书 Alfred S. Lee 先生,以及所有读过全部或部分书稿,并提出许多宝贵批评意见及重要修订建议的人士。
>
> 作者委托南洋兄弟公司副总裁、总经理 Tsze E. Pun 先生,完成了所有与本书出版有关的繁杂的事务工作,在此一并致谢。
>
> 潘序伦
> 1924 年 5 月于纽约市哥伦比亚大学

潘序伦在哈佛大学和哥伦比亚大学所受的学术训练是十分严格的。他认为,自己求学的经历虽然并没有什么可歌可泣的,但"至少给我本人几桩切实的教训：（一）求学最忌毫无计划，多换学校。像我最初忽而投考工业学校，忽而改进法政学校，忽而改进海军学校，年轻时代的黄金光阴，白白地胡乱混了过去，好不可惜。（二）求业必须有相当的专门技能，方才能够持久。倘使仅靠了亲戚同乡的帮忙，终究是不中用的。像我担任造纸厂翻译员、邦技士及中学教员，便是一个榜样。（三）求学求业，必先立志。倘若没有坚强的意志，则一遭磨折，一受刺激，随时可以有中辍的危险。像我二十八岁中学教师卸职的时候，倘不立志向上，哪里能够听着邻居勤工俭学的话就立即发奋，再行入学呢？在圣约翰大学里受了许多刺激，倘不立志坚定，又哪里能够继续初读，而不辍学呢？幸而我的意志还算坚强，没有沦为乡村中的堕落子弟而不能自拔呢！（四）求学总要能耐劳耐苦。语云：'好学近乎知'。像我这天资平常的人，倘使在学校里还不努力用功，断断做不到圣约翰大学的四年级正式生，也断乎考不取出洋学额。这都是我一生事业重要的关键。（五）一生学业事业的成就，倒不关年龄的迟早。俗话说得好：'太公八十遇文王'。我总算在本国会计界里得了个地位，但是在三十岁以前，尚不晓得会计是什么东西。因之可知人们到了三十岁，即使学业无成，断断不必自觉灰心。急起直追，正还来得及呢！"①

潘序伦在青年时代远涉重洋，通过发愤努力，掌握了西方先进的会计文化与技术。加之以科学与民主为核心的西方文明的熏陶，养成了潘序伦心智发达、胸怀开阔的性情，及通透、开放、民主的精神，并贯通毕生。他以极大的勇气与智慧，通过创造性转化，引进西式会计，开创了会计学科的本土化、中国化，当之无愧地成为"中国现代会计之父"。

---

① 潘序伦：《求学经过的自述》，《商业会计》1983年第9期。

第三节　立信为本　笃行不怠

一、学成归国，传播西方现代会计学

1924年，留学美国的潘序伦通过3年刻苦攻读，终于回归祖国。对潘序伦的名字，当时上海的教育界、经济界，特别是会计界并不陌生。原来，潘序伦在美国撰写博士论文时，曾将其中若干章节寄回上海，在一份名叫《大陆报》(China Press)的英文报纸上发表。文中新颖的见解、畅达的文笔，令人刮目。因此，潘序伦一到上海，便有不少大学竞相聘请，向他抛出了橄榄枝。经过考虑，潘序伦应聘为上海商科大学教务主任兼会计系主任，随后又出任暨南学校商科大学主任。

《申报》是近代中国发行时间最久、具有广泛社会影响的报纸。1924年9月6日，《申报》以《会计学者潘序伦返沪》为题报道：

> 会计学者潘序伦返沪　宜兴潘君序伦，前在本埠圣约翰大学毕业，由南洋兄弟烟草公司派赴美国留学。潘君初入哈佛大学专攻工商业会计一门两年，卒业得会计科硕士学位。继入哥伦比亚大学继续研究银行会计、成本会计、兼攻商业经济，到各处工厂行肆调查考察其会计制度。去年夏，中国留美学生中之专习会计学者在美组织会计学会，潘君被举为会长。今年五月，哥伦比亚大学授潘君以博士学位。潘君随赴欧洲各国游历，行经英、法、德、意、瑞、比诸国，旋乘法国邮船返国，业于前日抵沪。潘君现已应上海商科大学之聘担任会计学系职务云。①

---

① 《会计学者潘序伦返沪》，《申报》第18508号（上海版），1924年9月6日。

这则《申报》对潘序伦返沪的报道仅200余字，所包含的信息却极其丰富。

当年才20岁的王澹如，正在上海商科大学会计系读书。在王澹如的印象当中，潘序伦讲课深入浅出，通俗易懂。王澹如说："引起了我对会计学科的浓厚兴趣，从此奠定了我终身从事会计工作的基础。今天回忆起来，印象特别深刻。"

通过教育实践与社会观察，潘序伦注意到我国的高等商业教育虽然"蓬蓬勃勃、气象堂皇"，但仔细考究，却又发现许多地方"有名无实"，甚至"有不如无"。于是他在《教育与人生》周刊1924年第2卷第59期上发表了他对当时我国高等商业教育的观感，提出了许多批评意见，"做一帖苦口的良药"。在这篇评论中，潘序伦着重谈了"设立学校的宗旨""教员授课""学科教材""毕业学生的出路"等方面的问题。潘序伦在《近来中国之高等商业教育》一文中，对于办学宗旨，认为"设立学校的宗旨第一要单纯为培养人才，不可夹杂了其他的目的。现在国内的商业学校，其设立人的宗旨是否多是如此，很难断定。但照我所亲知的几校看来，十校里有五六校是单纯为着牟利而设的"。

对于师资延聘，潘序伦总结国外各校的经验，"如教员授课，在外国各校，审材很是精当，教员……专精一科，心不外骛，熟能生巧；故每逢上课，讲解总能临机应变"。反观国内，潘序伦以为商科学校如此之多，师资必然不足，因此滥竽充数、数校兼课的情况所在多有，甚至还有工科毕业者任教商科、化学专业毕业者任教法科的奇事。潘序伦以美国顶尖高校政治经济学博士的眼光来甄别国内商科学校教员的水平，自然是很有说服力的，不要说"东洋几个月一年头的速成科卒业"，就是"到美国去了一年两载，随便读了三两科商业经济"，在他都是一眼便知底细的。国内商科学校的师资如此，教出的学生水平也就可想而知了。

办学除了师资,教材的选择也十分重要。对此,潘序伦也有着独到的见解。虽然留美3年,接受了严格完整的美国高等商科教育,潘序伦却并非一味崇美、食洋不化。对是否一律采用美国教本,他认为应当具体分析各个学科的特点:有几种学科,如簿记、会计、海商保险之类,中外一理,无甚异同,固不妨采用外国教本。但多数学科如铁路运输、银行、财政、国际贸易等,中外情形判然不同,倘使用了外国教本,则学生所读的完全是外国的商业,不是本国的商业。因此,潘序伦主张"现在第一要紧的事,就是搜集中国商业的教材,要使学堂里所教的材料恰合着国内的实情"。

在此期间,潘序伦敏锐地注意到商科毕业学生的就业问题是办学者需要关心的根本问题,他从商业的角度指出,"经营商业的人第一就应该注意供求两方的适合与否。办理学堂,也要注意这点。倘使办学者自办学,读书者自读书,将来学生毕业不得一个出路,则设立学堂的根本问题便不成立"。由于国内的"大商业并不发达",他认为短时间内不需要这么多的商科大学毕业生,应该多办初等商业学堂代替以前的学徒制度,否则高等商科大学的毕业生高不成低不就,高等商校就成了"高等游民养成所"。

正是出于这样的考虑,潘序伦在学校任教期间,亲手担纲组建了上海乃至全中国第一批会计学科、院系,他主讲西方现代会计学,将复式簿记方式及其理论引入上海学界、商界。他培养了数百名大学生,使他们成为中国较早接受现代会计专业教育的人才。

潘序伦任暨南学校商科大学主任后,立即着手对暨南学校商科教育进行改革,向学校教务会议提出了具有"一揽子"意义的《改进暨南学校商科大学旧制高中计划书》,包含了学年编制、学科分系、学程改进、学分选读、学校设备等方面的改进措施。

在学年编制方面,潘序伦提出设立大学预科一年级,招收南洋及国内旧制中学毕业生,这样既克服了只能招收少量新制中学毕业生的困难,又使旧制中学毕业生有升学机会,还可利用延长的学习年限随时增进学科程度与种类,可谓一举多得。在学科分系方面,潘序伦提出设立普通商业系、银行理财系、会计统计系、国际贸易系和工商管理系,以使学生"各就其性之所近,选习一科,专精一艺,将来服务社会,较易有效"。在学程改进方面,潘序伦认为,现在"各级所习课程,自不免泛而不专、普而不精",分为五系后,"各系内各重要科目,自应另开学程,以便学生选读"。他还初步拟定了"暨南学校商科大学学程表",详细列出68学程(半年学程28、全年学程40)的名称、每周时数、每学期学分、预修学程等,除去语言类课程分段学习而占用多个学程,该表包含课程63门,各系学生有完备的必修课程和丰富的选修课程。在学分选读方面,潘序伦拟定了"选科学分制草订办法",列出各级学生必修学程共计109学分。除此之外,会计统计系必修学程21学分(其中9学分可在商业理财、银行会计、会计问题、铁路会计、投资会计等课程中任选),银行理财系必修学程24学分(其中6学分可在投资学、金融机关、票据法、银行会计等课程中任选),工商管理系必修学程24学分(其中6学分可在工业会计、市场学、公司律、海陆运输等课程中任选),国际贸易系必修学程27学分(其中9学分可在南洋商地、我国关税问题、国际私法、售货术、广告学、海陆运输等课程中任选),普通商业系则可在其他各系必修、选修课程中任选。在学校设备方面,潘序伦认为,商科设备较理工农医等科简单,其中最重要的是增加图书馆所藏参考书,暨南学校图书馆所藏参考书较少,"亟应筹集款项添购中外普通专门参考书籍多种备用"。此外,在这份详尽的计划书中,潘序伦还拟定了"商科学生加收学费办法",以暂时解决改革经费问题,等"国库充裕、本校经费增加"后再减轻学费;"民国十四年度已开及拟开学程表""民国十四年度下学期(明年春)学生分班选科表""民国十五年度拟开学程表"等相关信息也一并在《暨南周刊》公布,全校师生一目了然。

潘序伦在推行这项改革计划时多次与全体商科学生进行沟通说明。1925年9月14日,"大学部主任潘序伦博士在礼堂与商科全体同学开谈话会……改进本校商科大学计划:学年编制,学科分系,学程改进,学分选读,学校设备,预计明年将设普通商业系、国际贸易系、工商管理系、银行理财系及会计统计系等五系"。1925年9月28日,"商科大学主任潘先生召集商科全体大会,讨论明春分系增加学费问题。后因旧制商科学生以有自身关系,提议将此案归各部细加讨论,然后答复。遂散会。"经过与学生的反复沟通,这项改革计划尤其是增加学费一项终于获得了全体学生的赞同。改革计划涉及教学管理和教务秩序的方方面面,潘序伦同样需要及时与全体商科教员沟通,因此在1925年11月2日,"本校商科大学主任潘序伦博士,热心教务……召集全体商科教员,开教务会议,对于来年商科种种新计划,均加以讨论。"此次教务会议暨南学校校长姜琦等出席并讨论通过了潘序伦提出的各项改革计划,"学年编制问题,按照部定章程,明夏添办预科一年。学科分系问题,准照原案办理……"同时,教务规程、新学期功课表、特别生招收办法等制度也逐步制定完成并公布,计划书中提出的各项改革有条不紊地推进。至1926年5月,暨南学校呈报(国民政府)教育部的《本校概况》介绍商科大学部"分设专系如下:(一)普通商业系,(二)银行理财系,(三)会计统计系,(四)国际贸易系,(五)工商管理系","采用选科制……先以必修科目为主,次及选修科目"①,可见此时原定各项改革计划均已落实。

潘序伦在教学和管理上一向以严谨著称,对学生的要求很高。他曾专门召开学生学业审查会,审查学生学分选修情况。在提交学生学业审查会之前,教务处已先行计核学生学分,可见教学管理之严格。此外,潘序伦在暨南学校商科大学时十分提倡学生课外作业,特发布告劝学生自动地组织学会,如经济研究会、会计学会、银行学会及演说会等。

尽管教务工作繁忙,潘序伦还讲授了许多骨干课程,如簿记(即初级会计学)、成本会计、审计学等,不少课程用英文讲解,通晓易懂,对学生帮助很大,因而受到了师生的拥戴。后来,潘序伦要辞去教职,开创立信会计师事务所,所在学校还发起了一场声势不小的挽留活动。

曾经辅助潘序伦先后在桂林、广州和香港创办立信会计学校的蔡经济,是潘序伦在暨南学校的得意门生。他回忆如下:

> 我第一次见到潘师是在国立暨南(学校)商科大学(暨南大学的前身)教务处前的大堂内,当时他戴了一顶圆形的向上卷边的铜盆草帽,满面笑容地由火车站走来,进入大堂之内,再转入教务处。可是,教务处的大门正在装修玻璃,未能即时进去,只好出来同其他教授谈笑风生地商谈事情。不久,他又想转入教务处,可是大门仍未修妥。他对修理工说,再过五分钟,我一定要进去。结果,等了一阵,终于进入了教务处。此时已有许多学生在教务处等他解决关于学科和学分的问题,同时也有若干教授来同他商量关于教课的问题。他干净利落地一

---

① 虞晨阳、王妍:《潘序伦高等商科教育思想与实践——以暨南学校商科大学改革为例》,《财会通讯》2019年第11期。

一处理完毕,使他们满意而归。不久,上课铃一响,他即带了教科书上课去了。当时有一位同学在我旁边,就对我说:"毕竟是博士,一切照规定的原则办理,处事爽快,真是难得。"①

蔡经济在文中提到的"火车站",是指上海的真如火车站,暨南学校当时位于那里。"暨南"二字出自《尚书·禹贡》:"东渐于海,西被于流沙,朔南暨,声教讫于四海。"意思是,面向南洋,将中华文化传播到五洲四海。该校的前身是1906年清政府创立于南京的暨南学堂,后迁至上海。暨南大学恪守"忠信笃敬"之校训,注重以中华民族优秀的传统道德文化培养造就人才。

在蔡经济的印象中,当时潘序伦教他们的学科,是簿记和成本会计两科。潘序伦对于会计理论的讲解非常清楚,而且举例很多。因此,学生相当受益。潘序伦特别强调理论和实务结合,每教一课书,必有相当多的习题,要学生在课外去完成。假定学生偷懒而不做习题的话,则第二课习题又来了。所以,学生绝不能偷懒,否则习题愈积愈多,非但习题无法理清,而且连下一课的理论恐怕也听不明白了。

潘序伦的学生都认为,做他的学生,是相当辛苦的。当时有些同学因为偷懒的关系,修读了两个月,就无法读下去,只好少读簿记一科,实是相当可惜!

潘序伦主张要将理论和实务相结合,然后可望有专长。所以,会计学科除平时有相当多的习作,还专门设有一科即"会计实习",专做特有的习题。会计学科的各种习题,有专人为之批改。批改中发现的问题,则由批改人分别摘出,交给有关教师在上课时答疑,务使学

---

① 蔡经济:《潘序伦博士百年诞辰有感》,载龙一圆主编:《立信史话》,立信会计出版社1993年版,第54页。

生弄懂为止。潘序伦还主张教学和实习分为两人处理,吸收分工合作之效。因为习题太多,一个教师无力批改,由此可能减少习作。如果请专人批改作业,教师既可按时教授学科,而习题仍可照常进行。这对学生来说实在受益匪浅。此后,沪上各大学在会计学科教学中,也多采用潘序伦的这一方法。所以,潘序伦不仅是中国会计的改革者,也是会计教学方法的创新者。

二、饮水思源,设立"思源助学基金"

在暨南学校商科大学,蔡经济到学校教务处接洽事务,那时刚巧林仲川同学也在教务处工作,就将蔡经济介绍给潘序伦。从此潘序伦就认识蔡经济了。数日后,蔡经济即被调到教务处工作,受潘序伦的指挥,办理日常教学的事务。从那时起,潘序伦与蔡经济结下了终身的友谊。

潘序伦对于工作如痴如醉。他的办公时间同普通职员一样,在校时,上午8时即到办公室,下午5时才落工。可是,常常有这样的情况:下班时,职员都走光了,而只剩下潘序伦一人还在做他未做完的工作,考虑明天做些什么工作。学校没有加班费的补偿。所以,蔡经济等人为他在晚上做些工作,他总是说非常客气的话,如"对不起,对不起"等语。有时除了说客气话,潘序伦还给他们一两块银元或一些生果,作为工作的酬劳。

在蔡经济的印象中,有一次,暨南学校商科大学一位高级管理人员到教务处办公室拜访潘序伦。潘序伦说:"要我做对人不起的事。我是不会做的。"原来此人要请潘序伦发起倒校长的台,潘序伦执意不从。

从美国留学回国后,潘序伦在大学就职,每月约有500银元的收入。同时,他还写了《簿记及会计学》和《公司财政》两本英文教科书,由上海商务印书馆出版发行。按照当时通行的办法,他可向该馆抽取每书定价15%的"版税",这样每月的收入又增加了。由于潘序伦生活上早已节约成性,因之不到两年,他就有了2.5万银元的存款。

有了这笔钱,潘序伦首先考虑到自己留学时,南洋兄弟烟草公司简照南先生曾先后资助1万银元。他想,自己之所以有今天,与简先生的帮助是分不开的。于是潘序伦就以"饮水思源"之义,捐出1万银元为简先生设立"思源助学基金",既是感谢热心教育事业的简照南和曾经帮助他的黄炎培,同时也资助学习成绩优良而生计贫寒的学生完成其学业。后来,潘序伦赴美时的同学王志莘听说此事,也要为自己的资助人出资3 000银元。但由于王志莘当时家境不宽裕,潘序伦就为他垫付了3 000银元,这样助学金的总额成为13 000银元。

1929年11月,潘序伦与王志莘联手,一起向外公布基金募集宣言:

王志莘潘序伦发起募集思源助学基金宣言

志莘生寒素之家,幼年孤露,赖母氏劬劳鞠养,仅获就学;其间辛苦艰难,迄今思之,犹为泣下。序伦亦早孤,家不逮中人,免完普通学业。吾二人者各几几辍学矣,顾年少气盛,立志向上,间复执役,博酬金以充学费,而前程辽远,急足违,心无所为计。天鉴孤寒,乃有素未深识之厦门李昭北先生,以志莘为可与有为也,慨然邮赠三千元,供国外留学费,得此意外之将伯,屏当成行,感奋乃至无地。同时复有南洋兄弟烟草公司总理简照南先生,以实业家而宅心慈善,念青年苦学之可怜,手斥巨金,悬格考选,序伦谬承录取,送美留学,时逾三年,费逾万金;微简先,以伦之力微,岂能办此。今者,志莘序伦虽所学愧无心得,幸荷社会不弃,亦既执掌一部分业务,勉行所志。清夜追思,不禁相与泫然曰：生我者父母，教我者师长，而资我以有成者，其惟二先生乎！客说魏公子无忌："公子有德于人，愿公子忘之。若有有德于公子，不可忘之。"今二先生施而能忘矣，曾受者而遂忘之乎？不忘奈何？如所受以璧返二先生，二先生不纳也。抑亦非二先生意也。二先生何意乎？亦惟挚爱有志无力之青年，而欲助以有成耳。盍承二先生之意，广二先生之德？志莘序伦力虽未逮，其勉为之。相与议定，志莘出三千元，序伦出一万元，合组助学基金，名曰"思源"。既饮我矣，而勿思之乎？既饮且思矣，而勿还以饮人乎？志莘所出，命曰昭北基金；序伦所出，命曰照南基金；各以思其人也，亦使饮此者还复思之也。一切组织，具如简章。他日志莘序伦而力有加也，固不敢以此戋戋自画也。

嗟乎！人之欲善，谁不如我！其始也简，其毕也巨。人有同于志莘序伦之所遇而有所思也，他日受此金者，勉焉成其所学，而有所思也，风雨鸡鸣，盍兴乎来？志莘序伦其虚席以待。

民国十八年(1929年)十一月
发起人：王志莘　潘序伦

他们的这一行动获得了当时负有盛名的几位教育界老前辈黄炎培、江问渔等人的赞许。潘序伦和王志莘就敦聘他们为基金的董事，组成了一个董事会全权管理基金。基金存入上海商业储蓄银行，该行总经理陈光甫亦出任基金的董事，潘序伦与陈光甫关系一直不错，他们后来并肩投入抗日救亡运动。

接受这项奖学金的人先后有数十人，其中不少都已成才。可惜的是，因国民党发行的"法币"逐年贬值，这笔基金实值逐渐变得几乎无价值而不得不告终。

潘序伦等人这种知恩图报、热心慈善的精神是值得褒奖的。

南洋兄弟烟草公司简照南选派分赴英、美两国留学的学生很多。

几年后，为感谢简先生及南洋兄弟烟草公司，潘序伦约同全体同学在简先生上海市北京西路的寓所"觉园"内，合建了一座"思源亭"，并请黄炎培撰写碑文，建立碑碣，以垂永久。

三、会计报国，开创"三位一体"会计事业

20世纪20年代是中国政治、经济社会发生转折的关键时期。西方资本主义势力的长驱直入，一方面破坏了中国传统的自然经济，另一方面也促进了民族资本工商业的发展。

第一次世界大战以后，受西方资本主义影响，上海的民族资本工商业发展最快，上海日益成为远东地区金融贸易的枢纽。工商业的发展推动了交易所的产生。1920年上海证券物品交易所、上海面粉交易所、上海华商纱布交易所等相继成立。交易所的兴起，为会计师职业的发展提供了得天独厚的条件，会计师行业开始进入兴盛时期。一些会计界的有识之士开始创办会计师事务所。

1918年北洋政府农商部颁发了《会计师暂行章程》，规定大学商科毕业后，担任主管会计职务3年以上者，可申请会计师。领到农商部会计师第一号执照的是谢霖，他在北京创办了正则会计师事务所。但因当时他还担任中国银行总行的总稽核职务，所以并未积极执行会计师业务。当时国内对会计师职业的性质和业务范围知者寥寥，因而会计师业务未能普遍推广。

1920年，正则总所迁至上海；1921年，著名会计专家徐永祚在上海创办了徐永祚会计师事务所，即后来的正明会计师事务所。这时，全国领有会计师执照者仅有13人。1925年3月15日，上海会计师公会成立，会员只有23人。为了提高各界人士对会计师职业的认识，上海会计师公会在成立时发表的"缘起"中指出：

> 夫会计师制度，实为经济进货之产物。际此工商业勃兴，企业组织日益复杂之秋，举凡创始之设计，平时之检查，以及收束之清理，胥有赖乎会计师为之整理擘划，方诸律师、医师，其社会相需之切，未为多让，而又处于超然之地位，本其独立不倚之精神，证明财界诸般之真相，以坚社会之信用，而供公众投资之参证，其影响所及，正不独直接之利害关系从而止，此美国所以有"公共会计师"之称也。

1927年1月，潘序伦看到当时工商界通用的旧式簿记亟待改良，企业会计需才孔急，便辞去了各大学的教职，创设了潘序伦会计师事务所。翌年，潘序伦将事务所改名为立信会计师事务所。同年，我国第一代会计专家奚玉书也在上海创办了公信会计师事务所。

由此，"正则""正明""立信""公信"汇聚上海，并称为20世纪初中国最著名的四大会计师事务所。

1928年，南京国民政府财政部颁发了《会计师注册章程》。1929年，会计师移归工商部管辖，又另颁发了《会计师章程》。次年工商部对这个章程进行了修订，更名为《会计师条例》。为了调整有关会计师权利能力和行为能力，1935年南京国民政府公布了《会计师法》。这是我国最早的一部《会计师法》，共六章五十一条。

由于有了法律上的明确规定，会计师业务发展较快。到1933年，全国注册会计师人数已达1 246人，天津、武汉、九江、南京、重庆等市亦相继成立"会计师公会"。但以"会计师事务所"为职业者，仍远不如医师、律师那样普及。

潘序伦始终不忘报国强国初心，他通过创立会计师事务所作为会计实践主体，探索会计师执业方法，提供会计师执业方案，积累会计师执业经验，为会计人才培养及会计理论研究，提供案例素材；创办立信会计学校作为人才培养阵地,为会计师事务所的发展及会计理论的建立,培养所需的会计专业人才;成立立信会计图书用品社(立信会计出版社前身)作为会计研究平台,提炼立信会计师事务所实践经验,出版立信会计学校研究成果,为会计实践及会计研究提供理论指导。潘序伦成为立信会计事业建立发展的引路人,开创了现代中国会计事业发展的先河。

潘序伦以对中国现代会计事业建立发展的巨大贡献,赢得了社会的高度尊重与广泛认同。我国已故著名会计理论家、教育家杨纪琬,撰文高度评价潘序伦创立的立信会计师事务所,对我国的会计事业作出了特殊贡献,对推动我国注册会计师事业的发展发挥了积极作用,为开展注册会计师业务提供了极为宝贵的可供借鉴的经验;立信会计师事务所是人才开发的楷模,培养和吸引了国内众多的人才走上会计事业的道路,成为发展我国会计事业的中坚骨干力量。立信会计师事务所是会计改革的先行者,在积极推行新式簿记,改良会计制度设计等方面作出了突出的贡献。

2008年,在《潘序伦文集》出版之际,时任财政部副部长王军欣然作序。他在题为《奠基》的序言中作出高度评价:潘序伦是会计诚信文化的首倡者;提出的"信以立志,信以守身,信以处事,信以待人"的立信准则,既传承了东方传统文化的精髓,又吸收了西方契约文明的内核,奠定了会计诚信文化的根基。

第二章

会计实业救亡之道

第一节　实业救国　创办立信会计师事务所

一、以公正会计推动民族经济

20世纪初，正值中国民族工商业发展的黄金时代。随着企业的发展，上收下支、科目颇简的中式簿记已难胜任日趋繁复的财务活动，现代会计在中国有广阔的前景。

由于第一次世界大战爆发，欧美列强无暇顾及东方，暂时放缓了对华军事扩张与经济掠夺的速度，虚弱而渺小的中国民族工商业得以成长。相对具有一定经济实力和基础的上海，民族工业更是进入蓬勃发展的"黄金"时期。其中，纺织、面粉等轻工业不管是产品的产量还是质量都得到前所未有的提升。工商业的发展推动了交易所的产生，交易所媒介的兴起，为会计师职业的发展提供了得天独厚的条件，会计师行业开始进入兴盛时期，这为会计师事务所的兴办创造了条件。

潘序伦从美国学成归来，引进新式簿记——现代会计学，它是完全不同于我国传统的旧式簿记的一种新的会计理论和方法。它借助科学原理，对社会各个领域的经济活动，按其不同类型的具体特点，设计各种不同的会计制度，进行系统的记录、计算、分析、检查。它较之我国传统的旧式簿记，要精确、及时、科学得多，因此受到开始运用现代资本主义方式经营的新兴工商业者的普遍欢迎。

1927年1月，潘序伦看到当时工商界通用的旧式簿记亟待改良，急需现代会计，便辞去了各大学的教职，创设了潘序伦会计师事务所，翌年改名为立信会计师事务所。

立信会计师事务所开业，恰逢其时。由于我国民族工商业快速发展，当时国民政府成立了主计处，在监察院设立了审计部，陆续制定和颁布了一些经济法规，如《公司法》《会计法》《营业税施行细则》《银行业收益税法》《所得税暂行条例及施行细则》等，大大增加了社会上对会计、审计工作的需求，从而促进了会计师业务的发展。

1927年，潘序伦会计师事务所创办于上海爱多亚路（今延安东路）39号

立信会计师事务所在成立之初，仅聘用了一位计核员作为助理，承接一些查账、登记等案件。后来随着事务所业务的发展，潘序伦不断扩充人员，顾准、钱迺澂、顾询、许敦楷、郭驹、张蕙生、钱素君、李鸿寿、蔡经济、王澹如、陈文麟、王逢辛、唐文瑞、施仁夫、管锦康等会计师，以及李文杰会计师兼律师、周鲲律师等都先后加入立信会计师事务所工作。

随着业务的发展、人员的增加，事务所的规模持续扩大，先后多次搬迁——1927年成立于上海爱多亚路（今延安东路）39号；1928年，迁入江西路（今江西中路）452号正义银行大楼二楼，有办公室四间，开始设主任会计师室、会计师室、稽核科、文书科等；1929年年底，迁至江西北路；1932年春，迁入宁波路190号华东银行大楼。

到1936年2月,立信会计师事务所迁入江西路(今江西中路)406号浙江兴业银行大楼办公时,全所已有成员50余人,租赁房屋10余间,分设有稽核、信托、法律、文书、编辑和总务6个科。

潘序伦在业务活动中以讲究信誉和公道为原则,加上他的语言、文字功底扎实,中西学兼擅,无论在承办会计及工商业的申请、咨询还是受托申辩、诉讼时,大都说理详尽,效率高,质量好。因此,他的事务所很快声誉鹊起。一时间,登门求助的客户接踵而至。立信会计师事务所在开办后10年内就承办各类业务案件4 600余例,成为全国规模最大的一家会计师事务所。立信会计师事务所由于坚持诚实守信,赢得了社会的广泛信誉,业务发展迅速。

**1936年2月,立信会计师事务所迁入
上海江西路(今江西中路)406号浙江兴业银行大楼办公**

李文杰与潘序伦长期共事,对潘序伦及立信感情颇深。潘序伦去世后,李文杰在纪念文章中提到:

> 立信会计事业的核心是立信会计师事务所……建所后十年,立信会计师事务所及所办立信会计学校工作人员数以百计,本部设在江西路,租用浙江兴业银行大楼四楼半个楼面。根据事务所《办理业务规程》及《承办业务项目》的规定,事务所业务分十个方面、四十六项,自1927年至1935年上半年就已经办案件4 600件,分十八类,以定期及临时查账567件,商号公司登记738件,商标注册1 671件为最多,清算及各种信托有150件。以事务所为基点,立信会计事业的规模,由小到大,业务项目由少到多。数以千计的企业、机关,委托立信(会计师)事务所办理过数以万计的案件;各地各级各类立信会计学校培训了数以十万计的会计专业人才,其中有作家、教授、研究员、会计师、经济师、企业家,如在北京的许毅、黄凉尘、高云樵、吴履绥、黄菊波、单世充、韩淑芳等,在上海的顾福佑、陆修渊、黄浦、孙庆元等,在香港的杨国树、钱学钧、吴文鼎;编辑发行了数以百种计的会计书刊,供数以千万计的读者阅读;数以十万计的工商企业使用立信会计账簿。
>
> ……
>
> 潘老创兴立信会计事业取得较大的成就不是偶然的。我与潘老合作共事半个世纪,对于以下七点,体会深刻:
>
> 一曰大事看得准,抓得紧,讲效益,一抓到底,小节也不忽略。
>
> 发展事务所业务,采用多种形式依靠社会力量办学,从事学术研究,编辑出版会计书刊,三件大事亲自一齐抓,抓到底。不仅如此,潘老还善于掌握和利用时机,发展立信事业。记得1936年南京国民党政府直接税署开征营利事业所得税,他就立即为上海市各业同业公会办起培训班,亲自讲授自编教材,与我到群众团体、同业公会、大企业

及无锡、宜兴等地作税法宣传报告几十次；还与我合写《所得税原理及实务》，以应社会上的需要。事务所从而接受查账、设计会计制度、担任常年会计顾问的事项多起。

近几年来，潘老先生在自己的工作岗位上，守职尽责，在所写文章及讲话中，曾就农业会计和乡镇办企业会计需要健全，财务会计业务应该改革创新，走向电算化，迎接新的产业革命，会计教育应该改革等重大问题，提出宝贵的意见，显示他站得高，看得远，年老志不衰的恢宏气概。

大事抓对了，对小节潘老也绝不忽略。有闻必录，有事必记；有客必会，以礼相待；友生来信，亲笔作复，有问必答。去年我去香港，黄秉章老会计师看到他给我的亲笔信。文字工整，盛赞潘老精力充沛，一丝不苟的精神，不减当年。

二曰政治倾向进步。

潘老虽先后相距二十年，曾在南京国民党政府主计处和经济部短期做官，以不习惯于官场生活为由，仍挂冠回上海继续做会计师，写书、办学。立信（会计师）事务所和立信同学会曾掩护不少中共地下工作同志如顾准、黄逸峰、黄浦、陆修渊、周信、高云樵、唐根才等；重庆立信专校顶住国民党政府的反动压力，聘请马寅初、章乃器等进步人士专任教授；在黄炎培、邹韬奋、杜重远等的带动下，潘老在抗日、救国、民主革命运动中捐款出力，反映他追求进步的爱国主义精神。潘老十分关注台湾回归祖国的工作，王云五是他的老友，他曾在香港《大公报》发表公开信，劝王回归大陆，可惜这位弃商从政的实干学者在没有看到这封信前已在台北去世，但这封信在海外的影响很大。

三曰气度大善于用人。

潘老气度宽宏，从不斤斤计较个人恩怨，善于识人，用其所长。如沪渝立信（会计师）事务所业务先后由顾准、钱迺澂、李鸿寿、陈文麟、王逢辛等主持；立信会计专科学校、高级会计职业学校、会计补习学校、会计函授学校,由李鸿寿、陈文麟、蔡经济、管锦康、甘允寿、顾树桢、孙庆元等主持；立信会计丛书编辑部由顾准、黄组方、王澹如、施仁夫等主持；立信会计图书用品社由蒋春牧等主持。我不是潘老的同乡、亲戚、同学、学生,通过社会接触成为知己,1936年辞去通易信托公司总稽核职务,被邀进事务所担任信托科主任、法律科副主任,抗战初期,提升为副主任会计师、代理主任会计师、立信律师事务所主任律师、立信会计专科学校校董会秘书兼教授。潘老对我信任有加,我在协助他搞好公共关系、招致业务等方面出了些力。一大批立信同仁心甘情愿地在潘老领导下为立信事业效力立功,成为立信事业兴旺发达的因素。

四曰搞好公共关系,开辟业务来源。

潘老经常对负责对外联系业务的我说,一定要处理好事务所内外、上下、左右、前后、新旧之间的关系,要与会计师同业及律师、工程师、建筑师及经济界人士更好地配合。这样就能借助外力,减少阻力。他参加"联青社"与"扶轮社"、中国经济学社、银行俱乐部、星五聚餐会等团体,就旨在与中外工商界人士取得联系；他鼓励我参加上海市商会及各同业公会公共租界纳税华人会、商社等团体的活动,也着眼于广泛交友,发展业务。潘老受任国民党政府二五国库券基金保管委员会、中英庚款董事会、建设委员会所属厂矿、水灾救济委员会、中国建设银公司、上海公共租界工部局、上海慈善团体联合救灾会、上海难民救济协等的委托,担任常年查账员,还担任苏浙皖区敌伪产业处理局高级会计顾问；较大的民族资本集团,如永安系统、刘鸿生系统、南洋兄弟烟草公司等工商企业均委托立信为常任会计师；立信会计师事务所委托客户中,外商也最多。立信会计师事务所与社会各个方面结成一个公共关系的网络,横向树立信任,施加影响,发展业务的道路,越走越宽广,与正则事务所、正明事务所、公信事务所比较起来,立信会计师事务所委托客户最多,业务最广。

五曰集财有道,散财有方。

立信(会计师)事务所委托人有政府机关、大企业,还有洋商,公费收入除开支外,盈余不小;立信会计丛书版税及立信会计图书用品社利润丰厚;潘老确曾靠立信事业而成名发家。但是他在创办学校、资助亲属潘鋆甲、潘兆申、管锦康等出国留学深造及社会公益事业等方面,放手使用自己集聚起来的资财。潘老委托他的老师中华职业教育社黄炎培经管"思源"助学金,筹措资金(包括自有的、立信所有的和社会捐款)建造重庆立信大楼、北碚立信专校、上海立信专校(在徐家汇五十多亩校园里建楼多幢,棉织印染工厂及申新系统等捐款最多)。立信会计职业学校的校舍楼房十幢,也是他捐出的。更令人钦敬的是,他把落实政策发还他的资金捐充上海会计学会事业费及立信专校助学金基金。潘老以行动实践"取之于会计,用之于会计"的信念,这样的高风亮节,对我们来说,真是高山仰止,心向往之。

六曰处劣境不灰心丧志。

立信事业的发展,不是一帆风顺的。同业竞争激烈,抗战期间,上海成为"孤岛",政治环境恶劣,潘老去重庆创立基业,艰苦备尝。解放后,立信(会计师)事务所业务锐减,全行业公私合营后,不得不宣告结束。立信事业碰到的困难不小不少,潘老带领立信同仁有毅力、下决心克服着困难前进。在"反右"及"文革"中潘老受到不小的冲击,他留须扫弄,抄家挨斗,逼迁陋室,仍不灰心丧志,看书会客,怡然自得。落实政策后,心情更加舒畅,他常说愿以衰年为"四化"贡献余热。组织上配给他的新房他不迁住,曾告人:专校新厦未完工,绝不为个人安适作打算。

七曰勤俭朴素。

潘老日常生活简朴,斗室中一床、一几、一柜、一桌、四椅,别无摆设;图书成堆,未置书架;不制新衣,九十华诞时,立信学生购献新制服一套,藏之箱底不穿;每天伙食账亲自勾稽,不超越预算。近年来,我常去上海,潘老是我走访的第一人,目睹他艰苦生活的情景,令人肃然起敬。①

二、以专业精进赢得社会信誉

当时立信会计师事务所的业务对象既有新兴的民族工商业和中外合办企业,如南洋兄弟烟草公司、永安公司、申新纱厂、永安纱厂等;也有政府机构和行业团体组织,如邮政储金汇业总局、中国红十字会等。立信会计师事务所既有会计服务、审计查账、破产清算、税务服务、法律咨询、财务顾问、会计培训等常规业务,又有战乱时期的稽核公证、战时服务等非常规业务。所以,其业务涉及的范围非常广泛,接受的委托业务遍及全国,赢得社会信誉。

抗日战争全面爆发后,中国银行总行被迫迁往香港。在这一时期,该行发行法币钞票。按照规定,发行钞票要有黄金、白银和外汇作准备金,由会计师进入金库,盘点实物,核对账目,然后出具证明登报公布。潘序伦作为中国银行的查账会计师,应聘担任了该行准备基金的检查员,每年都要去香港执行公务。1939年当他前往香港查核该行发行准备基金时,他发现金银数额不足,而是以其他银行的本票来抵补。这种做法显然有悖规定。他一向痛恨弄虚作假的做法,于是不顾情面,决定不予签字证明。

这一下子,可把中国银行惹火了。中国银行派了一位副经理跟踪潘序伦来到上海,以"破坏抗战"的帽子要挟潘序伦。潘序伦顶住压力,义正辞严,不畏高压,不为谋私利而失信于民。因此,潘序伦辞

---

① 李文杰:《潘序伦与立信会计事业——悼念老会计师潘序伦博士》,载朱坚强、何佩莉主编:《立信往事》,立信会计出版社2013年版,第20—23页。

去了中国银行准备基金检查员这一职务。

这样,立信会计师事务所和潘序伦公正无私的形象在社会上更加鲜明突出。

在服务对象及业务范围迅速发展的同时,立信会计师事务所的业务规模也不断扩大。在其鼎盛时期,员工超 1 000 人,办公用房从早期的一间房屋到后来的数十间办公用房;服务客户超万户,足迹遍及全国。随着业务的快速发展,立信会计师事务所将服务机构从上海延伸到全国。

从 1939 年开始,潘序伦委派他的学生先后在国内一些重要城市设立了分所,如 1939 年由蔡经济会计师主持设立了桂林分所,1941 年由王逢辛会计师主持设立了重庆分所,1946 年由张蕙生会计师主持设立了南京分所,同年由蔡经济会计师主持设立了广州分所,1948 年由管锦康会计师主持设立了天津分所,等等。潘序伦及立信会计师事务所俨然成为当时中国会计界的巨擘。

潘序伦严于律己,从不高高在上,他坚持不说空话,只干实事。立信会计师事务所没有签到簿,规定每天上午 9 时上班,当时全所工作人员数十人,潘序伦一般都是前 3 名签到。他总是亲自过问各个查账案件,并经常抽样式地到被查单位,同查账人员一道进行审计。有时候,事务所工作繁忙,他提出每天加班一个小时,而他毫无例外地与同事一起下班。

潘序伦到达办公室后,第一件事就是看报纸,一看有什么新闻,二看有什么查账机会。当时,一般会计师事务所的主任会计师大多是上午 10 时或 11 时才上班工作,而潘序伦则特别早到,可见他工作非常努力。

有一次,潘序伦因早到办公而找到一次很好的查账机会。他时常"得意"地对下属讲这件事。一天,他照常上午8时到办公室,翻开当天报纸一看,北方黄河大水成灾,上海各界即成立"黄河水灾委员会"。该委员会中有稽核一科,拟请会计师担任,以示公开。

潘序伦看到这条消息,即刻打电话给该委员会的主持人,拟担任该会的稽核工作。该主持人在电话中当即允于所请,潘序伦立即筹划派人去接管这项工作。事后,该主持人对潘序伦说,徐永祚会计师曾于当日上午11时打电话来,拟担任该委员会的稽核工作。

但该主持人对徐会计师说:"我已于今晨八时半答应潘序伦会计师担任,非常抱歉。"

潘序伦一直以此为鉴,向事务所全体职员说明每日很早办公,不但对于身心有益,而且可以为事务所争取更多的工作机会。

第二节 将"立信"思想融入服务社会

一、支持抗日救亡,为抗日团体提供审计服务

九一八事变后,上海各界人士掀起了提倡国货、抵制日货的运动。在这一高潮中,爱国工商界和金融界团结起来,星五聚餐会便应运而生,这是一个国货厂商与银行家等的联络组织,潘序伦先生参与其筹建工作。星五聚餐会的会址位于南京路大陆商场(今东海大楼)内,并雇用若干职员。

每逢星期五中午,会员们聚餐一次,参加人数由最初的两三桌扩展到后来的三四十桌,主要是通过联谊、学习和交流,让会员们了解国内外工商经济情况。餐前会务组请社会名流、专家学者作报告,使会员得益匪浅。对于聚餐会,潘序伦花费了很多心血,颇受会员们的

敬重。他长期担任聚餐会总干事,在发展会员、邀约名流、安排节目等方面起了不小的作用。

淞沪会战的一声炮响,给埋首于办学与会计实务的潘序伦以极大的震动。在爱国之心的感召下,潘序伦和黄炎培、邹韬奋、杜重远、陈光甫等进步人士一起投身于抗日救亡的潮流之中。他们携起手来,积极参加支持东北义勇军、十九路军的活动,为抗日军队征募军需用品和慰劳品。潘序伦自己捐了不少钱,出了不少力。

在银行家陈光甫的私人日记里,我们可以发现潘序伦积极参加抗日救亡活动的事迹:

> 五月七号日记
> 江苏战区救济委员会开会及市区塘工借款宴会情形记录。
> 五月六日,江苏战区救济委员会在中华职业教育社开会,余依时前往列席,各委员几全体到会。讨论结果,通过上海办事处简则草案九条,内容系在原拟草案之第二条,加入"本处各组主任、副主任得由大会推定人员兼任之,其不足人数,本会推定后,报告大会追认之"一条,列为第三条。第八、第十两条删去,而将第三、第四、第五、第六、第七条改为第四、第五、第六、第七、第八条(简章附后),并预先由大会推定驻沪常务委员三人,乃朱子桥、史量才、张公权三君,此外分设六组,计推总务组主任江问渔君,财政组主任张公权君,设计组主任赵厚生君,救济组主任黄任之君,审计组主任潘序伦君,而余则被推为统计组主任,又推余为请愿代表之一。统计之责,在于调查,应先调查太仓、嘉定、昆山、常熟以及浏河、大场等处各战地难民状况,暨其困苦情形,设法救济。惟难民待赈之殷,急于星火,事关紧要,不容延缓,而余下星期四有汉日之行,无术兼顾。查商则第三条之规定:各组主任、副主任之不足人数,得由本会推定后,报告大会追认。财政组主任张公权

君已依照上项规定,推林康侯君为财政组副主任。余既不克兼顾,而调查又急不容缓,遂商得邹秉文君之同意,推彼为统计组副主任,积极进行。先从调查入手,其调查旅费,及一切必要经费,均另行设法担任,为救济难民计,为服务社会计,均应尽力赴之,此余之目的也。至请愿代表一节,经众讨论,推史量才、冷御秋、张云搏三君及余往财政部商请拨款协助。余谓代表请愿,期于事之有益,吾与财政部宋部长不甚接洽,若必欲令吾同往,恐财政部本可同意拨款者,转致因而扦格,无益有害,似非所直。惟自今岁以来,国难当前,外交紧急,外界与余接洽商筹之事,日多一日,致余为时间所限,不能尽力于行务,一至每日下午,竟有无暇到行之势,或为地方公益之事,或赴各处开会之约,或筹划难民之救济,或商筹财政之维持,汲汲往来,日无暇晷,实乃十七年中所从来未有之第一次,顾大局之环境如此,无从推委(诿)。倘无此次战事之发生,国难之紧急,则余可以全力筹划行务,不至分心,此则吾人份(分)内所应为之事,而无可如何者一。①

二、倡导会计诚信,在会计实务中践行诚信

20世纪初正值西方经济大萧条时期,这引发了世界范围内人们对信用危机尤其是会计信用的思考。信誉是中华优秀传统文化的精髓,孔子在《论语》中提出了"民无信不立"的著名学说,"民信为本"由此成为数千年来衡量人品的标准。基于对会计师信誉重要性的深层思考,根据会计职业本质并顺应时代的要求,潘序伦认为以个人名字命名会计师事务所,有很大的局限性,不利于会计师事务所的发展,因此决定对会计师事务所进行更名。

---

① 上海市档案馆:《陈光甫日记》,上海书店出版社2002年版,第161—163页。

潘序伦深深感到,要开展会计师业务,先要取信于社会。出于这种考虑,1928年他取了《论语》中"民无信不立"之意,将"潘序伦会计师事务所"改名为"立信会计师事务所",并以建立信用,争取他人对自己的信任为事务所的第一主旨。后来,他又把它引申为"信以立志,信以守身,信以处事,信以待人,毋忘'立信',当必有成",把它作为办理各项事业的训条,要求立信同仁共勉。

潘序伦提倡立信,他自己也是这样做的。潘序伦待人诚心诚意,即使有人批评他,他还是诚心诚意对待别人。事务所有一位名叫唐荣山的职员,时时批评潘序伦查账手续上有很多不甚高明之处,潘序伦从善如流,以诚相待。唐荣山确实是一位查账经验丰富之人,那时会计师事务所对外查账工作,都靠他办理。[1]

潘序伦多次强调,人无信不立,信是立身之本,他以自己的行动来践行立信精神,以崇高的精神力量说服人、吸引人、团结人、鼓舞人。

潘序伦晚年回忆:

> 我国会计师职业不是从我开始,设立会计师事务所也不只是我立信一所,而我之所以能略有信誉并稍有成就,大致有以下几点。
>
> (一)树立信誉。我认为会计师的信誉很要紧,可以说是会计师业务的生命力,所以我把我的事务所改名为"立信",就是要取得社会的信誉。但是,资本家委托会计师办事,总希望对他们有利。这样,有个别会计师就以造假账或出具不真实的证明书以迎合某些委托人的要求,而取得会计师业务。但是,这种业务我所是绝对不接受的,我宁可

---

[1] 蔡经济:《潘序伦博士百年诞辰有感》,《立信史话》,立信会计出版社1993年版,第57页。

放弃这种委托,这样,当时看起来似乎是"吃亏"了,但日子一久,就会给社会人士产生一种印象,认为"立信"是信得过的,是可靠的,反而会引来大批的业务。"立信"的实践就充分证明了这一点。当然,在当时,这是从个人事业出发的。今天,我们会计人员应当忠实履行国家赋予的职责权限,让党和人民信得过,努力为"四化"做贡献。

(二)关心会计人才的前途,介绍会计人才就业。在"毕业即失业"的旧社会里,一个青年如果没有一技之长和至亲好友的介绍,要找到一个职业非常困难。因此,我很关心会计人才的前途,尽可能介绍会计人才就业。除了对本所德才兼优的学员大力进行培养外,还尽力介绍社会上的会计人才就业。如我所新成立时,就从东南和暨南学校商科毕业学生中,选用了顾询、许敦楷、蔡经济、王澹如等学员就业,还登报招考录用了韩曼涛等同仁就业。对自办的会计学校毕业生,除了留用一些成绩优良的同学在我所工作外,一遇机会,我总是竭尽全力介绍他们到各机关、企业去工作。后来,我们还专门成立了"立信会计职业咨询所",大力开展了这项工作。通过职业介绍,不但扩大了会计人才队伍,也有力地促进了会计师事务所业务的发展。

(三)建立会计专业制度、培训会计专业人才。古时王荆公说过:"合天下之众者、财,理天下之财者、法,守天下之法者、吏也;吏不良则法而莫守,法不善则有财而莫理。"用现在的话来解释,法就是制度,吏就是人才,要理好财,必须首先设计会计制度,健全财务管理,而有了好的制度以后,还必须有公正无私、忠于职守的专业人才来执行。所以,我把这段话作为事务所工作的指导思想,并把它作为序言写在立信会计专科学校毕业同学纪念册上。我在设立会计师事务所初期,就深深感到非改良企业会计制度和训练会计专业人员不可。因此,我即从这两方面着手,一面附设了会计补习学校,一面自行编译会计书籍,并开设图书社,把事务所、学校和图书社三者融合起来,形成三位一体的"立信会计事业"。现在看来,在旧中国半封建、半殖民地的社会制度下,立信会计事业从客观上来说,只能还是为企业主的利益服务,其在会计专业制度建设和会计人才的培训方面,也必然带有很大的局限性,与我们今日社会主义制度上的会计事业是不可同日而语的。①

三、服务民族工商业,为推动社会发展贡献力量

潘序伦初从事会计实际工作和教育工作之际,正是我国民族工商业较快发展的年代。经济的发展,对包括财会人才的各类人才的需求与日俱增。潘序伦抓住了这一有利时机,筚路蓝缕,创建了独具特色的立信会计事业。

中华民国建立以后,人们普遍认为,革命的时代已经过去,今后应当是建设一个富强的中国的时代。孙中山说:"中华民国成立,民族、民权两主义俱达到,唯有民生主义尚未着手,今后吾人所当尽力的即在此事。"②他的这番话反映了当时人们的普遍心态。人们致力于发展工商业,振兴实业,民族资本主义工商业得到了迅速发展。

经济的繁荣,为立信会计师事务所的发展创造了有利条件,使之脱颖而出,成为当时中国著名的会计师事务所。该所拥有的会计师、服务的客户、承办的案件,罕有其匹。数以千计的企业、机关、团体委托立信会计师事务所办理数以万计的案件。名列中国民族资本榜首的荣氏企业(指荣宗敬、荣德生的申、福、茂系统,即申新纱厂、福新面

---

① 潘序伦:《潘序伦回忆录》,中国财政经济出版社 1986 年版,第 27—29 页。
② 孙中山:《在南京同盟会饯别会的演说》,《孙中山选集》,人民出版社 1981 年版,第 93 页。

粉厂、茂新面粉厂等企业,后以荣毅仁为代表)、郭氏企业(指郭乐的永安系统,即永安公司、永安纱厂、永安机器厂、大华印染厂等企业,后以郭棣活为代表)、刘氏企业(指刘鸿生的企业系统,即上海水泥公司、大中华火柴公司、章华毛纺织厂、华东煤矿公司等企业,后以刘念智为代表)以及简氏的南洋兄弟烟草公司等都是立信会计师事务所的常年客户。与其合作的外资企业也有不少,如美商中有著名的联合航空公司、可口可乐公司、加利福尼亚德士石油公司、华纳兄弟影片公司、环球影片公司、派拉蒙影片公司、北极冰箱公司、哥伦比亚唱片公司等,英商中有怡和公司、怡和纱厂、太古轮船公司等。不少合营工商企业和人民慈善团体如邮政储金汇业总局、中国红十字会等,也委托立信会计师事务所办理各项业务。可见,立信会计师事务所业务范围之广。

潘序伦在办理业务过程中发现,民族工商业对财会人才的需求日益强烈。为了适应各行各业对财会人才的迫切需要,潘序伦创办了各级各类立信会计学校。他认为,办学必须以服务经济为导向,瞄准社会需要,多渠道培训,多形式办学,广开学路,多出人才;会计教育应覆盖各个层面,从夜校到星期日校,从训练班、补习班、速成班到函授、专科学校。他坚持一切从时代需要出发、从当时当地实际情况出发,多方创造有利条件,便于不同行业、不同地区、不同水平的青年都能获得会计专业知识,在短时间内就能培养大量的有用人才,直接为经济建设服务。

潘序伦曾经深刻阐释会计与经济结合的重要性,使教育工作有的放矢。早在20世纪40年代初,潘序伦就提出,会计与经济是"当"的关系,他说:"本人(20世纪)20年代以来在工商界、会计界服务,觉得十几年前我国各大企业,不要说会计,就是连簿记也根本说不上。

到现在为止,各公司工厂虽然有了簿记,还没有正确的会计。政府机关的会计,也只是刚才走上轨道,不能说是已经具有严密完整的制度。考会计的主要精神,便是在做到孔子所说'当而已矣'的一句话。预算应如何编选方算适当,决算应如何编订,收支应如何平衡,总要使他走入'当'的途径,才算尽了我们的责任。到那一天能够完全达到'当'的目的,那还有待同仁的努力。"[①]他对会计与经济的紧密结合的论述,使会计教育明确了服务对象。

潘序伦屡屡强调,人无信不立,信是立身之本。在立信会计师事务所和立信会计图书用品社的具体业务活动中,潘序伦把"立信"思想融入企业文化,成为脍炙人口的立信精神。潘序伦在内部管理中恪守立信精神,受到了大家的尊敬。举几个例子:一是会计公开。事务所的全部收支,均由会计列表报告,年终结算有多少盈余也不保密。年终利润的分配,除第一部分作普通分红,人人有得(相当于数月工资),第二部分作为执行会计师的特别分红,余下部分再作为主任会计师的分红。而作为主任会计师的潘序伦主动提出主任会计师的分红所占比例逐年减少,以增加第一部分和第二部分分红。会计公开可以使人不猜疑,这确是明哲的管理之道。二是创建立信同仁的工资制度,把月薪分成两部分,一半是正薪,另一半则是加薪。加薪部分如果在非常时期无力支付可以不发。八一三事变后,事务所收入有所减少,但因过去有结余,加薪从未停发。总之,潘序伦对立信事业的管理既严格又科学,使立信充满凝聚力,全体同仁同舟共济,真诚地合作,即使工作辛苦一点,也毫无怨言,真正做到了人人爱所如家、爱社如家。

[①] 潘序伦:《第一次全国主计会议报告》,中国第二历史档案馆第四全宗,第 34249 卷。

潘序伦领导的立信会计师事务所对所接受的业务，以立信为准则，认真负责，因而在社会上逐渐树立起良好的信誉。

立信会计师事务所的业务范围非常广泛，而且涉及企业机关的项目，大凡都要经过查账：一是确定某企业机关之偿债能力，及其净余资产即资本之实值。二是确定某企业机关之收益能力。三是确定某企业机关之账目有无弊端[①]。为了准确有效地查证账目，潘序伦特地于1933年规定了会计师查账的程序及方法，分资产、负债、资本、损益四个步骤，凡27类，十分详尽，手执一册，犹如宝典。

然而，当时社会上有些人对会计师的查账工作存在误解或偏见，"以会计师为点缀职务"，"视查账为一种照例手续"，这样便使查账效益受到限制。对此，潘序伦不以为然，他凭着会计师的良心做事，因而在查账过程中难免风波频起。

潘序伦受国民政府二五国库券基金保管委员会、中英庚款董事会、建设委员会所属厂矿、水灾救济委员会等委托，常年担任查账员。如前所述，他曾以立信会计师事务所主任会计师身份，应聘出任中国银行准备基金的检查员。1940年潘序伦离开上海去重庆另组重庆立信会计师事务所，上海的事务所由潘序伦委托李文杰、钱迺澂、李鸿寿、叶朝钧四人负责维持，李文杰任上海立信会计师事务所的主任。太平洋战争爆发以后，在当时上海的恶劣环境下，李文杰、李鸿寿等人与在重庆的潘序伦始终保持联系，先后用商行、书局、企业公司、文件代办所等名义，使事务所和补习学校等立信事业得以延续，并积资购进河南路吉祥里的房产，为以后立信会计学校的发展奠定了物质基础。

---

① 潘序伦：《查账标准程序之拟订》，原载《立信会计季刊》1933年第2卷第1期。

1945年抗日战争胜利,潘序伦于当年9月返沪,仍从事会计师业务,负责事务所的工作。这时所有中外工商企业都要重新注册登记,事务所承接这方面的业务,数量颇为可观,其中接受委托的外商企业就有多家。

1949年上海解放,事务所继续开展业务。1951年事务所经上海市税务局批准为特约查账员,查核1950年度工商企业缴纳所得税事宜,一度业务量骤增,但以后业务逐渐减少。为了节省开支,事务所部分人员被另作了安排,所址迁至江西中路391号,以缩小租房面积。1956年,我国对私营工商业进行社会主义改造,整个经济结构发生新的变化,会计师事务所已无存在的必要。因此,上海各会计师事务所联名向市主管部门申请办理结束。经批准,事务所的会计师和工作人员由有关方面作了相应调配安排。至此,会计师事务所宣布结束。

立信会计师事务所从1927年创立至1956年结束,始终以建立信用、争取社会的信任作为第一主旨,同时注意处理好内外的关系,业务发展快,委托客户多,先后为中外工商企业办理注册登记、查账证明、清算破产以及其他案件累计上万件。可以说在各会计师事务所中,立信会计师事务所委托客户最多,业务最广,影响也是最大的。

第三章

会计教育为民之行

第一节　大力推行会计职业教育

一、从小小簿记训练班起步

辛亥革命以前,我国工商企业和机关一直沿用古老的单式收付簿记。对于西式即双记式借贷簿记方法,除在洋行里采用,传统的账房先生们都不知其为何物。20世纪20年代,几位留学日本的商科学生引进了复式簿记。复式簿记起初在银行界试用,后渐及大型企业。随着生产的发展,复式簿记的采用渐渐普及起来,可是熟习复式簿记的会计人才仍然非常紧缺,因此复式簿记推行非常缓慢。

潘序伦与立信会计师事务所的同仁以改良中国旧式会计、建立新式会计为己任,专门为许多工商企业担任会计制度的设计工作。虽然经过苦心经营,潘序伦在会计实务界已经确立了会计学专家的地位,并且有不小的社会影响力,但他仍觉得自己对于改良会计工作的贡献不大。"这难道就是我要做的事情的全部吗?"他常常扪心自问。

潘序伦认为:要理好财,必须先设计会计制度,健全财务管理;而有了好的制度以后,还必须有公正无私、忠于职守的专门人才来执行。回想自己回国后的这段经历,潘序伦深感中国会计人才之匮乏和推广新式会计之紧迫,因而立志兴办会计学校,传授西式会计知识。

潘序伦撰文历数"我国素来对于实习教育的忽视":

我国自从废止科举、建立学校以来,对于职业教育,虽然已经渐知注重,不过所办的职业学校,几乎全是正式的小学、中学或大学,而对于异常重要的职业补习学校,反寥若晨星。私人设立的固然极少,而国立、省立、市立、公立的职业补习学校,尤不多见。国家社会每年花了极大的经费,开办正式的职业教育,所得效果,恐怕大多数毕业生仍旧找不到相当职业,而对于"使有业者乐业"这个宗旨,几乎完全忘却了。假如分一部分正式育教的经费来办补习教育,它的效果恐怕却大有可观哩。①

他特别强调,"上海应注重商业补习教育":

上海是个大商埠,人口有三百万,内中至少有数十万人在商埠中执业的;这数十万商人中间,多少受过些商业学校教育的,活不满十分之一。其余多是学徒出身,对于商业知识和技能,没有相当的根底,所以除了天资卓绝或是地位优越的少数以外,终身难希望有多大进步。然而上海的商业学校,大学程度的反有十几处,中学程度的不下数十处,关于补习性质的学校却很少见。即使有之,也是私人创立,设备简单,经费困难,非但不能普及,恐怕内容也未必适合。最近中华职业教育社开办补习晨校夜校,沪江大学和国立中央大学商学院有筹备开办夜校特别科的计划,实在是本埠职业教育的福音。可是范围不大,容纳学生有限,而所开的学科,班次也很少,和普及职业教育的目的相差很远。所以目下创设大规模的商业补习学校,实在是政府应办的急不容缓的一件事。②

---

① 潘序伦:《从职业补习教育说到本校》,《会计季刊》1931年第2期。
② 潘序伦:《从职业补习教育说到本校》,《会计季刊》1931年第2期。

1927年夏,潘序伦投石问路,在他的事务所内开办了一个簿记训练班,招收青年小职员和练习生,利用夜晚空闲时间上课。这小小的训练班可以说是后来规模恢宏、名声远扬的立信会计学校的雏形。

二、兴办立信会计补习学校

潘序伦早就想致力办学,在会计教育方面干番轰轰烈烈的事业,现在刚办了个训练班,便深受社会的欢迎。因此,1928年春,他和立信会计师事务所的同事钱迺澂、顾询、李鸿寿、陈文麟等一起正式创办立信会计补习学校,起初该学校是会计师事务所的一个附属单位,校址设在河南路吉祥里18号的一栋两层楼房内。学校每天夜间授课两个小时,每期专修半年。由于讲究实效,注重实用,适合了社会需求,招生人数逐年增加,班级与科目也随之扩大,除原设的簿记班,还陆续添设了英文簿记、会计学、银行会计、政府会计、公司会计、成本会计、税务会计和审计等课程,由学生选修。学生不但有在业青年,还有不少失学失业青年。这些学生为了取得一技之长,勤奋好学,成绩大多优良,普遍受到工作单位的好评。

据潘序伦回忆:

> 立信会计学校原以潘序伦会计师事务所附设会计补习班为名,是会计师事务所的一个附属单位。所谓校舍,只是在晚上占用事务所的半间写字间,教师和管理人员都由事务所的职员兼任,补习班的开支只有一些水电、文具、邮费等。而所收学生每月数元的学杂费,都作为事务所的杂项收入。我们设立会计补习班的目的,是因当时委托我们代为设计西式簿记会计制度的单位纷至沓来,这些单位原来任用的会计人员,绝大多数是没有学过西式簿记会计的旧式账房先生,所以在委托我们改良会

计工作的同时，要求我们代为训练这些账房先生学会西式簿记。我们认为对于这些人员加以训练，费时费力很多，不如把他们集成一班同时训练，所以会计补习班就作为会计师业务的一部分而创立起来。

到第二期开学前，自动报名要求入学的人很多，于是我们决定把事务所附设的训练班改为独立的会计补习学校，先后设置初级和高级商业簿记、高等会计、银行会计、公司会计、成本会计、政府会计、审计学等课程。到 1936 年秋，学生已达一千数百人。后来又在重庆、北碚、桂林、广州、南京、兰州、天津、北京等地先后办起各级分校，学生人数因案卷散失无从确计，但据 1948 年出版的《立信会计学校概况》估计，毕业学生总数当在十万人以上。解放初期两三年内，学生人数还有大量增长。

后来我们认为补习学校学生肄业时间太短，缺少系统学习，难以成为高等会计专业人才，且补校毕业生按照当时政府规定，在学历方面不能取得正式资格，会妨碍他们广泛就业的机会。因此我们又陆续创立了立信会计专科学校一所、立信高级会计职业学校三所。这些都是正规学校，校舍、图书等费用极大，在经济上成为整个立信事业赔钱贴本的重大负担。

在这种情况下，我们提出了"取之于社会，用之于社会，取之于会计，用之于会计，取之于学生，用之于学生"的口号，尽量把会计师业务收入，以及书社的营业收益捐给学校，并把个人或集体编著翻译的多种"立信会计丛书"的版权，捐给学校作为基金，推动学校的发展。①

潘序伦自 1928 年开设补习学校，补习学校这一教育方式基本上是为了适应业余人员的需要。学生都是各企业或机关的在职人员，

---

① 潘序伦：《立信会计学校的创办和发展》，见《立信史话》，立信会计出版社 1993 年版，第 2—4 页。

年龄比较大,三四十岁的学生很多。甚至有五十几岁的学生。其中一部分是旧式会计人员为适应改账需要而来学习的,一部分是适应社会对西式会计人员日益增派的需要而来学习的。随着入学人数的增加,为了使各区职工学习方便,上海的立信会计补习学校除在黄浦、卢湾二区自有校舍开日夜班,还在黄浦、静安、提篮桥、南市、虹口各区租借其他学校教室开办夜校。重庆的立信会计补校也曾与工商企业、政府机关合办六处分校,其中与重庆市基督教育年会合办的时间最长,人数也最多。自补习学校开始,潘序伦采用灵活多样的办学形式来普及会计知识和技能:

1930年,办函授学校,解决了学生的入学问题。函授学生遍布全国各省市,远至南洋一带。

1935年,办晨校,让在业青年利用夏季早晨上班以前的时间上学。

1936年,办星期日校,为在校学生利用星期日休息时间学习会计知识提供方便,为其日后就业奠定基础。

1937年,办日校,又称"速成科",旨在帮助失学失业者在短期内修完几门会计课程。

此外,每年还开办短训班。立信曾办高级会计职业训练班(高中毕业程度入学,一年毕业)、中级会计职业训练班(初中毕业程度入学,一年毕业)、会计职业训练班(初中毕业程度入学,三学期毕业)。1937年后,国民政府教育部曾委托各校设立各种中等技术短期训练班,并发给必需的经费,立信数次接受委托。因此,立信训练班一度设有公费生。

潘序伦办学还有一个非常突出的特点,就是广收女学生。这在学校的发展方面,也起了一定的作用。

在当时其他各校中,女生所占比例很低,立信学校开办前期,女生也很少。当时社会上对妇女就业仍有歧视,妇女求职困难,但她们也想学习专门技术以便找到适当职业。潘序伦认为,妇女的性格一般适宜担任财务会计工作,因之录取学生时,一律以成绩为标准,不歧视妇女,这就使女生入学人数逐步上升。在后期,有些班级女生超过半数。例如1946年秋,北碚立信高级职校学生77人中,女生占41人。1948年春,上海立信会计专科学校入学的167人中,女生占79人。最突出的是1948年1月上海立信职训班毕业生71人中,女生竟占48人,这为妇女就业创造了有利条件。

另外,还需澄清的是关于立信会计学校在发展过程中是否存在"盲目性"的问题。立信原是私立学校,设在上海,并附设函授学校,面向全国及海外。抗日战争全面爆发后,内迁厂商增加,学校随即向国统区的后方发展。抗日战争胜利后,许多工商企业向沿海地区发展,学校又开始向沿海城市发展。1949年后立信会计学校发展更快,1951年仅上海一地,立信各校学生约19 000人(包括函授),仅补习学校就设有分校10所,入学学生15 000多人,重庆、广州、北京、天津的各级学校也有3 000人左右。立信会计学校在1949年后迅猛发展,但不能说是"恶性发展"。按照现在的认识,主要有两点:第一,立信会计学校集中在沿海城市,这与新中国成立前民族经济率先在沿海发展有关,那时失学、失业的人数众多,都希望学习会计技术,以谋职业。第二,立信会计学校以会计为专业的学生众多,与其他技术学校培训人才的比例不能协调,以致出现一时一地会计人员过剩而其他技术人员不足的现象。

潘序伦在兴办立信会计补习学校过程中积累了丰富的经验,并上升到理论层次。他撰写的《从职业补习教育说到本校》是其中的代表作。对于补习教育的目的,潘序伦认为:

职业教育有两句标语：第一句是"使无业者有业"，第二句是"使有业者乐业"。没有相当职业的人，大约因为没有职业上相当的知识和技能。要想得着相当的职业，一定先要把职业上的知识和技能学会，这是正式职业学校的任务。有了职业的人，对于职务上不能胜任愉快，这便叫做不能乐业。考其原因，大概由于任事上所必要的知识和技能，太不充分，或是先前学会了一种技能，但是任事多年，对于日在进步的新智识、新技能，不去关心，感觉到办事成绩退步，终至失业。所以已有职业的人，假使要在办事上常常觉得胜任愉快，一定要把日进无涯的职业知识技能，趁着晨夕余闲，加以研究。但是一般专门科学，有的非经指示讲解，难以明白；有的非有实验设备，无从着手。所以补充职业上的知识技能，单靠着自修，有时或不容易得益，仍旧要靠学校教育，加以补助。但是正式职业学校，入学有资格的限制，毕业有年限的规定，不能随意上课，又难免妨碍职务，自然极不相宜。为了适合这一班有职业者的需要起见，所以又有职业补习学校的设立。补习教育的目的，便是职业教育的第二标语，"使有业者乐业"。[①]

潘序伦结合立信会计补习学校的实际体会，提出创办职业补习学校需要下列"必要的条件"：

（一）校址必须适中，因为这一类有职业的学生，不便寄宿校内，并且上课多是抽暇而来，途中往返必须极形便利迅速；所以商业补习学校，应该设在商店繁盛区域；工业补习学校，应该设在工厂邻近；农业补习学校，应该设在乡村中间。

（二）上课时间，最好在清晨或晚间，免得妨碍学生职务。

---

① 潘序伦：《从职业补习教育说到本校》，《会计季刊》1931年第2期，第1—4页。

（三）功课须切实用，不重理论，因为入学的人大都急需应用，高深理论，非所乐闻。

（四）选课应该极自由，如此方可适合学生个性和职业。

（五）毕业期限要短，因为补习学生，大都不能久度学校生活。

（六）打破文凭观念，正式学校的文凭附带表示一种资格，补习学校的毕业和资格毫无关系。所以学生入学，非求得真实学识和技能，就等于虚掷光阴和金钱。①

潘序伦的会计职业教育是完全适应社会需要的。他先后办起了立信会计补习学校、函授学校、专科学校和高级职业学校等不同层次和类型的会计学校，向社会输送了数以万计的会计人才，真可谓"立信，立天下之信；潘序伦全力办学，十万弟子，桃李芬芳"。

第二节　创办私立立信会计专科学校

一、于民族危亡之际捐资办校

潘序伦初创立信会计补习学校的目的，在于为青年人解决职业问题。随着形势的发展，提高办学层次，进一步满足社会对精通业务、具有管理水平的高级会计人才的要求已刻不容缓。这成了他日思夜想的头等大事。

立信会计补习学校、立信会计函授学校尽管入学者很多，且在社会上取得了良好声誉，但潘序伦并不以此为满足。潘序伦认为：会计是一门实用科学，服务遍及各行各业。随着社会经济的发展，社会

---

① 潘序伦：《从职业补习教育说到本校》，《会计季刊》1931年第2期，第1—4页。

既需要能够记账做账、精打细算的中、初级会计人员，更需要精通业务、具有管理能力的高级会计、审计人才。补习学校及函授学校时间短、所学内容少而简，不利于学生今后的工作和继续深造。因此，潘序伦与立信会计师事务所同仁商量后，决定筹办以培养高级会计人才为目标的一所高等学校。

1937年1月，潘序伦等人为筹备成立私立立信会计专科学校一事呈报国民政府上海市社会局，"为应时势需要，教授高深会计学术，养成专门会计人才"。

按当时规定，建校所需资金法币17万元也已筹集齐备。此前，潘序伦提出创建大学的倡议，迅速得到了立信同仁和社会各界的积极响应，很快筹集到这笔建校基金，其中包括潘序伦自己捐出的法币6万元。他延聘著名的教育家、会计学家、经济学家和实业家，如国民政府委员兼主计长陈其采、中国银行总经理宋汉章、交通银行董事长钱新之、商务印书馆总经理王云五、中华职业教育社总干事江恒源等人，组成私立立信会计专科学校董事会，潘序伦出任校长。

宋汉章将北苏州路1040号中国银行仓库的四楼借给学校办学。北苏州路1040号，为国内早期的现代仓储建筑，建于1935年，由陆谦受、吴景奇设计，11层的钢筋混凝土结构，立面显露结构框架，柱间为钢制横窗，内部主空间采用无梁楼板结构。

学校以每月500元赁其为校舍，并投入资金对堆栈仓库进行改造，使其成为适应办学的用房。经数月的改造，学校在北苏州路1040号拥有6间教室、6间办公室，学生休息室、图书室、藏书室、储藏室各1间和男女卫生间各1间。此外，还利用屋顶平台开辟了一个运动场，添置了教学用具。北苏州路1040号为学校第一院，第二院为河南路吉祥里18号。

1937年4月,立信会计专科学校第一次校董事会在上海香港路银行俱乐部召开,潘序伦和学校董事陈其采、王云五、钱新之、宋汉章、江恒源、钱迺澂、李文杰、李鸿寿出席。会议讨论通过《学校组织大纲》及其他章程,并推定董事长、副董事长与校长的人选。《私立立信会计专科学校董事会章程》规定,推选从事教育、会计及工商业,富有经验和声望,又热心赞助本校之人士15人担任校董;董事会职权主要是筹集本校经费及基金基产,审核本校预算决算,保管本校财产;监察本校财务等。

《私立立信会计专科学校学则》倡言:"本校以应国家社会之需要教授高深会计学术,养成专门会计人才,使切于实际应用为宗旨。本校采学年兼学分制,学生修业年限定为二年制及五年制二种,二年制学生至少应修习八十学分,五年制学生至少应修习二百二十学分方得卒业。"[①]

5月,学校董事会呈报国民政府教育部备案。

7月15日,校董事会备齐建校有关文件,由董事长陈其采签署报请国民政府上海社会局转呈教育部要求准许学校开办。

8月12日,国民政府上海市社会局发文称,奉教育部指令,私立立信会计专科学校准予建立。立信会计专科学校的建立,标志着立信会计学校在立信会计补习学校、立信会计函授学校前期基础上的进一步发展,从而开始形成更完整的体系。

潘序伦在向国民政府教育部的报告中,将该校办学方针归纳为"管教务期严格,学生学验并重,出路必予保障"。立信会计专科学校的筹办工作有条不紊地进行。自1937年7月10日起,学校办理第一期招生,在《申报》等新闻媒体上刊载招生广告,并在《新闻报》刊登

---

① 立信会计高等专科学校校志编纂委员会:《立信会计高等专科学校校志》,立信会计出版社1998年版,第278页。

了一个整版的"特刊",将办学宗旨、办学方针、校董会组织、教职员名单以及校舍平面图一一列入。学校的机构和人事安排如下：校长兼编辑科主任潘序伦,教务主任钱迺澂,教授兼教务副主任黄逸峰,训导主任李文杰,总务主任章钦贤,秘书李鸿寿,图书馆主任唐文瑞,编辑科副主任顾准(顾哲云),研究室主任刘孔贤;聘李权时、金国宝、唐庆增、潘仰尧、周仲千、钱素君、陈文麟、蔡正雅、江恒源、刘孔贵、储宝敏、甘允寿等人为教职员。在组织架构上,立信会计补习学校原为立信会计师事务所附设,现附设到立信会计专科学校。

1937年10月,潘序伦在《创办立信会计专科学校缘起》中介绍了相关情况：

> 昔者,我国工商各界,对于会计一项,向不重视。回此本所创立之初,即深觉各公司商号及工厂之会计制度,简陋残缺,实有改进之必要。然欲改良各业会计制度,自必先从造就相当之会计人才入手。乃于民国十七年(1928年)春,在本埠开设会计夜校,俾会计职员及职业学生,均得利用业余时间,补习会计学识技能。惟是远道学生,每苦不能舍职来沪入学肄业,因之于(民国)十九年(1930年)八月,增设函授学校,嗣应环境需要,又设立晨校、日校、星期日校。更于川滇黔康各省中心地之四川重庆设立分校。以上乃本所办理会计补习学校之经过情形。九载以还,入学者为数已达七千余人,毕业学生之服务于社会者,亦幸得一般工商家之信任,藉使展其所学。是本所对于养成普通会计人才之目标,可谓已得相当之成就。惟查社会之进演,无时或已,企业之组织,亦愈形繁复。处现时代的立场,欲负改进会计之使命,盖非创办会计专科学校以造就高等专门人才不可。本所数年以来会集中同人心力编著立信会计丛书,迄今已出版者计有三十余种,关于会计学术之书籍,种类略备,以之作为会计专科学校之教本,亦勉可

适用。会计专校一旦建立,则所有丛书可藉学子研求之力,而时加修订,俾切实用,一方并可将丛书版税,充作学校基金。此项版税,嗣后每年可收两万元,用以补助专科学校经费,已无虞不足。序伦复出执业十年所积余之现金六万元尽数捐作本校建筑基金,本所各会计师,又共同捐助图书数千册,再由本所于本期业务收入项下,捐拨本校设备费五千元,总计基金一项包括现金及财产,总值有十七万元之巨,以之办理一会计专科学校暂时不致竭蹶。今岁正值本所创业十周,故决于本年起,创设立信会计专科学校,以资纪念。学校一切章则,均按照教育部所颁法规办理,期于最短期内,呈部立案,俾卒业同学,可应政府高等考试,或充任会计师。兹者,校董会业已呈请立案,校舍亦已觅定。所有本所附设之补习学校,拟即改为专科学校之补习科,并于两年间,在本埠中区地带,自建校舍,以垂永久,至于今后,校务之进展,则全赖于工商各界及全校同学之时赐协助也。①

对这段潘序伦创建立信会计专科学校的经过,亲历者李鸿寿记得很清楚,他告诉我们:

  1937年春,我常到南京去查账。一天,潘序伦先生写信叫我立即回沪,商讨筹建立信会计专科学校。我于次日返沪。潘先生邀集钱乃澂、李鸿寿、李文杰、章钦贤等商谈。潘说:历届补习学校学生以及社会上青年学生和职工纷纷要求我们办一所高等会计学校,现已向(国民政府)教育部了解,凡举办专科学校,必须有建筑基金十万元,流动基金六万元,图书设备五万元。潘又说,他本人从事会计师职业以来,已积蓄了六万元,可以全部捐出。立信同仁共同编写的"立信会计丛

---

① 原载《立信月报》1937年第10期。

书"每年版税二万元,用"资本还原计算法"估值为十万元,即版税可收十年,每年二万元,以五万元作为利息,一万元作为回收资本,请商务印书馆总经理王云五出具证明。立信会计师事务所同仁所藏书籍全部捐出,估值一万元。在研究筹资的基础上,又商定请国民政府主计处主计长陈其采任校董会董事长,王云五为副董事长,聘请中国银行总经理宋汉章、交通银行总经理钱新之、职业教育家江问渔(恒源)为校董。立信方面,除潘本人外,请钱迺澄、李鸿寿、李文杰为校董,李文杰兼校董会秘书。大家一致表示同意以上方案。随即由潘先生亲自聘请各位校董。李文杰到(国民政府)教育部领取各项表格。一九三七年四月十五日在上海香港路银行召开第一次校董会。到会校董计有陈其采、王云五、宋汉章、钱新之、江问渔、潘序伦、钱迺澄、李鸿寿、李文杰等九人,推举陈其采为董事长,王云五为副董事长,潘序伦为校长,李文杰为校董会秘书。当即向(国民政府)教育部呈报。不久,上海市社会局转来(国民政府)教育部批文,准予开办私立立信会计专科学校。于是,潘校长便聘请钱迺澄为教务主任,李文杰为训导主任,章钦贤为总务主任,李鸿寿为秘书,负责筹备事宜。当即租赁北苏州路中国银行仓库四楼为校舍,屋顶平台为操场。还聘请李权时、金国宝、唐庆增、潘仰尧、周仲千等专家以及立信同仁为教师。正式定于同年7月招生,在《新闻报》用整版篇幅出了一个特刊,将办学宗旨、办学方针、校董会组织、教职员名单以及校舍平面图一一列入。7月初,报名投考的学生非常踊跃。不料,"八·一三"战火蔓及上海,我校校址适在苏州河北,靠近战区,只得暂时停办,补习学校仍在吉祥里继续开学。为了防止通货贬值,用银行存款在徐家汇柿子湾购置土地三十余亩,以备建造校舍。①

---

① 李鸿寿:《立信会计专科学校创建经过》,《立信史话》,立信会计出版社1993年版,第26—28页。

立信会计专科学校成立后,潘序伦采取了一系列措施来推动学校的发展。

首先,他对学校管理队伍和师资队伍等人事安排进行了调整。其次,在校舍问题上,因补习学校校舍狭小,无法容纳过多学生,便将租借的北苏州路1040号中国银行仓库四楼租赁为校舍,以屋顶的平台作为操场。与其他规模较大的私立学校相比,立信专校并不具备优势。潘序伦自学校创建后便十分重视招生工作。如何才能让刚刚成立的立信会计专科学校招到更多的学生,是立信建校之初面临的重要问题。因此,学校在招生方面采取了下列措施:

一是充分宣传立信会计专科学校。

报刊作为一种重要的新闻媒体,可以达到宣传的效用。立信会计专科学校在创建不久后便开始利用报刊进行宣传。当时全国发行量最大的《新闻报》便是立信的宣传媒体之一。潘序伦与该报馆的总经理汪伯奇和副总经理汪仲韦是圣约翰大学的同学。该报馆的许多财会人员也是立信的肄业学生。因此,《新闻报》经常刊发立信会计专科学校的相关信息。《申报》教育新闻主任马崇淦与潘序伦也是同学关系,潘序伦聘请他为只领取薪金的"兼任教师",这为在《申报》上登载立信的相关信息提供了便利。[①] 另外,立信自身所发行的刊物《立信月报》以及著名的《立信会计季刊》《立信会计月报》等刊物也对学校的相关情况做了直接的宣传。当然,宣传作用最大的还属立信会计师事务所编撰的"立信会计丛书"。因当时国内非常缺乏会计类教材,潘序伦便与事务所同仁一起编撰"立信会计丛书"并联系出版。这套丛书从社会实际需求出发,充分结合我国国情,引进了国外的先

---

① 上海市政协文史资料委员会:《上海文史资料存稿汇编·教科文卫》,上海古籍出版社2001年版,第172—173页。

进会计学理论知识。在其出版后,编者还不断征求各教师的意见,多次予以修改。丛书发行后,其中的不少书本被国内各大学及教育单位作为会计教本,发行总数高达几十万册,正如潘序伦所说:"十年前国内修习商科以及与商科有联系的学生和从事商业和财会的职业人员,可以说几乎没有不知晓'立信会计'之名的。"①"立信会计丛书"有效宣传了立信会计专科学校。

二是聘请知名专家、学者来校任教。

立信会计专科学校以"应国家社会之需要,教授高深会计学术,养成专门人才,俾切于实际应用"为宗旨,在师资力量方面自然也有所践行。潘序伦聘请的教员多为会计学识经验宏博的专家,如钱迺澂、陈文麟、丁廷渠、唐文瑞、郭驹、顾准、袁树德、吕仁一等,其后,又增聘了国内著名的会计专家钱素君、潘志甲等人担任教授。从师资上来看,立信会计专科学校的教师大多数为兼任,且其中相当一部分教师属于立信会计师事务所的执业会计师。潘序伦校长在执业之余,也亲任专科教师,这是尤为难得的。这些会计学专家、名师齐聚立信,极大地提升了学校的名气,在一定程度上吸引了更多有志研习会计学的学生前来报考。这些专家兼教师教学认真负责,学生缺课时,则再三催促其来上课;学生成绩不佳时,则必定会有相应的课外补习。立信教师严格执教、因材施教的教学方式在社会上广为传颂,也促进了立信的招生工作。

三是帮助学生就业。

良好的就业率能够有效提高学校的社会知名度,从而促进学校的招生,立信会计专科学校尤为重视学生就业。首先,学校通过立信

---

① 上海市政协文史资料委员会:《上海文史资料存稿汇编·教科文卫》,上海古籍出版社2001年版,第157页。

会计师事务所获取大量的就业信息。事务所的委托者众多，无一例外皆有雇用财会人员的需求。立信会计师事务所便将相关招聘信息提供给专校学生。其次，以往立信会计补习学校和其他班次的毕业生大部分已在职场站稳脚跟，他们积极关注母校的情况，将掌握的招聘信息及时传递给学校。再次，潘序伦及其同仁曾在立信会计师事务所之外设立立信会计职业介绍所，帮助该校同学解决就业问题。前来申请者，只需填具申请表，待聘用方来此选人时，便根据双方的情况予以介绍。最后，立信各同学为了加强联系，还组织了同学会。立信同学会经常在国内一些城市举行活动，交流就业等问题，也在一定程度上推动了立信学子的就业。学校一向重视同学会，时常给予援助。立信会计专科学校积极帮助毕业生解决就业问题，吸引了更多的有志青年前来报考。

通过上述措施，立信会计专科学校在早期发展过程中取得了显著的成绩，产生了积极的社会影响。从招生情况看，投考的学生十分踊跃，学生人数逐渐增加。从就业情况来看，随着知名度的提升，前来该校招聘的单位络绎不绝，立信学子表现出色，就业率颇高。该校首届专科毕业生钱学均、孙家博、顾福佑和杨国树等人分别到浙江兴业银行、信谊药厂、新闻报馆及立信会计师事务所等单位工作。[①] 已并入立信会计专科学校的补习学校实习生张兆熊，夜校高级班毕业同学朱家训、庄士英、曾元聪及函授学校高级班毕业同学潘景星等人，参加浙江省会计员考试，均被录取。该校日校初级班同学刘建平参与初级会计员考试，也被录取。专科学校日校春季开学时，原有学生60余人，经过三四个月学习，大部分已经谋得职业或通过各机关

---

① 上海立信会计学院校志编纂委员会：《上海立信会计学院80周年校志》，立信会计出版社2008年版，第110页。

考试而被录取,由该校介绍职务者,已有十五六人之多。① 这些立信会计专科学校的毕业生步入职场后,获得了用人单位的一致好评。

二、于战火中坚持办学,弦歌不辍

1937年初夏,私立立信会计专科学校获准建立后,当即进行校务运作,着手办理第一期招生事宜。1937年7月15日,学校举行专科新生第一次招生考试,报名参加入学考试者149人。经考试选拔,学校共录取96人。第一次招生录取考试后,报考者络绎不绝。经国民政府教育部备案,学校拟定于8月30日举行专科新生第二次招生考试。但因发生日军侵占上海的八一三事变,学校原定的招生工作无法如期开展。

日本侵略者蓄意制造震惊中外的卢沟桥事变,悍然发动全面侵华战争,妄图吞并全中国。中国专科以上高等学校大多集中在都市及沿海省份,"荟萃于平津淞沪者,达全数之半",其中上海有高校25所。日本侵略者为实现根本上灭亡中国的计划,制订了对高校进行系统摧毁的计划,平津淞沪的高校首当其冲。至1937年10月,全国被毁大学和教育机关总计23所。

八一三事变爆发,当时立信会计专科学校第一院地处北苏州路华界战区,预定8月30日的第二次招生考试暂停。学校从北苏州路1040号取出部分校具和图书,暂假立信会计师事务所办公。

1937年10月27日,国民革命军第88师524团中校副团长谢晋元率400余名战士(号称"八百壮士")拼死坚守上海光复路四行仓库,抵抗了日军的多番进攻。北苏州路1040号与光复路1号的四行

---

① 《立信会计专科学校创立特刊:立信同学之成绩》,《申报》,1937年7月15日。

仓库近在咫尺。上海商会通过广播电台把四行仓库保卫战的消息传遍全城,整个上海都沸腾了。包括立信师生在内的成千上万上海民众一道冒雨聚集在苏州河南岸,在大楼顶上、堤岸边、街道上为中国守军呐喊助威。他们目睹敌我厮杀,每当日军要发起进攻时,苏州河对岸的民众就举起大黑板(大字报),告诉中国守军敌军的主攻方向。学校师生和立信歌咏队的队员汇聚在苏州河南岸,与其他歌咏团体一道,集合起来高唱《救亡进行曲》等抗战救亡歌曲,予以声援。11月1日,四行仓库保卫战结束,谢晋元带队分批撤入公共租界,北苏州路1040号立信校舍也陷入敌手。

日军的侵略,使上海的环境日益恶劣。日本侵略者除占领、劫掠上海的教育文化机关,还对其进行蓄意破坏。在日军的残酷打击下,上海各高校损失惨重,立信会计专科学校同样遭受重创,学生人数锐减。《申报》报道称,立信会计专科学校在淞沪会战时"入校学生仅七十余人"。上海租界宣称中立,放弃了对立信会计专科学校所在地区的管辖权,致使北苏州路校舍被日军占领,沦为日寇的兵营。立信会计专科学校各项工作严重受阻,招生及校舍建造等事宜只得宣告暂停。11月10日,潘序伦致函董事长陈其采与王云五、宋汉章、钱新之等校董,写道:"本校甫经创设遽遇国难……不得不暂停开学,已将暂停开学原因呈文报(国民政府)教育部核察。"

面对上海的恶劣局势,立信会计专科学校并未就此停滞,而是在"孤岛"立足,努力办学。1939年4月,学校多次向国民政府教育部呈请准予招生。5月24日,国民政府教育部批准同意立信会计专科学校于暑期招生。在得到国民政府教育部批复后,9月,学校招收第一期专科新生318名。原来租借的北苏州路校舍因已被日寇占领,立信会计专科学校只能暂在河南路吉祥里18号立信会计补习学校校址内开班施教。① 国民政府教育部派来视察立信专科学校的视察员周尚称,"该校各种设施均能遵照部令办理,潘校长之热心经理尤为可嘉。俟时局平靖,该校益拟兴建校舍,俾体育及卫生设备均得符合标准,目前学生数虽不多,前途实颇有希望"②,充分展现了其对立信会计专科学校办学水平的认同及发展期望。

在非常困难的情况下,潘序伦与立信同仁齐心协力,艰苦办学,按照"管理务期严格、学生学验并重、出路必予保障"的办学方针,重视提高教育质量。学校不仅开设会计专业相关的课程,而且注意职业道德的培养,以"信以立志,信以守身,信以处事,信以待人,毋忘'立信',当必有成"二十四字作为校训,鼓励学生守信。

1941年7月,立信会计专科学校首届专科生修业期满,学校以潘序伦校长的名义向有关方面推荐。用人单位收到推荐信后,大多复信要录用几名学生。毕业生大多被银行、报馆、工厂等单位录用,也有留在立信会计师事务所工作的。

1941年12月,太平洋战争爆发,日军进入上海租界。李文杰及留守上海的立信同仁始终与潘序伦保持着联系。为维护"立信"声誉,他们拒绝向伪政府登记,并商定将立信会计专科学校和补习学校改为"明信会计补习学校"(意为"明耻立信"),由甘允寿(化名甘允义)代理校长,设"立信书局",出版教科书。③ 为维持生活,立信同仁

---

① 上海立信会计学院校志编纂委员会:《上海立信会计学院八十周年校志》,立信会计出版社2008年10月第1版,第109页。
② 《教育部派员视察私立立信会计专科学校、陕西省立商专、湖南省立商专、西南商专、私立求精商专及国立商专的有关文书》,中国第二历史档案馆馆藏,全宗号:5,案卷号:2028,1941年4月20日。
③ 《文史资料选辑》编辑部:《文史资料选辑》合订本第43卷第125—127辑,中国文史出版社2000年版,第415页。

又组织了一个"通达企业公司"。通达有双重含义：一为"生意兴隆通四海，财源茂盛达三江"；二为"通权达变"，不得已而经商。① 公司做生意赚钱，维持着事务所的业务。"明信会计学校"向学生说明，中国人民的抗战一定会取得胜利，等到打败侵略者，立信恢复时，所发的"明信"的文凭和证件一律调换。② 立信会计专科学校在险恶的环境中，依然努力办学，积极发展，在"孤岛"时期重新焕发了光彩。在此过程中，学校还累积了不少的资金，购置河南路吉祥里房产（原立信会计补习学校所租房屋），还花费法币9.4万元购下了上海徐家汇法华区基地33亩，等待时局平靖，作兴建校舍之用。③

在恶劣环境下，立信会计专科学校学生更加孜孜求学，并始终保持埋头苦干的精神。留沪教师吕仁一对此赞赏道："时间虽然短促，各位同学都已表现出刻苦耐劳，敦品励学的精神。"④留沪负责人之一李文杰对立信学子的刻苦求学精神大为赞赏，他对同学们说："你们现在很努力，很够苦干，将来一定能负起这伟大的、神圣的责任。光明的前途，等待着诸位中的每一位。"⑤这些话表达了他对学生的深切关心，期盼学生学有所成，并努力肩负起报效国家、服务社会的重担。立信会计专科学校虽身处炮火笼罩之中，却仍能设法开学，极为难得。⑥ 立信在潘序伦校长及其同仁的不懈努力下，秉持办学初心精神

---

① 上海立信会计学院校志编纂委员会：《上海立信会计学院八十周年校志》，立信会计出版社2008年版，第110页。
② 上海立信会计学院校志编纂委员会：《上海立信会计学院八十周年校志》，立信会计出版社2008年版，第110页。
③ 《私立立信会计专科学校员生表册及有关校务工作经费问题的报表与文书》，中国第二历史档案馆馆藏，全宗号：5，案卷号：10296(1)，1943年9月28日。
④ 吕仁一：《序》，《立信会计专科学校三年级级刊》1940年第1期。
⑤ 李文杰：《聚宴训词》，《立信会计专科学校三年级级刊》1940年第1期。
⑥ 《学校概况：立信会计补习学校》，《申报》，1938年1月21日。

令人钦佩。

早在1937年8月,国民政府行政院特别会议就讨论过东部高校西迁的问题,9月2日,国民政府教育部令沿海各公私立学校迁移到内地上课。立信会计专科学校于1942年3月28日向国民政府教育部呈请迁校。4月21日,国民政府教育部回复准予迁川办学。最终,立信会计专科学校决定迁至重庆北碚。20世纪40年代,在重庆、北碚以及各地,立信会计专科学校依然弦歌不辍。尽管立信学校的校舍是简陋的,物资是相当贫乏的,但立信的学生有丰富的精神世界和内心生活。那时国土沦丧,硝烟弥漫,炮声隆隆。青年学子怀着满腔报国热忱,随时准备投笔从戎。他们在校依旧谈经论史,意气风发,以宽广的胸怀吸纳现代文明,时时提出富有建设性的建议。

立信在大后方兴起,乃是综合因素在起作用,而最关键的是立信人有种努力而不觉其苦的精神。这种原动力源自潘序伦先生倡导并力行的"立信"精神。正是有了这种精神,潘序伦先生克服重庆山城的种种困难,夙兴夜寐、宵衣旰食,迎来了立信事业的兴旺,为战时教育事业作出了重要的贡献。

早在1937年、1939年立信会计专科学校重庆第一分校①及第二分校已经成立②,由原立信会计补习学校同学刘芷休任负责人。潘序伦在香港短暂停留后,便来到重庆,在这里建立重庆立信会计师事务所,同时将刘芷休所设立的分校加以扩充。两所分校得到了相当的发展,规模开始扩大,入学人数逐渐增多。日机空袭频繁,市区房屋多数被毁,立信分校校舍遭劫。第一分校被迫迁至合川,但办学条件

---

① 《立信会计学校开学期近,校址暂假储材校,即日起开始报名》,《新蜀报》,1937年2月17日。
② 《团体活动》,《新蜀报》,1939年2月13日。

实在太差，最后又迁至北碚。第二分校则因损失过重，只得暂时停办。① 除了分校，还有立信原在北碚设立的高级职业学校等班次。②

1942年9月初，立信会计专科学校完成迁校工作，以北碚原有的立信分校为校址，购进民族路华丰地产分公司西式房屋作为校舍。潘序伦的报国强国之志，又在川渝大地得以承续。

9月14日，立信会计专科学校迁川第一届专科班开始上课，迁校工作基本完成。立信会计专科学校内迁途中，历经艰苦，除了承受设备、书籍的巨大损失以及日机轰炸的威胁，全校师生还得面临日军的盘查与拷问，危险重重。潘序伦呈请国民政府教育部补助时曾有所说明：

> 本校于(民国)三十一年呈准迁川开办后，一部分教授即随校迁移来渝，另有钱素君、张蕙生二教授留沪办理结束。终以在沪不堪敌伪压迫，于(民国)三十一年八月十五日自沪间逃出。车达安徽宿县时被敌军搜查，认为重庆分子可疑，同行有潘兆申先生、宋启文先生及其夫人，一共五人被拘至敌军司令部拷问，用纸烟烙脸，放警犬咬喉，宋先生面孔斑然，潘先生喉破几乎毙命，恣意凌辱，惨无人道。钱、张二先生幸以女性，未受酷刑。终以拷问未得证据，于次日释放回沪，不得已乃于九月二十日二次自沪来渝，经南京，逾合肥，再经六安、界首、洛阳、西安，于本年元旦抵渝……③

---

① 《立信会计专科学校校史》，《立信校刊》1947年第1期。
② 韦博：《立信会计专科学校迁渝办学研究(1942—1946)》，西南大学硕士论文，第19—20页。
③ 叶新民：《一段鲜为人知的经历》，载朱坚强、何佩莉主编：《立信往事》，立信会计出版社2013年版，第159页。

第三章　会计教育为民之行

潘序伦在重庆

这段鲜为人知的迁校经历，充满了艰险与磨难。

立信会计专科学校迁川第一届专科班中有一位学生，名叫陈安怀。陈安怀一辈子从事财会工作，而他的会计技能就是从立信会计专科学校学到的。他晚年口述当时母校的一些情况：

> 立信会计专科学校是从上海迁到重庆的专科学校，我是立信迁川后的第一班的，是1941年入学的。抗战时上海沦陷了，学校不得不搬迁到重庆来了。当时的校长是潘序伦。
>
> 潘序伦非常勤奋，在他很忙的时候也还在读从美国带回来的英文书，工作上也很努力，忘我地工作。他在工商界的声誉很高，那个时候就称他为会计泰斗了。他在重庆市区建了一座三层楼的立信大楼，立信会计专科学校市区班和立信会计师事务所、印刷厂都在这个大楼里。另外，他还在北碚买了几座洋房，也修了一些房子，全日制的立信会计专科学校在哪里，我就在哪里读书。新房子修了礼堂，礼堂兼饭

厅、学生宿舍,洋房是老师们的宿舍和办公的地方。这很不容易,我们在读书的时候,对潘老很敬仰。

那时候还有一个老师是马寅初,这个人学识渊博,给我们讲经济学和哲学,他将两门学科合并起来、联系起来讲,有些地方联系到哲学问题就讲哲学问题。他当时刚被软禁后放出来,别人不敢聘他,但潘序伦敢聘他作为我们的教授,还让他住在学校,马寅初当时在学生里的威信非常高。我们在教室里听课,窗户外都是学生在旁听。那时候北碚还有个复旦大学,这个学校里的很多学生来旁听。北碚就这两个高校,其他的在重庆沙坪坝市区,比如重大(重庆大学)、南京中央政治学校等都在重庆。

当时开经济学年会,马寅初作为经济学家是可以参加的,但(主办方)不要他参加,他住的宿舍正好在学校礼堂旁边,礼堂讲话他都能听见,但就是不让他参加。礼拜天他到街上演讲、茶馆里演讲,有好多学生听。讲完以后,学生还不散去。

还有一位老师是钱素君,她跟潘序伦是同学,备课非常认真。

还有一位是李鸿寿,他在当时是南京国民政府"立法委员",但没什么事,一年开不了几次会,就住在我们学校,讲工业管理。他通过关系,把我们带到天府煤矿坐火车,到车间参观。在当时我没有坐过火车,也没有看过火车。他在实习方面很认真。李鸿寿带我们去工厂,我们没有见过工厂,哪能见到那么大的工厂,他带我们去看了。

立信的情况我也简单讲一下。立信有个特点,据说现在都还差不多——注重应用型人才的培养,即学生毕业以后上岗,就可以抵一个人(熟练的员工)工作。立信对实用学科或技能很重视。当时读专科(大专),一个学期的每天下午最后一个小时是做珠算练习。一个学期下来后,基本都可以"混"得不错了。学校还给我们开了英文簿记课,这对学生到外国公司工作有利。所有会计科目、摘要、账簿、报表全是用英文,自己做练习也是用英文,对这套熟悉了,上岗后马上可以用上。

那时候班上有六十来个人。当时不是统考,是每个学校自己招。不过校舍有限,每年招一次,我们是两年制的专科,在校学生两百人左右。[①]

回顾初到重庆的艰苦创业的岁月,潘序伦说:"我当时已年近50,单身入川后,生活上无亲人照顾,住宿在望龙门的江边。从住地到办公地点光走山路就有160级石阶,每天来回四次,不胜疲劳,更受不了的是一日数次钻防空洞。那时日寇轰炸频繁,而防空洞设施又极差,常有炸死人和闷死人的事情。我曾亲身经历了当时震动全国的大隧道惨案,上万人被闷死在条件很坏的防空洞里。惨案发生后,国民党政府派人清理隧道,从里面拖出的尸体像一条条沙丁鱼那样,被扔进卡车运出郊外埋葬,情景极为凄惨。那段时间生活艰苦,身体疲劳,以至随时有生命的危险,都没有使我在事业上松劲,我的脑子里只有六个字:'立信会计事业。'首先是忙着开办立信会计学校。"[②]

事实确是如此,困难可能比潘序伦说得还要严重。据蒋春牧忆述:

老师到重庆最初两年中,正是日寇飞机来重庆轰炸频繁的时期,除雾季(10月到次年3月)和雨天外,几乎每天上午8时左右来重庆轰炸。因此我们整个上午都是躲在防空洞中度过,只有下半天可以工作。常因任务重,时间不够,必须早睡迟起,老师也与我们工作在一起。

老师在重庆与我们上海去的四同事同吃同住,宿舍距办公室虽不远,但要经过较高的"望龙门"山坡,每天往返一次上下有四百级台阶。

---

① 《陈安怀:老骥伏枥　不忘初心》,载上海国家会计学院口述历史项目工作组主编:《会计口述历史》(第一辑),立信会计出版社2019年版,第22—24页。
② 潘序伦:《创业散记》,《人物》1983年第6期。

老师从不雇用滑竿(两人抬的竹躺椅)代步,甚为辛苦。

1941年6月初,日寇飞机突然傍晚来重庆轰炸,紧急警报七天七夜不解除,称为"疲劳轰炸"。我们担心老师精力不支,多次劝老师暂去香港休息一段时间,他没同意。

约在1942年秋,美国飞机到了成都,日寇飞机几次来重庆轰炸,美机迎头痛击,日机损失惨重,日机从此不敢再来。重庆没有空袭后,市内以前被炸的房屋开始重建,老师为了解决校舍问题,于1943年在市内筷子街建造立信大楼落成。建筑面积有3 000余平方,底层全部为教室,二楼为"立信会计师事务所"和"立信专科学校"办公室,三楼为"立信会计图书用品社"和"立信会计师事务所"部分办公室,以后又在商业街建造三层楼房一幢,为图书用品社营业部。①

1943年,建于重庆市内小什字筷子街的"立信大楼"

---

① 蒋春牧:《我对立信会计事业发展的回忆——庆祝母校八十华诞、纪念潘序伦诞辰一百一十五周年》,载邵瑞庆主编:《潘序伦纪念选集》,立信会计出版社2009年版,第200—201页。

立信会计专科学校迁川成功,再次向世人表明立信人的韧劲,也又一次证明潘序伦报国的决心。潘序伦回忆如下:

> 我原在上海,从教、学、做三方面,致力于会计事业,亦就是在兴办会计教育,进行学术研究,编译会计丛书、杂志和从事会计师事务所业务等,来为经济建设服务。自九一八事变,日本帝国主义侵略我国,战火由东北、华北蔓延到东南沿海,凡有血气的爱国志士,都纷纷奔赴前线和后方,奋起抗战,许多工厂企业也陆续迁到西北、西南各省生产,促使后方工商业蓬勃发展,亟须会计人员,我亦随之到了四川重庆,立志要为祖国贡献一份力量。①

这番话反映了潘序伦一直铭记其作为教师的职责,而他的家国情怀也绝非停留在口头。

立信会计专科学校迁川充实了川渝地区高等教育力量,填补了大后方会计专业院校空白,为抗战大后方培养了大批会计人才。因此,潘序伦在谈及立信会计学校为社会输送大批会计、审计人才时,不无骄傲地说:"正如走进任何一家棉纺织厂,总会碰到一位南通纺织学院毕业的工程师。走进任何一家中等规模以上的工商企业,总会碰到一两位立信会计学校毕业的主管会计的职员。"②

三、学验并重,以"信"立校

潘序伦重视会计职业道德教育,以信为中心,贯穿于他毕生的会

---

① 潘序伦:《立信会计在重庆》,《潘序伦文集》,立信会计出版社2008年版,第569页。
② 陈春华:《潘序伦会计诚信思想形成的历史背景分析》,《商业时代》2007年第21期,第110页。

计事业和教育事业中。1937年潘序伦以精辟的语言,概括了立信会计高等专科学校的校训——"信以立志,信以守身,信以处事,信以待人,毋忘'立信',当必有成"。此时"立信",不仅是会计职业道德思想,还拓展至立志、守身、处事、待人等方面的做人准则。

潘序伦用人不唯"亲",一些宜兴潘氏成员到上海投靠他,其中进入立信学校或事务所的先后有23人,约占事务所教职员总数的四分之一。但他们中没有一个在事务所内担任重要职位,都是锻炼一段时期后介绍到别处工作,其中有很多日后成为专家、教授,如潘志扬、潘勤孟、潘达元、潘可群、潘沛霖、潘秀章、潘更苏、潘生元、潘景元等人,或在立信本校毕业,或从其他大学毕业后进入事务所,职位一般为助理员、书记、助教、稽核员等,在30岁左右就离开事务所了。潘序伦的女婿管锦康虽然家境清寒,但勤奋好学。留学美国归来后,管锦康在京、津、沪等地执行会计师业务,潘序伦没有让他担任事务所的领导职务。

潘序伦任人还唯"需"。有一次他问事务所同仁周氏:"为什么叫你担任这个不愿意,担任那个又不愿意?"他指的是要周氏担任办公室秘书和副教导主任。周氏回答说:"你交给我任务,我总完成。但要我在你身边坐什么位子,我不愿意,因为你身旁好人坏人都有!"潘序伦却说:"你不懂!做一个领袖人物,贼和强盗也要用。"这就是潘序伦的"任人唯需"的观点。

潘序伦经常提起中国的一句古话,"贤而多财,则损其志;愚而多财,则益其过",并以此鞭策自己。他认为,多财不一定是坏事,一个人若拥有财富,应当先考虑用财之道。潘序伦的聚财用财之道,就是"取之于社会,用之于社会;取之于会计,用之于会计"。

就拿收取学费来说,潘序伦对那种把学校办成"学店"的做法深恶痛绝，因而所收学杂费极为低廉，对一些实在无力缴纳者，还给予减免。学校收入不多，为购置校舍，潘序伦屡次捐给学校建房资金。为了"立信"，他甘愿倾尽所有。

当时通货膨胀，物价猛涨，立信教职员工生活没有保障。为了使他们尽可能生活得好一点，潘序伦想尽了一切办法。例如，每学期开始他就将本学期的教师薪水从所收学费中一次发放；学生的伙食也由学生会民主管理，预先购足一学期的粮食。这样才保证了每学期上足 20 周课。

为了搞好学生的伙食工作，潘校长亲自核算柴米油盐的价格，同时决定每天派学生轮流下食堂监厨，防止贪污、偷工减料或粗制滥造之类的事情发生。学生们也愿意参与监管。这样一来，学生食堂里的司务和厨师尽心尽力，将学生伙食搞得既丰富，又价廉物美。

"立信"思想，不仅是潘序伦办学的宗旨，同时也对他的人生经历产生了很大影响。出于对潘序伦在会计界名望的企慕，国民政府请他任职。然而，国民政府官场的黑暗，使他深谙这里绝非久留之地。在很短时间内，他就提出辞职，继续致力办学。

潘序伦涉足国民政府会计、经济官场，先后有三次。

1931 年冬，潘序伦暂停执行会计师业务，担任南京国民政府主计处的筹备委员。1932 年春，潘序伦任主计处会计局副局长。当时主计处的筹备主任、后来被特任为主计长的陈其采和潘序伦并不相识，陈其采只是出于仰慕潘序伦的"名会计师"的名声，特邀潘序伦去担任会计局副局长的职务。因官场人事复杂，潘序伦不愿久留。在刚刚接受任命不久，他便辞去了这一职务，回到上海重操会计师旧业。潘序伦这次涉足官场，时间不足半年。

1946年5月,立信校董会副董事长、时任商务印书馆总经理的王云五,以无党派的身份被国民政府特任为经济部部长。王云五那时也想找一个无党派人士充当他的副手,以表示他的独立不偏的姿态。潘序伦那时正是一个无党派人士,因此王云五推荐潘序伦担任经济部的常务次长。其实,常务次长所主管的只不过是些日常事务,如私营企业的登记、变更、停业、破产等。潘序伦在那里干了不到半年,又辞职回到了上海,重操会计师旧业,并兼任私立立信会计专科学校校长。

1945年,日寇投降,在上海的立信同仁立即恢复立信事业的原名。与此同时,潘序伦在重庆呈报国民政府教育部准予上海立信会计专科学校恢复招生。潘序伦返回上海就重整旗鼓,为上海的学校建造一定规模的校舍,在徐虹路柿子湾沿铁路附近购得空地。

为了建造新校舍,潘序伦将自己历年积蓄全部捐出,还动员立信同仁合力在上海工商界募捐。在社会各界的帮助下,终于筹集齐备约10.25亿元法币,徐虹路柿子湾校舍遂于1946年6月7日动工,1947年春季基本建成。1946年7月14日,袁恒通、陆修渊、凌云歧、高云樵等数百名校友假座香港路银行俱乐部校友聚餐之际,倡议自愿无偿为母校捐赠。截至9月21日,校友无偿募捐总计法币5 600万元,全部投入柿子湾校区一座可供800人同时就餐的食堂建设。潘序伦为它题名"思源堂",以志纪念。纺织业及申新纺织公司总经理荣鸿元等捐助三层教学楼一座,1947年3月2日,校董会为表示纪念和感谢,将其命名为纺织楼、宗敬堂。上海泰来营造厂总经理杨九思捐助"乐群堂",全部建设经费法币7 300万元,"乐群堂"于1948年2月落成。1947年,学校在柿子湾校区动工建设体育馆,建设资金是潘序伦捐助的个人存款1万美元。因物价飞涨，体育馆建设尚缺国币3万元，1948年9月20日，校董会倡议各校董以每人国币3000元自愿捐助。学校图书馆也得到各方捐助。

柿子湾校部以高中毕业生为主要招生对象，全日制上课，被称为"校本部"或"一院"。蒲石路（现长乐路）校部招生对象以具有高中毕业程度的在职青年为主，晚间上课，被称为"市区部"或"二院"。

立信的新生进入这样的校舍，都非常兴奋，感到很幸运。朱宗煜同学回顾说：

> 我是立信会专第14届毕业生。1947年9月，我踏进了设在上海徐家汇柿子湾的立信会计专科学校。两年的学习生活，给我留下了深刻的印象。我记得，那时的住读生，每晚有两小时自修课，阅览室灯火辉煌，同学们聚精会神地看书做习题。学生宿舍的每张床位，都铺着印有"立信"校徽的白底蓝字的洁白床单，显得既素雅又洁净。最令人难忘的是，潘老校长不仅经常利用早操时间，集中同学训话，而且亲自为我们讲授由他自编的英文高级簿记。他的教学作风严谨细致。为我们讲课的著名教授还有：黎照寰（讲授《工商管理》《财政学》）、张蕙生（讲授《政府会计》）、钱素君（讲授《审计学》）、陈文麟（讲授《所得税会计》）、祝百英（讲授《货币与银行》）、郭森麒（讲授《经济学》）、夏高波（讲授《成本会计》）等。他们知识渊博，讲课深入浅出，对学生百问不厌，诲人不倦。学校经常举办英语演讲和珠算比赛，及时奖励优胜同学。
>
> 有一件事给我印象特别深。记得我读二年级上学期时，同学们选我参加伙食委员会并担任主席（任期一个月）。为了让同学们在午膳时间能听到轻音乐轻松一下，我商得潘老校长和张蕙生教授同意，把他们自用的收音机拿到饭厅去使用，用毕再归还他们。张蕙生教授还

带领我们伙食委员和总务处职员到上海中学参观学习该校搞好伙食管理的经验,以进一步改善学生伙食。①

1948 年 7 月,立信高级会计职业学校(简称"立信高职校")开始设立,招收初中毕业生,学制 3 年(按其性质,相当于中等专业学校),校址在蒲石路。立信高职校的设立,弥补了立信补校创办以来还没有一所培养中等会计专业人才的正规学校之不足,使在上海的立信会计教育事业得以形成包括立信会计补习学校、立信会计函授学校、立信高级会计职业学校、立信会计专科学校在内的兼备大专、中专、补习教育、函授教育等多层次、多形式的较为完备的专业教育体系。与此同时,恢复后的上海立信会计师事务所和由重庆迁沪的立信会计图书用品社的业务都有很大拓展,从而使"三位一体"的立信会计事业取得了长足发展。

潘序伦对于办学有两句话,即"刻苦耐劳办学校,然后可能有成就","理论实务相结合,然后可望有专才"。这两句话实际上是潘序伦的自我写照。他办学的成就已验证了上述两句名言。

在校舍问题解决以后,为了保证教育质量,潘序伦聘请了一些著名学者、专家来校任教。如黄炎培、马寅初、黎照寰、黄逸峰、章乃器等名人都先后在立信任教。潘序伦虽业务繁忙,但也要抽空上一些课。这些资深人士的讲课,受到了学生的欢迎。

潘序伦治学素主谨严,重视教育质量,十分重视职业道德教育。他规定,成绩以 70 分为及格,作弊者一律开除学籍。对此,孙庆元回忆说:

---

① 朱宗煜:《忆往昔　情意切》,《立信史话》,立信会计出版社 1993 年版,第 157—158 页。

潘老十分重视学生的职业道德教育，认为财会人员最重要的职业道德标准是诚实。所以，潘老在课内外总是不厌其烦地对学生讲解、辅导，但对考试作弊，则是深恶痛绝的。最典型的事例是，在一次考试中两个学生作弊，当时教务长曾为那个让别人看考卷的学生求情，要求减轻一些处分。然而潘老认为，贪污和行贿同样是犯罪，这样的人没有资格担任财会工作，断然将这两名学生开除。上海立信复校之初，潘老曾说过，"我们学校非常重视职业道德教育，几十年来未发现毕业学生因贪污行贿而判刑，你们现在能否做到这一点？"这是否可理解为，这是潘老在学生思想教育中强调职业道德教育的一条重要原则。①

在教学上，潘序伦非常重视理论与实务相结合，也就是理论联系实际的原则。这无论是在课堂教学，还是在教材编写以及师资配备上均有体现。立信一贯非常重视实习课，习题用纸往往是空白的横格纸。要建立哪些账簿、设置哪些账户、编制哪些会计分录，都要由学生自己安排。如果在习题演算时发生错误，决不允许涂抹或用橡皮擦去，而是要求如同在账簿上一样整齐地用红色双线划去予以改正，甚至盖上学生的小图章以示负责。在教材编写方面，立信教材要求有理论、有实例，每章后的习题既要有与例题相似的题目，也要求有必须由学生独立思考才能完成的题目。立信会计图书用品社所出版的教科书往往是由教材、习题集、习题详解（供教师用）以及习题用纸配套而成的。在师资方面，立信学校既有较高理论造诣的专职教师，又有丰富实践经验的兼职教师。这样的专兼职相结合的教师结构，并不是临时缺乏师资的权宜之计，而是一项具有长远眼光的规划。由此可见，理论联系实际是潘序伦的教学方针之一。

---

① 孙庆元：《怀念潘老，努力办好立信事业》，《立信学刊》1993年特刊。

潘序伦晚年在回顾他早年的办学历程时说:

我校之所以取得这些成绩,除了社会的需要,各界人士的大力赞助和事务所同人的协同努力外,我认为在办学方式上,采取事务所、学校、图书社三位一体,密切配合,协同办学,也是一个成功的经验。事务所可以为学校提供师资;图书社可以为学校提供教材和补助部分办校经费;学校培养出来的会计人才,参加工作以后,又回过来协助事务所和图书社发展业务。这样,相互配合,相互支持,相互促进,推动了"立信会计事业"的发展。我办了60年教育,深有以下体会:

(一)严格要求,精心培育。我凭自己求学的经验,治学素主严谨,重视教育质量,注意教学方法和效果。我亲自主持校务,一切坚持"认真"二字,对师生都是高标准、严要求。对教师要求认真备课,认真批改作业;对学生要求认真听讲,认真批改作业,认真做练习题。考核也是很严格的,考试成绩以70分为及格,还经常举办簿记、珠算、会计等学习竞赛。考试作弊者要开除学籍;一学期缺课三分之一者,不得参加期终考试;迟到早退三次者,以旷课一次计算,等等。我也十分重视学生的品德教育和体格锻炼,每天早晨都要带领师生一起做早操,并经常对他们进行会计职业道德和纪律教育,以培养他们有一个好的学风和工作作风。

......

(二)自编自教,切合实用。我校教师大部分是由事务所的会计师和历届优秀毕业生中挑选的。他们从实际出发,自编讲义,经过两三个学期的试讲,不断进行补充修订,经事务所编辑科审定后,才能成为正式教科书,由图书社出版发行。读者普遍反映"立信会计丛书"是比较切合实用。这一点,我以后还要详细叙述。

(三)边学边做,讲究实效。要掌握会计这门科学,如同医师一样,必须亲自动手实践,才能真正学到手。因此,我校非常重视实习,每节课都备有习题,并配备一位辅导助教,认真批改学生作业和解答疑难问题。对夜校学生,主要是帮助他们解决实际工作中的困难和问题;对正规日校学生,要求他们苦练珠算、书法和应用文等基本功,并利用会计师事务所与工商企业接触较多的有利条件,经常组织学生到工矿企业和商店参观实习。因此,我校的毕业生一到工作岗位便能马上从事实际工作。

(四)精打细算,勤俭办校。我历来提倡节约,讲究精打细算、勤俭办校。无论(是)在上海、重庆,还是桂林、天津,开始时都是租用中小学夜间的空闲教室上课;或利用机关、团体、企业的房屋,和他们协作办校。每校除有两三位管教务工作的专职人员外,每班50名左右的学生,只有一名教师和一名助教负责管理。总务勤杂工作,大都是请租用和协作单位的职工兼办的。那时夜校教职员和学生人数的比例,大体是1∶20;就是正规的日校,也不过是1∶10。房租、水电和办公用品都是处处节约,精打细算。

(五)尊师爱生,团结友爱。我办学校的目的是培养下一代。所以,我总是从爱护的观点出发,对学生生活尽可能给予照顾,就业时尽力予以推荐。有的学生在校时虽感到我管理他们太严,但到了工作岗位后,才体会到"严师出高徒"的好处。许多(20世纪)30年代夜校的老同学,至今还对"立信"有很深的感情,我想是和学校的尊师爱生、团结友爱的校风分不开的;特别是立信同学会做了大量团结友爱的工作,发挥了很好的作用。

总之,我校因为有一套严谨的教育制度,有一支理论结合实际的师资队伍,有一套完整系统的自编教材,有一批热爱母校的历届同学支持,使立信会计专科学校迅速发展壮大,为培养我国财会专业人才,促进我国会计事业的发展作出了微薄的贡献。我想立信的上述办学经验,对于我们进一步办好社会主义财会教育事业,可能会有某些值得借鉴之处,因此,特回忆叙述,以供参考。当然,由于个人水平和解放前的社会条件,立信的这些经验也是不可能没有它的局限性的。[①]

立信学校要求学生毕业后能胜任会计实务工作,因此,为了办好"立信",潘序伦主张"学验并重",讲究实效,坚持严格和实用的培训方针。首先,在学习时间上,保证每学期授课20个星期,上课时一律点名,规定在一学期内学生缺课三分之一以上,不能参加期终考试,迟到早退三次作旷课一次。其次,在考核学习成绩方面,各类学校都严格实行考试,补习学校规定70分为及格,不及格者不准毕业。

为了贯彻切合实用的方针,各项课程除讲授课文,还特别重视练习题。高级商业簿记等课程平时加强练习并有实习题,印成"实习题应用文件",使学生通过实习,对整个簿记过程有一次模拟实践的机会。同时实行助教改卷制度,各项习题编有详解,由助教认真改卷,让学生复看自己的演习题。此外,还通过簿记会计竞赛、增加习字课程、加强珠算练习等方式,使基础技能训练有可靠保证。为了训练学生阅读英文书籍和担任英文会计工作或外贸会计工作的能力,学校曾设英文簿记会计课,参用英文习题。设英文课程的班级按程度进行分班教学,以便提升教学效果。

更重要的是,在立信会计师事务所和同学会的配合下,学校经常组织学生去工商企业和政府机关参观、实习,并委派成绩优良的学生参加查账实习。后期学校还让学生参加立信会计师事务所附设"会计职业咨询所"工作。这些实践活动不但使学生加深了对课本知识

[①] 潘序伦:《潘序伦回忆录》,中国财政经济出版社1986年版,第33—35页。

的理解,有利于实际运用,而且为他们增加了就业的机会,使许多实习学生和查账员被机关、企业留用。同时,包括补习学校在内的许多学校也常留用一部分优秀学生当助教,有条件时,还将其培养为教师。

第三节 敢于担当,乐于奉献,
　　　　为国为民办教育

一、无私奉献的教育救国情怀

一种思想的产生总可以追溯其发动的源头。那么,潘序伦教育思想的源头是什么呢?经过一番爬罗梳理,我们不难发现,它由多种因素构成:一是来自中华优秀传统文化的精神传承;二是既来源于"实业救国"的思想,又伴生于"会计革新"的运动;三是受黄炎培等人提倡的职业教育思想的启迪。在一定程度上,它既是潘序伦接受并传承优秀文化,不忘爱国、报国、强国初心的所在,也是潘序伦自身经历、个人体验的结果。总之,潘序伦教育思想是这些思想交融的智慧结晶。

潘序伦从小受的是私塾教育,熟读"四书五经",长期受到传统优秀文化的熏陶,说他饱读《论语》和《孟子》并不为过。潘序伦接受了《论语》和《孟子》等传统典籍的熏陶,并内生为行为操守。比如,潘序伦取《论语》中"人无信而不立"之意,以"立信"为信条,信守不移。又如,潘序伦在《对马寅老生平的认识及点滴回忆》一文中,对《孟子》中的名言可谓信手拈来,"古语所称地灵人杰,就应在马老身上了。他的性格就是坚强刚毅,孟子所说'富贵不能淫,贫贱不能移,威武不能屈,此之谓大丈夫',若把此语移贴于马老,作为对他百岁大庆的祝词,我想是十分适当的"①。

潘序伦还经常吟诵唐诗宋词,他的文章时而引述某首唐诗、某阕宋词。他在《对马寅老生平的认识及点滴回忆》一文中写道:"我读《唐诗三百首》,其中有一首歌颂韩愈所撰的《平淮西碑文》②的诗,诗中有四句云:'公之斯文若元气,先时已入人肝脾。……愿书万本颂万遍,口角流沫右手胝。'马老的《新人口论》主张节制生育这一段,真如唐诗所说,已普遍渗入人们的肝脾!"③潘序伦十分喜爱古典小说,他在青年时代就读过《红楼梦》。潘序伦曾说:"在这里我想讲几句插曲话,就是我在青年时代读《红楼梦》小说时的一次感想。在'皇恩重元妃省父母'一回中,贾元春坐在大观园的正殿上,要各位年轻姐妹和弟弟贾宝玉各献崇扬圣德的诗章,聪敏小姐林黛玉暗中代宝玉抢替做了一首,其中最后两句是:'盛世无饥馁,何需耕织忙。'我那时非常欣赏这两句诗,认为它是对于'圣朝'歌功颂德的绝妙得体的辞句。"④

从潘序伦教育思想的溯源不难发现,潘序伦的家国情怀是来自有方的。近代以来"实业救国"与"教育救国""科学救国"等社会思潮,也给潘序伦带来深刻的影响。

"实业救国"与"教育救国""科学救国"一样,是近代中国有识之士在面临亡国灭种的民族生存危机之时提出来的,是具有爱国进步性质的。中国知识分子素有"天下兴亡、匹夫有责"的观念,近代以

---

① 潘序伦:《对马寅老生平的认识及点滴回忆》,《潘序伦文集》,立信会计出版社2008年版,第531页。
② 此处应为《平淮西碑》。
③ 潘序伦:《对马寅老生平的认识及点滴回忆》,《潘序伦文集》,立信会计出版社2008年版,第535页。
④ 潘序伦:《热烈庆祝国庆30周年》,《潘序伦文集》,立信会计出版社2008年版,第527页。

来，接踵而至的丧权辱国的乱世局面，深深刺激了爱国知识分子和民族工商业者，"实业救国""教育救国""科学救国"的思想在他们的脑海中激荡，并引起共鸣。顾福佑、王成杰在《潘序伦与立信会计学校》一文中指出：潘序伦"在青年时代受到旧民主主义'实业救国'的思想影响，接着赴美国留学。回国后立志把一生献给祖国的会计事业，以期实现'实业救国'的理想。创办立信会计学校，培养会计人才，是他实现这一理想的实际活动"①。这一论述对于我们了解潘序伦教育思想与"实业救国"思想的关系，无疑是一把钥匙。

从19世纪中叶起，帝国主义列强凭借舰炮，从中国取得了一大批特权。据汪敬虞分析，列强所攫取的特权有"根据不平等条约取得的特权"和"没有条约根据的特权"之分，条约特权有：条约口岸、协定关税、领事报关、租界、片面最惠国待遇、驻军、治外法权、免征税收、内港引水、雇佣买办、办理邮政等，凡三十条；无条约根据的特权有：外国在中国开设银行、外国银行在中国发行纸币等，凡五条。除去这些特权，列强还屠杀中国民众，割占中国领土等。② 国家的主权、民族的生存和人民大众的生存等问题，非常严峻地摆在中国面前。

许多仁人志士都在不懈地探索爱国救国之路，他们通过多种途径积极维护国家主权、挽救民族危机。许多有识之士从兴办实业、振兴实业的角度，提出了救国的处方。

"实业救国"的另一种表述即"振兴实业"，两者并无二致。中国

---

① 顾福佑，王成杰：《潘序伦与立信会计学校》，《潘序伦回忆录》，中国财政经济出版社1986年版，第71—72页。
② 汪敬虞：《资本、帝国主义国家在近代中国的特权》，转引自姜义华《论近代以来中国的国家意识与中外关系意识》，《新华文摘》1997年第9期。

革命的先行者孙中山先生也是"振兴实业"的积极倡导者。他在第一次世界大战后,用英文撰写了《国际共同发展中国实业计划》(简称《实业计划》,由朱执信等译成中文,后亦称《物质建设》,收入《建国方略》一书),这是一份近代中国振兴实业的建设蓝图。他提出对外开放,充分利用外国的资金、人才和管理经验,进行修筑铁路、建设公路、开垦荒地、采矿、冶铁、炼钢等十大实业建设。孙中山还号召华侨"热心回国经营实业",利用他们"最新之科学工业常识",为"祖国实业前途之发达"贡献力量。辛亥革命后,中华民国政府比较重视实业,颁发了一系列扶植实业的法令法规,如《商业注册章程》《商业银行条例》等。振兴实业不仅是思想家口头鼓噪之事,而且成为代表时代的社会思潮。工厂、商号随之逐年增加,产业工人从辛亥革命前的五六十万到1919年五四运动前夕已增加至200万人。产业工人人数的激增,就充分说明当时国内实业发展之迅猛。

潘序伦具有强烈的报国强国之志,爱国主义精神贯穿潘序伦的一生。学生时代的潘序伦先后在美国取得哈佛大学企业管理硕士学位和哥伦比亚大学政治经济学博士学位,于1924年毅然决然回到祖国的怀抱,他怀着"教育救国""实业救国"的抱负,于1927年1月设立"潘序伦会计师事务所"。为了赢得社会信誉,体现诚信思想,次年他将事务所更名为"立信会计师事务所",同年设立"立信会计学校",并任校长,开始了我国现代会计教育的积极探索,并将会计诚信教育始终融入其会计教育。

潘序伦把一生的精力都无私奉献给祖国的会计和教育事业。他创办会计和教育事业的目标是"取之于社会,用之于社会;取之于会计,用之于会计,取之于学生,用之于学生"。潘序伦全身心地投入会计事业和会计教育工作中,他的生活非常朴素。他从不奢侈浪费,从不肯轻易购买新家具和新衣服。1980年上海立信会计专科学校复办，潘序伦献出一生积蓄，设立潘序伦奖学金，将存书2 000余册捐赠给学校图书馆，将事务所挣得的钱和立信编译所出版的"立信会计丛书"的版税，全部投入会计教育，作为购置校具、扩充校舍等基本建设费用。

二、做成一点有益于人民的事业

追述抗战生涯，潘序伦无比感慨，他说：

> 一个人要想做成一点有益于人民的事业。的确是不容易的，犹如在大海中航行的船舶，其中只有很少数会偶然遇到一片平洋，得以顺风而行，达到目的地；而在绝大多数情况下，总会遇到风浪与暗礁，总得熬着颠簸、折腾的痛苦，才能到达胜利的彼岸。从（20世纪）20年代起，我就致力于会计事业，可算是在这方面进行了一番创业的奋斗。在那半殖民地半封建社会的条件下，真是遍地荆棘，举步维艰，如果畏难松懈，就会什么也办不成。①

抗日战争结束，潘序伦把"立信"的全部校舍和设备、书籍无偿地交与当地热心办学的人，继续开学。

三、倡导教育与社会相适应，为振兴中华服务

潘序伦开创的立信教育事业具有浓重的"实业救国""教育救国"的色彩。强烈的爱国主义精神贯穿于他的教育活动的始终。起初，潘序伦同当时的先进教育家一样，主张"教育救国"，设想通过教育促进国家的独立富强，解决社会生计问题，期待中华民族崛起于东方之

---

① 潘序伦：《创业散记》，《人物》1983年第6期。

巅。九一八事变进一步唤起了他的爱国热情。他逐渐认识到，只有国家民族的解放，才有民族经济与教育的发展，才能从根本上解决社会生计问题。因此，他在倡导会计教育、积极从事会计教育的同时，积极参加抗日救亡活动和民主运动。他参与了为抗日将士以及民主人士的募捐活动，为《生活》周刊等进步报刊义务审计等，并从会计教育、会计实务、会计出版等各个不同层面，有效地促进了战时经济的发展。他还积极支持立信师生的进步活动，保护了爱国师生；在国民党撤离大陆之时，他坚持留在上海，等等。所有一切都证明潘序伦是一位具有爱国主义思想的教育家。

潘序伦提倡会计教育距今已近百年，但他的教育思想和主张，对今天我国推进教育的改革和发展，依然具有不可忽视的现实作用。

早在创办立信会计学校之初，潘序伦就明确提出：办教育是为了"培养人才，发展实业，振兴中华"。他积极倡导办学与政治、经济相适应，主动为经济建设服务。在半殖民地半封建社会的中国，潘序伦艰苦奋斗，全力以赴，开拓适应中国国情的会计事业。尽管道路坎坷，他总是不馁不退，锲而不舍，精益求精。抗日战争时期，他以国家民族利益为重，毅然将立信事业迁往重庆。新中国成立后，他虽历经"反右"和"十年动乱"的灾难，但在落实政策后，他不顾年事已高，仍以全部精力投身于会计教育事业。

中共十一届三中全会以后，为了适应祖国现代化建设对财会人员的迫切需要，经潘序伦等人倡议，上海立信会计专科学校及立信会计师事务所、立信会计图书用品社等得以恢复，又为国家培养了大批人才。

潘序伦多次强调，办学要为社会主义现代化服务，要与社会政治经济相适应。他曾说："当前我国正进入社会主义现代化建设，把全部经济工作转到以提高经济效益为中心的新的历史时期。而财会工作在提高经济效益中,担负着控制经济活动,提供经济信息,核算经济效益,预测经济前景,参与经营决策等极其重要的任务。但是,目前我国财会人员的现状,与所担负的重要历史任务是不相适应的,迫切需要迅速加强财会队伍建设,提高财会人员素质、理论水平和业务能力。"①而提高财会人员素质和培养财会人才,只能靠办好财会教育。潘序伦真正做到了将毕生精力贡献给祖国的会计教育事业。

1980年前后,潘序伦会同各界知名人士发出倡议书,向上海市人民政府呼吁,恢复立信会计专科学校。为了学校的生存和发展,他又写信给当时的中共中央总书记胡耀邦同志,请求尽早解决学校的校舍问题。他认为,政府批准复办立信,系"一生夙愿,在共产党领导下,得到发扬光大,我真万分高兴"②。他本着"取之于社会,用之于社会;取之于会计,用之于会计"的宗旨,从"文革"抄家发还物资中捐赠4.5万元给学校,作为优秀学生的奖学金。后经他发起,立信老校友、老校董杨国树、查济民和立信会计纸品厂共同捐资5.5万元,以10万元之数,在学校设立"潘序伦奖学金",鼓励更多更好的会计人才脱颖而出。

潘序伦教育立信学子要努力学习马克思列宁主义、毛泽东思想,建设有中国特色的社会主义,从思想政治的高度对广大同学提出了新的要求。他在1983年立信复校后首届毕业生毕业典礼上发表讲话,对学生提出了殷切希望:"你们首要的学习任务,是要继续好好学习马克思学说的基本理论,树立全心全意为人民服务的共产主义理

---

① 潘序伦:《向〈广东财会〉编辑部致祝贺——岭南会计学界同仁和我们上海同仁共同策励前进》,《广东财会》1984年第1期。
② 《潘序伦回忆录》,中国财政经济出版社1986年版,第58页。

想;目前还要仔细学习《邓小平文选》关于知识、人才、科学和教育等问题的论著,以提高你们的政治思想水平。"

为了搞好会计教育,潘序伦阐明了会计职业与社会的关系。早在20世纪40年代,潘序伦应邀在广播电台发表演说,深刻地指出了会计工作的重要性及其与社会的关系。这篇《当今会计人员对于国家应尽之职责——在重庆中央广播电台对全国会计人员的演讲辞》,后全文发表于《会计知识》杂志上。潘序伦的这一文章通篇说理严谨、设喻生动、文情并茂。他要求发挥会计在社会生活中的防腐剂作用。他呼吁全体会计人员:"尽能激起天良,严守岗位,对于各机关的账目,绝对抱着不做假账,不隐蔽舞弊的态度。"这篇文章说明,作为会计教育家,潘序伦的目光是远大的。在当时,像潘序伦这些爱国知识分子怀着振兴经济、整顿财政、防范贪污盗窃和改善吏治的愿望,致力于会计的规范化和培训会计人才,使会计在当时整个社会生活中发挥重要的作用。

为了搞好会计教育,潘序伦对会计职业与经济的关系也有深刻的论述。他认为:"任何工厂、企业、机关、事业(单位)缺了会计,资金就不能畅通,效益无人衡量,经营必然紊乱,好像刚才所讲的皇帝得了重病那样。因此希望同学们,切切不要歧视自己所学的会计专业,会计是一门很重要的实用科学,一定要学好它,今后会学有所用的。谁要歧视它,舍弃它,谁就会遭到历史的报应。"

潘序伦教育思想积极把教育与职业结合起来,把学校和社会、学习和服务联系起来,根本着眼于解决国计民生的实际问题。潘序伦通过多年的精心运作,为社会培养了大批人才,为大批青年解决了就业问题,达到了为社会培养适用人才的教育目的。

潘序伦本着"教育救国"的心愿,在建立立信会计师事务所的第二年,抓紧创设了立信会计补习学校,就是因为他看到当时只有少数大的银行、企业采取新式的簿记会计制度,其他单位仍然沿用古老的单式收付簿记,这对我国工商各业发展是不利的。潘序伦认为:"改良会计的事情,成为我国现代社会各界的普遍现象,但改良会计的工作,要赖专才,方能举行。"①一方面,当时熟悉新式会计的人员极其缺乏,从业的账房先生对学习新式会计的要求也非常迫切;另一方面,潘序伦鉴于"当时教育不普及,高等教育和中等专业教育的规模不大,而旧会计人员熟习的上收下付的中式簿记,又不能适应引进大生产技术后日益扩大的企业需要,这就产生了介绍西式会计,以适应新形势的任务"②。潘序伦看到当时旧中国失学失业的人数众多,他们都希望学习会计技术,以谋取职业。所有这些,都激发了潘序伦对教育与职业沟通工作的探索。

立信会计专科学校的创设,正是为了促进新式会计的推行,以利于生产的发展,同时也为求学者施以会计学的专业训练,便于他们谋职就业,服务社会。为国家的繁荣富强、工商经济的蓬勃发展而培养会计人才是潘序伦一生的愿望。在党的十一届三中全会以后,潘序伦已届垂暮之年,仍然壮心不已。他说:"实现'四化',振兴中华,需要人才,我们会计队伍老化和青黄不接的情况十分严重,我作为一个会计教育工作者,培训会计人才是义不容辞的责任。"③在潘序伦的积极筹划和倡议下,停办了20多年的立信会计专科学校终于得到恢复,在新时期成为会计教育的一个重要基地。

---

① 潘序伦:《立信会计学校的创办和发展》,载龙一圆主编:《立信史话》,立信会计出版社1993年版,第15页。
② 潘序伦:《立信会计学校的创办和发展》,载龙一圆主编:《立信史话》,立信会计出版社1993年版,第15页。
③ 徐立元:《黄炎培与潘序伦》,《立信学刊》1989年第2期。

潘序伦还注意冲破中国封建社会长期以来重农轻商、不重视经济管理的传统观念，如有人认为，会计不过是一种计算和记录数字的工作，有所谓"一把算盘一支笔，算来算去没出息"之说，潘序伦认为这些论点是完全错误的。他提出，会计是一门经济管理科学，除了有一定的思想素养，非有高度的文化知识的人是不能胜任的。即使是一般簿记员，在记录会计事项时，如何简单扼要说明事件的经过，也要具有一定的表达能力。至于一个会计主管，年度财务会计工作的总结，决算报表的分析，财务状况的报告，没有高度的文化水平和写作水平，是不可想象的；更不用说从事会计师和会计教学科研工作。[①]所以，潘序伦非常重视基础教育，"非常重视实习，每节课都备有习题，并配备一位辅导助教，认真批改学生作业和解答疑难问题。对夜校学生，主要是帮助他们解决实际工作中的困难和问题；对正规日校学生，要求他们苦练珠算、书法和应用文等基本功，并利用会计师事务所与工商企业接触较多的有利条件，经常组织学生到工矿企业和商店参观实习。因此，我校（指立信会计专科学校——引者注）的毕业生一到工作岗位便能马上从事实际工作"[②]。潘序伦注重学生素质的全面提高，以利于职业竞争和有效地从事财会工作。他很早便认识到学生应德智体全面发展。比如体育课，囿于条件当时只在专科学校设置。1947年，在上海徐家汇柿子湾专科学校校舍兴建之时，他慨然捐资1万美元，建造了一座体育馆，让同学们进行体育锻炼。这在当时的大专院校中，是第一流的室内操场。立信的学生在参加上海地区大专院校举办的联合运动会上，多次蝉联冠、亚军。所有这些都表明，潘序伦的办学指导思想是要将学生真正培养成为社会所

---

① 赵友良：《中国近代会计审计史》，上海财经大学出版社1996年版，第308—309页。
② 潘序伦：《潘序伦回忆录》，中国财政经济出版社1986年版，第34页。

需的、全面发展的专门人才，而不是只会拨拨算盘、写写阿拉伯数字的"账房先生"。唯有这样，才能真正沟通教育与职业。

潘序伦教育思想强调会计教育社会化的作用：办学施教，不拘陈法；因地制宜，应时而定；学以致用，按需培养。潘序伦教育思想体现了不拘陈法、利在施教，不拘一格、旨在便学的精神，如果从教育方针上来认识，就是"先普及后提高"。潘序伦在办学过程中，是先以会计师事务所附设补习班的名义，为需要学习新式簿记会计知识的旧账房先生提供条件而开始办学的。到第二届时，他看见前来报名者众多，才决定将附设的补习班正式改为独立的立信会计补习学校，以后再陆续发展其他规模更大、层次更高的学校，如高级职业学校（相当于现在的中专）、专科学校等。课程也随着就学者要求逐步增加，原设簿记一科，以后增设了会计学、高等会计、初级商业簿记、高级商业簿记、银行会计、政府会计、铁道会计、成本会计、所得税会计、审计学、英文簿记等。立信会计专科学校先后培养十余万名会计人员，充分发挥了其服务社会的作用。潘序伦在总结立信办学迅速发展的原因时说："充分考虑学生来源，用多样化的教学方式满足培养人才的要求。这里包括：学制分正规与非正规；学程分初级、中级、高级；学习时间分日班、夜班、晨班、星期日班、暑期班、短训班、速成班；授课方面有面授、函授以至广播讲座；学生来源有在职人员业余学习、失业青年就业学习、家庭妇女谋业学习；学校设备有住校和走读之分。这样，使有志来学的青壮年，甚至少数老年，不论文化程度、专业程度高低、路途远近、时间多寡、贫富悬殊，都能选择适当班级学成一技，作就业的准备或提高自己的业务水平。"[①]

[①] 潘序伦：《立信会计学校的创办和发展》，载龙一圆主编：《立信史话》，立信会计出版社1993年版，第15—16页。

潘序伦充分考虑到教育必须面向社会，方能发展，才有活力。他认为，会计是一门实用科学，因此，他严格要求、精心培育，要求学生做到学验并重，既要钻研会计理论，又要掌握会计实务技能。他说："我凭自己求学的经验、治学素主严谨，重视教育质量，注意教学方法和效果。"① 为了达到这一目的，他从以下两方面提出要求：其一，以"认真"两字为主导，对师生高标准、严要求。其二，强调教学内容切合实用，学以致用。

潘序伦对会计工作和会计教育的要求是"日日新月月新"。他的一生是践行会计和教育领域改革的一生。他的改革思想和实践起源于20世纪20年代，结硕于20世纪80年代，覆盖、影响整个20世纪。他于1927年创办会计师事务所，以引进西方会计为契机，推进中国会计改革创新。翌年他在事务所里办教育，实行产教结合，以产养教，这在当时属于首创。在创办立信会计学校时，潘序伦明确指出，以改革我国旧式会计，建立新式会计为己任，培养人才发展事业，振兴中华。他是改革我国古老会计的先驱，被后人誉为"中国现代会计之父"。

新中国成立后，潘序伦率先垂范，研究论证苏联经济管理方法，引进苏联会计学说。直到晚年，他仍孜孜不倦地学习研究电子计算机技术及其在会计工作中的应用。

---

① 潘序伦：《潘序伦回忆录》，中国财政经济出版社1986年版，第33页。

第四章

会计出版创兴之途

第一节　会计学术的高峰——"立信会计丛书"

一、会计研究者的绿洲

立信是20世纪上半叶中国会计研究者的一块绿洲,容纳了许多学有专长的知识分子(包括自由职业者),除了潘序伦这位"会计界的泰斗"任校长兼主任会计师,还有众多会计、经济学界的杰出英才。

据马寅初年谱记载:1943年4月24日,"中国经济学社第十六届年会于北碚立信会计学校举行,到会社员叶元龙、杨荫溥、卫挺生、潘序伦、章乃器、程天放等及国民党社会部、教育部,陪都重庆市党部等代表200多人出席,由社员、时任国民政府主计处处长陈其采主席。先生仍为社长,但未能出席。"[1]

在重庆北碚的立信会计专科学校召开的中国经济学社第十六届年会,是抗战时期的一次重要学术会议,受到国共两党和社会各界的高度关注。

潘序伦与立信师生为这届年会做了大量工作,功不可没。

中国经济学社(Chinese Economic Society)成立于1923年11月,社员以留学海外报效祖国的经济学者为主,是集合全国学、商、政界精英组成的民国时期最著名的经济学术团体。立信与中国经济学社有着深厚的渊源,校长潘序伦教授与马寅初教授均为该学社成员。潘序伦在多届年会上当选为理事。学校董事长陈其采亦加入

---

[1] 徐斌、马大成:《马寅初年谱长编》,商务印书馆2012年版,第386页。

中国经济学社,在第八届年会上当选为理事。

1940年4月,马寅初在任重庆大学商学院院长期间召开了中国经济学社第十五届年会。此后两年,中国经济学社没有召开年会,其中一个重要原因是社长马寅初遭到迫害,失去了自由。

抗日战争时期,许多高校迁徙至大后方办学,在极其艰苦的条件下,靠租借民房、搭建茅屋解决校舍不足的问题。高校没有大楼却拥有大师,立信迁川办学亦是如此。1942年9月,北碚的立信会计专科学校获国民政府教育部"准予备案"。潘序伦于1943年年初聘请马寅初任立信会计专科学校教授。没有大楼的立信会计专科学校拥有了黄炎培、马寅初、潘序伦、章乃器、李鸿寿、黄逸峰、张蕙生等知名学者,其中不乏享誉全国的大师。

1943年,中国人民在正面、敌后两个战场痛击侵略者,日军已是强弩之末。大后方的人们满怀希冀,盼望着战略进攻阶段的到来。经济界忙于战时经济研究,同时十分迫切地希望中国经济学社的年会活动迅速恢复,推进战后经济复兴的研究。

马寅初因还在"软禁"期间,不能出面主持中国经济学社工作。中国经济学社召开理事会,推举代理社长。潘序伦在中国经济学社有很高的威望,但囿于高校校长不能兼任社团正职的规定,他与其他理事推举学校董事长陈其采代理社长。理事会决定中国经济学社第十六届年会在北碚的立信召开,会期两天。北碚山多水美,距重庆城区数十千米。嘉陵江由北而南纵贯全境,是重庆进出川北的咽喉要地。立信会计专科学校成为这届年会的承办单位,有利条件实在不少:潘序伦的影响力颇大及立信在中国经济学界有极高的知名度;马寅初在立信任教;陈其采利用自身的地位和影响,热心为与会社员解决交通困难,向有关机关商借车船及汽油等。

1943年4月24日,北碚春意盎然。中国经济学社第十六届年会在立信会计专科学校如期召开。中国经济学界颇具影响的200多人汇聚立信,共商战后经济复兴的学术问题。年会收到论文共32篇,在大会宣读的有:金天锡的《中国战后经济建设问题》,李炳焕的《战后经济调整的理论与政策》,章乃器的《我国战后经济建设的两大问题》,刘鸿万的《我国战后之经济建设与国家资本》,胡元民的《经济复员与建设西北问题》,李超英的《对敌伪经济斗争之方略》。他们在年会上的论述,展现了其深厚的经济学功底和拳拳爱国心。其余未能宣读的论文,会后汇集出书。下午举行题为"战后经济问题"的讨论,与会社员踊跃发言。

4月25日上午,大会继续举行,通过成立战时经济问题研究委员会、翻译欧美各国名著、向前方将士致敬等十余件议案,还通过了修正会章等议案。

国共两党都关注这次会议,《新华日报》《中央日报》分别对这届年会进行详细报道,并发表各自的评论或社论。

4月25日,《新华日报》发表《中国经济学社昨日举行年会——讨论战后经济问题》的报道,并登载《对经济学社的希望》的评论:经济学社十六届年会,昨日举行于北碚,今即举行闭幕。该社社员皆为国内经济界一时俊彦,此次讨论战后经济问题,虽时间仓促,宏文谠论亦复不少。

4月26日,《中央日报》发表《经济学社年会闭幕》的报道和《战后经济问题》社论:经济学者200余人济济一堂,相与讨论战后经济问题,此诚为目前切合需要的盛会。我们虽没有见到年会宣读的30多篇论文,也还未曾知道"战后经济问题"的专题讨论究已有些什么结论,而且更相信这个重大问题仍然需要专门学者与政府当局作不断的研讨,不能仅恃学社的一次年会即可以获得尽善尽美的方案,但无论如何,中国经济学社这次年会选定了这战后经济的专题作为讨论的中心,引起一般国人注意到国家建设重点的战后经济问题,不可不说是一种最识时务的工作。

《新华日报》题为《对经济学社的希望》的评论还对"中国经济界的优秀分子"提出希望:我们从抗战大势观测,抗战还是长期艰苦,今日最急切的要务,莫过于发展战时生产,以达自力更生争取胜利的目的。所以中国经济界的优秀分子,当前最迫切的工作,是在如何为发展生产事业做些实际的贡献,这也可以说是一种责任。望经济学社的专家们,注意及此。

北碚的立信会计专科学校从"准予备案"仅过半年多的时间,便承办中国经济学社第十六届年会,体现了立信在中国经济学界的地位和影响,彰显了立信的实力。①

二、会计革新的先驱

20 世纪 20 年代前后的中国,受"实业救国"思潮的积极影响,民族工商业正在蓬勃兴起,用毛笔楷书直写的那种上收下付,且项目又颇为简略的中式簿记,面对日趋繁复的财务资金活动、原材料与产品的经济核算以及崭新的金融运作手段,已经显得力不从心、难以胜任。古老的会计方式遇到了新的问题、新的挑战,会计学科已处于关键的十字路口,会计的改革已是大势所趋。

20 世纪二三十年代之交的知识界、实业界涌动着一种改革与改良的思潮,大批有识之士力图由此改变中国积弱积贫的局面,有的试

---

① 涂苏中、姚晓东:《彰显立信风采的学术年会》,载朱坚强、何佩莉主编:《立信往事》,立信会计出版社 2013 年版,第 144—146 页。

图通过振兴中国近代工商业达到救国救民之目的;有的试图通过医学或文学改变国人的国民性,有的则力图通过会计的改革或改良,改善国家财政状况,促进实业的发展。

可以说,会计界兴起的会计革新运动便是这一思潮的直接产物,发生了是否以科学的西式会计取代传统的中式簿记的论争。其中一派是以徐永祚为代表的改良中式簿记派,另一派则当推以潘序伦为旗手的引进西方会计的改革派。平心而论,这两个学派的奋斗目标是一致的,都要求改革中国当时之会计学术,为民族经济服务,其主要分歧在于所选择的道路或方法不尽相同,双方互相尊重,各自发表不同的见解,而不是互相攻讦,但在原则问题上又不敷衍或妥协。

1933年,徐永祚所著《改良中式簿记概说》一书出版,全面推出十条"改良大纲"。他认为,中式簿记虽有四大弊端,但"不仅在形式上,有维持之价值,即在实质上,更有保存之可能",因之,确立以账户之分类、账簿之组织、账表之格式,以及记账之方法,为改良的重点。①

针对这一观点,潘序伦与立信的改革派一起对其予以驳难。持"引进"说的潘序伦对徐永祚的观点,"则觉尚有慎重讨论之余地,未敢曲为附和",遂于1934年4月在《立信会计季刊》上发表《为讨论"改良中式簿记"致徐永祚君书》,提出自己的意见,他针对徐的改良纲领的前四条逐一进行批评、商榷;顾准的《评徐永祚氏改良中式簿记》对改良派的基本原理从原则上加以否定;钱迺澂的《对于徐永祚君"改良中式簿记"之批评》又进一步提出了质疑;会计学者张心澂也著文参加论争。对来自改革派的批评,改良派未作正面交锋,而是继

---

① 徐永祚:《改良中式簿记概说》,立信会计出版社2009年版,第8—11页。

续竭尽全力推行自己的观点和做法。潘、顾、钱、张诸人的文章初载于《立信会计季刊》1933年第2卷第4期。

潘序伦在《为讨论"改良中式簿记"致徐永祚君书》一文中认为:"改良中式簿记似只能为改良簿记运动中之一种过渡办法,而不可视为有学术上之价值,仅能视为小商号不得已之补救办法,而不可为普遍之宣传。""近来我国各界对于簿记之术,逐渐进步,中外一致,转瞬可期,而吾兄于改良簿记进行顺利之时,特别提出所谓'中式簿记'者,加以改良,以求其与所谓'西式簿记'者永成对抗并立之势,是则与'科学统一'之原则,似有不符也。"

顾准撰写的《评徐永祚氏改良中式簿记》一文影响也很大。这篇文章是对改良中式簿记的基本原理从原则上加以否定,从而使对改良中式簿记的批评纵深化。顾准首先表明:"在本文中,作者的目的在于说明改良中式簿记之一般理论及方法,如何能适用到我国这个过渡时期中,又根据一般会计理论去批评改良中式簿记中有如何谬误点,因此决定在一般簿记推行完备以后,改良中式簿记会失却其重要的性质的。"

顾准在文章中虽然列举改良中式簿记的某些适用之处,但他仍以革新者的气魄,进一步强调:我们仍旧希望改良中式簿记由推移簿记到一般簿记,而造成会计制度统一的作用,并且事实上也必然会如此做的。因为正确的理论,是必然会排除一切不正确的理论的。[①] 这段话出自一个不满20岁的年轻学者之口,不正预示着顾准要进行的"武器的批判"吗?

这场论争结束后,潘序伦收集各位专家的论文,汇编成《改良中

---

① 顾准:《评徐永祚氏改良中式簿记》,《立信会计季刊》1934年第2卷第4期。

式簿记之讨论》，交商务印书馆出版，成为中国现代会计学术发展史上的重要一页。

这场论争是我国会计史上影响最大的一次学术讨论与交流，也是我国现代会计学术取得初步进展的重要标志。潘序伦等人推进复式簿记，其功绩不可磨灭。可以这样说，中国会计事业有今天的发展，与潘序伦的贡献是有直接联系的。

郭道扬教授在其《中国会计史稿》一书中中肯地指出，借贷复式簿记是近代社会经济发展的产物，它具有先进的理论和科学的方法，它在本质方面要优越于中式簿记，故中国会计之改良必须以引进借贷复式簿记的理论与方法为前提。这种引进不是简单的凑搭，而是通过较为全面的引进达到改革中国会计的目的，所以，从这一点出发，应当肯定改革派所持的立场。改良中式簿记派过高地估计了中式簿记的长处，而较低地估计了西式簿记的优越之处；过多地强调继承中式簿记的长处，而事实上将一些短处也保留下来；尤其是因西式簿记以"借、贷"作为符号，而斥其为"奥涩难懂"或认为不合于中国国情，这些看法显而易见是片面的。

对这一论争的具体内容的评价，不是本书的任务。有一点需要指出，西方会计中的先进方法，诸如借贷平衡原理、永续盘存制、成本计算和经济分析，以及超然会计制度等，在中式簿记中，即使经过改良，也是难以实施的。因此，作为改革派的潘序伦从会计师业务、会计教育、会计学术研究与图书出版等多个层面，积极投身引进、推广西方会计的会计革新运动，培养了数以万计的新式簿记人才。这些可以从1948年出版的、由潘序伦作序的《立信会计学校概况》一书中得到印证。他的原话是这样的："二十年前，序伦与立信会计师事务所诸同人，鉴于我国工商组织之不健全，经济情况之不振,以为必需确立现代会计制度,使工商业依循正轨,始能获得稳固的发展与繁荣。因即立下信心:以教育会计人才供国家社会应用为己任。"

以潘序伦为代表的改革派产生的影响是巨大的,他们不但著述立说,而且致力于会计师业务和培养各级各类新式会计人才,带来了会计实务的繁荣与发展。复式簿记的引进、新式会计制度及方法在大中型企业的推行,使我国工商企业的会计面貌为之改观,加上中式簿记在小型企业(主要是手工作坊、商铺)的运用,从而把我国工商企业的会计事业推向一个新的天地。

三、严肃学术的权威

当代知名的会计学家杨纪琬教授对潘序伦的学问世界,曾有恺切之评:潘序伦"特别是在治学、讲学和做学问上,有一股顽强的精神,锲而不舍、坚毅不拔,终于攀登了会计学术上的高峰。特别是潘老先生在学习中理论联系实际的学风,是值得赞赏的"[①]。杨纪琬的概括,恰如其分地揭橥了潘序伦学术活动和学术思想的特征。

潘序伦热心会计学术活动,1934年,他与卫挺生、徐永祚、奚玉书、吴世瑞、邹曾侯、任应钟、闻亦有、蒋一贯、安绍芸、杨汝梅(众先)、雍家源、顾询、钱迺澂、李鸿寿、许敦楷等51人发起,于同年11月18日在南京中央路560号成立中国会计学社。这是我国最早的会计学会,出席成立大会的有45人,大会选出潘序伦、徐永祚、张家源、卫挺生等9人为理事。1935年7月1日召开的第一届理事会决定创办会计刊物《会计季刊》《会计杂志》,并举办会计学校。[②]

[①] 杨纪琬:《潘序伦回忆录·序》,中国财政经济出版社1986年版,第7页。
[②] 许敦楷:《我国最早的会计学会》,《武汉财会》1982年第3期。

第四章 会计出版创兴之途

潘序伦晚年在其回忆录中说:"如果说我对我国会计学术有所贡献的话,当以编辑出版'立信会计丛书'为最。"①

20世纪初叶,我国会计业务水平很低,会计学术更是一块未经开垦的"处女地",在大学里攻读会计专业者寥寥无几,教科书大多是外文原版,少数译著以簿记居多,缺乏高深之作。潘序伦早在留美期间,就陆续写过一些经济、会计方面的论文,寄回上海,在英文报纸《大陆周刊》上发

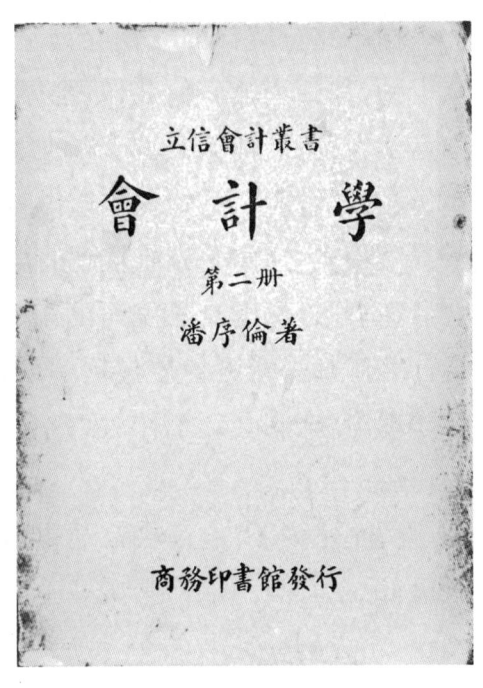

表。归国初期,潘序伦出版了《公司财政》《簿记及会计学》(两书均为英文版,由商务印书馆出版)。后来,潘序伦精心组织编辑出版了包括簿记、会计、审计等内容的"立信会计丛书"。

潘序伦编撰的会计学著作,成为传世之作。譬如20世纪30年代出版的《会计学》,厚厚4册,约90多万字。它集各门会计之大成,除阐述普通会计学原理,还涉及公司会计、成本会计、解散及破产会计、遗产及信托会计等,对预算控制、财产估价、决算报表分析、统计报表应用等内容,亦作了深入的研究。这部著作不仅富有许多独到的见解,而且各章附有习题,可供自学。该书是潘序伦先生在助手协助下,花了一年多时间完成的,是我国会计学中不可多得的皇皇巨著。

---

① 潘序伦:《潘序伦回忆录》,中国财政经济出版社1986年版,第39页。

据不完全统计,"立信会计丛书"先后收入各种会计书籍一百五六十种,其中由潘序伦著作、翻译和主编的约40种,其余的则由其他知名学者撰写,他们当中有顾准、王澹如、陈文麟、顾询、李文杰、张蕙生、钱素君、杨汝梅(众先)、李鸿寿、黄组方、莫启欧、张心澂、祝百英、管锦康等人,这些著作有较高的学术价值。杨纪琬先生称这套"立信会计丛书"是我国自己编写的第一套比较系统、完整,水平也较高的会计著作……全国各地包括解放区也都流传很广,在发展中国的会计学理论、推动会计工作、培养会计人才等方面,这套丛书起了很好的作用。①

潘序伦为了"立信会计丛书",呕心沥血。他的女儿潘屺瞻看在眼里,记在心头。她曾撰文写道:

> 回忆起五十年前父亲撰写书稿的情景。夜晚,每当他坐在写字台前奋笔疾书时,聪明的小花猫会跃上书桌,轻盈地伏在他的左臂弯里,闭上双眼,悠然地打着呼噜;书稿左边,放着一罐苏州采芝斋的香水瓜子,当他思考问题时,便搁下笔,迅速地嗑着瓜子,一会儿又握笔疾书。一夜过来,书稿完成了不少,瓜子罐也已底朝天,嘴唇周围镶上了一圈黑边。为了编写会计丛书,父亲总是通宵达旦地工作,争时间,抢速度。他说,编辑出版"立信会计丛书",不仅要求质量好,而且要求速度快,不然的话,新知识陈旧了,就不能适应社会的需要。他一生争分夺秒,在传播知识方面,更是只争朝夕。

解放初期,父亲已年近花甲。但为了更多地吸取新知识,决心学好俄语。他从字母学起,严格掌握读音,对着镜子顽强地练习卷舌音,一丝不苟,循序前进。他写的单词本,详尽工整,每天清晨朗读课文,

---

① 杨纪琬:《潘序伦回忆录·序》,中国财政经济出版社1986年版,第7页。

背诵生词,认真刻苦的劲头不减当年。后来,他不仅能阅读翻译俄语的专业书刊,还能阅读苏联的文学著作,包括较为难读的普希金诗词。每当我们翻阅父亲遗留下来的俄文单词本时,顿使我们发奋学习的念头油然而生。①

潘序伦在学术上的造诣,至今为学界所称道。潘序伦的学问博大精深,其中对复式记账法的推介和会计本质论的演化,构成他对中国现代会计的突出贡献。

邵瑞庆、陈春华在《编辑出版〈潘序伦文集〉的现实意义》一文中强调:

> 论及先生的学术贡献,无不将之与复式记账法相联系。20世纪的二三十年代,当人们还未能适应时代的变迁之时,先生带着国外先进的会计理念,独具慧眼,大胆引进西方复式记账法以取代中式簿记。在当时半封建思想占据主流的社会,先生的观念在会计界掀起轩然大波。他不但要承受来自保守派的无理责难,还经常遭遇改良派的学术围攻。先生毫无畏惧,勇敢地奋战在学术争鸣的前沿,与保守、改良派论战,以精湛的学术理论、砥砺的学术品格,征服了对手,赢得了尊重,最终在论战中获胜。从今天我国所普遍使用的借贷复式记账方法(来看),不得不佩服先生的眼光与胆略。
>
> 先生并不满足于思想论战的成功。对于新式会计的理论与方法,他在会计学校中大力传授,通过编译西方会计名著积极推广,新式会计方法很快在上海及全国得以逐渐被接受。
>
> 借贷复式记账法的引入、传播与推行,标志着中国现代会计的开

---

① 潘屺瞻:《父亲永远激励着我们》,《立信校友通讯》,1986年11月25日。

始,加速了中国传统会计向现代会计的转折,是先生对中国现代会计的突出贡献之一。

经济越发展,会计越重要。先生在《会计学发达史》一文的序言中指出,"经济形象愈形复杂,会计学遂亦辉煌焕发,蔚为大观"。他认为会计是随着社会经济生活的发展而进步的,会计应服务于经济。

对会计本质的理解,先生经历了技术观、工具论、信息系统观的逐渐深化过程。早年先生将会计视为"审核观察及应用之技术",后提出"会计是管制一桩事业活动的工具"。晚年的先生又将会计的本质升华为"一种旨在传达一个企业的重要财务和其他经济信息,以便其使用者据以作出明智的判断和决策的经济信息系统"。他指出,会计是一种科学,"它通过一定的程序和方法,将企业的大量经济数据转化为有用的经济信息——'会计信息',以待管理当局作为制定决策的依据"。

先生还十分重视会计的管理职能,他呼吁"研究我国自己的管理会计",强调"会计人员是经营管理的'参谋长'"。

先生既认识到会计作为信息传递的功能,又强调会计的管理活动性质,他对会计本质的认识,他的学术思想,加深了人们对会计的理解,丰富了我国的会计理论。[①]

作为中国会计学界的泰斗,潘序伦对会计学的研究是全面而又独特的。人类对会计的实践可以追溯至古代,但是,会计究竟怎样发展成为一门独立的科学,就需要作专门的历史考察。早在1933年,潘序伦就已着手开展这方面的研究,其成果是题为《会计学发达史》

[①] 邵瑞庆、陈春华:《编辑出版〈潘序伦文集〉的现实意义》,载邵瑞庆主编:《潘序伦纪念选集》,立信会计出版社2009年版,第11—12页。

的长篇论文。他在序言中写道:"会计学,系应实际需要而逐渐发达,其历史颇为古远。据专门学者之考证,公元前2 600年之顷,巴比伦人关于商业上之交易,即多记录于金属或瓦片之上。至罗马共和政治时代,不特政府征收租税,有完整之计算组织,即家族之间,为家长者,且设有账簿以记家计之出入。我国《周礼·天官》亦有岁月考成之说,是皆会计史料之最古者。至14世纪,意大利自由都市成立,会计学之雏形初具,因社会经济生活之发达而递相演进。产业革命而后,经济现象愈形复杂,会计学遂亦辉煌焕发,蔚为大观。"①他认为,会计是随着社会经济生活的发展而进步的,反过来又促进生产力的发达。

马克思在《资本论》中对会计发展的论述有:"簿记对于资本主义生产,比它对于手工业经营及其耕农及自耕农经营的分散的生产,更为必要;它对于社会共同的生产,又比它对于资本主义生产,更为必要。"潘序伦的论述,与马克思的观点并无二致。

毫无疑问,现代会计是一种对社会各种经济活动运用科学的原理和方法进行记录、计算、核算、管理的工具。作为国际通行的商业语言——会计,既能为资本主义服务,理所当然也能为社会主义服务。如果我们承认社会经济活动不能没有核算的话,那么会计是应该"永世长存"的。

对会计学研究的对象、会计的性质问题,潘序伦的看法是逐渐深化的。早年,他比较看重会计技术性的一面。他在《会计学》一书中说:"会计者,用有系统有组织之方法,将各个人或团体一切经济之可以货币数额表示者,予以记载及整理,使此等经济活动所影响于财产上之增减变化,得以正确明了,因而计算其财产状况与营业成绩,并

---

① 潘序伦:《潘序伦文集》,立信会计出版社2008年版,第11—22页。

将此等财产状况与营业成绩,予以审核观察及应用之技术也。"① 在《会计学教科书》中,潘序伦更直截了当地指出:"会计者,实为一种应用技术。"② 基于这种观点,潘序伦认为,会计学的研究内容包括:一是会计记录之研究;二是财产估价之研究;三是会计表册应用之研究;四是会计检查之研究。显然,这一看法是从会计的应用技术角度出发的。

新中国成立不久,潘序伦根据会计学基本理论和实务的需要,对早先的学术思想进行了增益,并编写了《基本会计学》一书,对会计的性质问题的认识有了新的发展。潘序伦在书中指出,"会计是管制一桩事业活动的工具",显然他在这里是持"工具论"的观点的。

在晚年,潘序伦没有放弃对这一问题的研究。随着新技术革命的到来和现代化建设的形势变化,他对会计的看法又有深化,他将会计置于企业决策和信息系统这些更为深广的背景之中,强调在企业的管理当局制定决策所须借助的信息系统中,"会计"占有极其重要的地位,这一精神深深地浸润于1983年出版的《基本会计学——西方会计》(与王澹如合著)一书之中。其主要思路是:从广义上说,会计是一种旨在传达一个企业的重要财务和其他经济信息,以便其使用者据以作出明智的判断和决策的"经济信息系统"即"经济信息专门化"……作为一种系统的会计——一种经济信息系统,是指一个企业的经济数据转化为有助于制定该企业的财务决策所需要的经济信息的一种科学。它通过一定的程序和方法,将企业的大量经济数据转化为有用的经济信息——"会计信息",以供管理当局作为制定决

---

① 潘序伦:《会计学》,立信会计图书用品社1938年修订本,第1页。
② 潘序伦、王澹如:《会计学教科书》,立信会计图书用品社1947年版,第2页。

策的依据。对于"信息论""决策技术"等新兴学科如何应用于会计这一领域,潘序伦对此作出了有益的尝试。同时,他的会计工具论的学术思想也得到了深化。

潘序伦对会计的管理职能历来是十分重视的。早在20世纪40年代末,他就已引进、翻译过西方的管理会计,譬如收益论、量本利分析等,发表于《立信会计季刊》第2卷第16期、第17期上。限于当时的历史条件,这些作品没有引起人们的重视。在他的暮年,随着改革开放的深入,出现了许多新情况、新问题。管理会计又被重新重视。对此,潘序伦强调必须将总结经验与学习引进相结合,研究我国自己的管理会计。他语重心长地指出:应该看到,新中国成立30多年来,我们在财务会计制度和成本资金管理上,也有不少好的经验,有的依然可以进一步健全完善,继续应用。他认为,流动资金定额管理,大庆的仓库物资管理经验、群众性的班组核算、经济责任制等行之有效的财会管理方式,应该继续保留发扬。我们过去没有过,需要虚心学习,好好应用,如利润、成本目标管理、价值分析、电子计算技术等。[1]

在此之前,潘序伦曾发表类似文章,大声疾呼重视发挥会计的管理效能。1982年5月,他提出"会计人员是经营管理的'参谋长'"。他说:"每个企业都应总结三十多年来的经验教训,加以提炼取舍,走出一条符合国情、厂情的财务会计、管理会计的新路子来……科技普通称为生产力,'经营管理'也可以称为生产力,会计人员就是经营管理人员的'参谋长'。会计也可称为生产力的一部分。"[2]潘序伦恳切希望社会"认真考虑"他的这些看法。

---

[1] 潘序伦、丁苏民:《紧跟形势要求提高财会人员素质》,《武汉财会》1984年第1期。
[2] 潘序伦:《潘序伦文集》,立信会计出版社2008年版,第541—542页。

这些文章刊登以后,受到了广大读者包括当时担任上海市长的汪道涵同志的赞许。

潘序伦鉴于长期以来我国对于人才的培养和使用存在着种种浪费状况,以他特有的"会计头脑",提出开展"人才会计"的研究。他在《文汇报》(1980年12月19日)和《光明日报》(1981年4月2日)上接连发表了《开展"人才会计"的研究》和《培养人才也要计成本》等文,其中前一篇文章是应约参加《文汇报》举办的"关于人才问题的讨论"而撰写的。

潘序伦在文章中提出了一个"人才会计"的试行处理办法,供我国关心教育人才的同志参考。他的设想是,用"货币形式来计算国家或某一企业、某项事业对于培训各种所需要的人才所支出的费用(也可称为投资)金额,并计算被培训成才的人,是否能为国家、为某一企业、某项事业获得若干成果(或称利益)。假使所获成果利益,超过培训他们的费用投资,就是国家、某一企业、某项事业的纯收益,否则就是纯损失。"[①]他还以一所学校为例,详细展开了他的论述。他认为,学校是为国家培训人才的专业机构,它也可以用成本会计方法,来核算培养人才的投资费用和可能产生的成果。工厂产品的成本应该用合理合情的计算方法,求得其货币价值。同样,学校作为生产人才的"工厂",也应当采用这种成本会计方法来核算某一系科、某一专业、某一班级、某一学生的培训费用。这种资料可以在同等学校之间互相比较,以看出各校培训费用的高低,节省与浪费。潘序伦强调,假如能把这种成本会计数据连续多年积存起来,就可看出某学校为国家培养人才、为社会服务的成果大小如何,与国家对该校投资是否相称等。

---

① 潘序伦:《潘序伦文集》,立信会计出版社2008年版,第539—540页。

潘序伦语重心长地指出，以前我国对于学校训练人才，基本是采取包下来的办法，不作经济核算，现在开始讲经济管理了，因之有自费、走读等办法。他说："以我毕生办学的经验来看，自费生的成绩不见得比公费生差。有的在职青年，由组织支出培训经费，其中自有少数学生认为读书于己并无经济上的损失，往往不甚注重学习，这实在是一种浪费，对培养人才不利。我建议有关部门重视'人才会计'的研究，运用会计手段促进人才的培养和使用，以使人尽其才，也如地尽其力、货尽其流一样。"①

国家教育部对潘序伦的这一建议很重视，召开会议进行专题研讨，并在一些大专院校当中，开展了教育制度改革的试点工作。

这里，我们再回过头来谈谈潘序伦在会计文献编译工作方面的贡献。在20世纪30年代前后，我国会计学术领域还有不少空白。有鉴于此，潘序伦认为有必要加速引进国外先进的会计技术与理论，填补缺陷。他是这一编译工作的先驱之一。

潘序伦对编译工作的要求是，对引进的国外先进学术，我们不是照抄照搬，而是结合我国的国情，在现行法规和工商惯例的基础上，适当采用。② 他采取审慎的做法，有选择、有比较，精心地加以编译，而非"全盘照搬"。就拿《劳氏成本会计》来说，潘序伦从1933年开始翻译出版劳伦斯的《成本会计》（商务印书馆），其参照的原版本是1930年第一次修订本，后劳伦斯又在1937年出版第二次修订本，潘序伦即根据这一新版本，于1939年重新改译一次。20多年来，国内学生及会计人员修习成本会计，均采用此书作为参考书。直到1950年，潘序伦摆脱种种冗务，又根据1946年劳氏第三次修订本进

---

① 潘序伦：《潘序伦回忆录》，中国财经出版社1986年版，第36页。
② 潘序伦：《劳氏成本会计·译者序》，立信会计图书用品社1950年版，第1页。

行改译,使《劳氏成本会计》的内容得到更新。

潘序伦在序言中这样写道:"此次译文一以原著为宗,在会计理论方面译者主张间与著作颇有出入,但仍保存著作原意,不予更改,以存其真。至于文字方面,则力求通俗化,使其明白如话,而不犯近代语体文堆砌过长之弊。"①他在这篇序言中的主张,在其一生的编译生涯中是一以贯之的。

在潘序伦及其同仁的共同努力下,国外重要的会计学著作,便都以畅达通晓、含义确切的文字,与国内读者见面了,如《斐氏高等会计学》《公司会计准则绪论》《陀氏成本会计》《会计师查核决算表之原理与程序》《苏联会计述要》《国营企业会计概要》等。

潘序伦从事编译工作之初,我国会计名词极不统一,各种书刊的写法与译法都各行其是,给读者和实际工作者以及编译工作带来不便。1935年,潘序伦组织人员,收集了会计名词2 000余条,每条先把国内会计书刊原有的译名开列出来,然后择一适当的名词,或另拟译名,并加以注释。《会计名词汇译》就是这样汇集而成的。该书言简意赅,适合我国国情,对扭转混乱局面,统一会计名词起了一定的推动作用,出版以来曾修订过两次。

1939年,潘序伦又向国民政府国立编译馆推举参加会计名词初步审查人员名单,除了他自己,还有不少会计界名流,均为一时之选,计有:上海商学院教授兼立信会计师事务所编辑科副主任黄组方,之江大学、上海法学院教授兼立信会计师事务所编辑科副主任顾准,暨南大学会计系主任钱素君,东吴大学兼暨南大学教授张蕙生,复旦大学会计系(上海补习部)主任袁际唐,上海光华大学会计系主任薛

---

① 潘序伦:《潘序伦文集》,立信会计出版社2008年版,第539—540页。

迪符,徐永祚会计师事务所主任徐永祚,立信会计专科学校教授李鸿寿,国民政府中央信托局总审核杨汝梅(众先),广州大学会计学教授黄文衮,国民政府主计处会计局长阎亦有等人(名单现藏于中国第二历史档案馆),他们均为会计名词的规范化作出了贡献。

在此之前,潘序伦围绕这一问题,还发表了一些论文,如《会计名词之研究——在复旦大学会计系学会上的讲话》(《会计期刊》创刊号,1934年7月),《会计名词汇译》(《立信会计季刊》,1933年第2卷)等。

潘序伦之婿、同样也是会计学家的管锦康对其岳丈潘序伦在"不断介绍外国会计审计学术,推进我国会计审计事业"方面的贡献,曾作了梳理:

> 吾岳一生中,就我所知,主要有四次介绍了外国的会计审计学术,推进了我国这方面的学术和实务。
>
> 第一次是从吾岳自美归国后,通过早期的立信会计、财经丛书,特别是通过由他主编的《会计学》,介绍了当时美国会计学术界颇负盛名的凯斯特教授的会计著作。
>
> 第二次是我在1947年留学美国时,他曾汇款美金3 000元,嘱我购进会计审计书刊一大批,并组织立信同事,从事译介。吾岳亲自主持译出了当时美国会计学术界权威贝登教授的一套会计学,以及这位教授和另一位权威立脱尔教授合著的《公司会计准则》一书。
>
> 第三次是解放初期,吾岳嘱我向北京新华书店总店外文部购进大批苏联会计书籍,并在上海组织了翻译。同时,又接办了北京新潮书店的《新会计》月刊,在中央财政部会计制度司的指导帮助下,发行了《新会计》月刊。以上两项工作,对推动我国会计学术的实践的发展,起了重要的作用。
>
> 第四次是中共十一届三中全会以后,实行对外开放政策,中外友

人陆续访问吾岳，赠送会计审计新书，吾岳又托海外立信校友选购新书，以便译介。其中西方审计名著蒙哥马利《审计学》已经译出，近期可以出版。吾岳还亲自撰文，宣扬了电算化会计、人才会计、管理会计等新兴学科。①

为普及和推进会计学术，潘序伦多次发表讲演、举办讲座，择其要者有：1934年7月22日，潘序伦受国民政府浙江省教育厅委托，向其附属机关人员讲习"学校成本会计"；同月，又应复旦大学之邀，在该校会计系的学会上作关于"会计名词之研究"的学术演讲；1937年年初，在上海商会上作有关税务会计的讲话；1940年10月，在重庆大学为数百名师生开设讲座，题目叫"我国新兴的会计职业"；1948年1月，在上海立信会计专科学校发表"会计学之新趋势"的讲话……

潘序伦的学术贡献体现在会计学、审计学、财政学、金融学、经济学、国家税收、教育学等方面，建树颇多，尤其对会计审计学科造诣更深，是一位学贯中西的会计学家。

在潘序伦的倡导下，整个"立信"充满了浓厚的学术气氛，《会计季刊》《立信会计季刊》《立信月报》《立信会计月刊》《立信会计通讯》《立信校刊》《会计学报》《立信周报》等形式不同的学术刊物，纷呈迭现，对切磋学术，交流经验，促进很大，颇受读者的青睐。②

潘序伦生前曾对自己多年的学术研究作过回顾，这里转引其中的一段话，这是他对后人的殷切期望：

---

① 管锦康：《先岳对会计审计学术的贡献》，载朱坚强、何佩莉主编：《立信往事》，立信会计出版社2013年版，第10—11页。
② 罗银胜：《试论中国会计之父潘序伦的学术贡献》，《立信学刊》1995年第2—3期连载。

历史的经验告诉我们,引进并认真学习国外的先进经验和先进技术是必要的,无论是自然科学或社会科学都是如此。但必须是实事求是,切合我国国情,才能取得最佳效果。当今,我国正处在经济体制改革,经济振兴时期,又面临世界新的技术革命蓬勃发展,在对外开放,对内搞活经济的新形势下,我们决不能因循守旧,故步自封,而要积极引进和学习国外的先进技术,应用微电子技术,加强财会工作在信息、企业管理和宏观经济上的职能作用。[①]

第二节 会计出版的开端——立信会计图书用品社

一、与商务印书馆的出版合作

潘序伦与商务印书馆及王云五有着长期的合作关系。潘序伦从美国留学回国后,在大学就职时,就著书立说,写了《簿记及会计学》和《公司财政》两本英文教科书,交上海商务印书馆出版发行,行销全国。

《簿记及会计学》和《公司财政》引进了一些西方新式会计科学知识。后来在会计师事务所业务中,他深感中国会计发展水平太低,不能适应民族工商业发展的需要。那时大学里研习会计科学者不多,教科书大都是外文原版;少数译著亦以簿记居多,缺乏高深之作。

为解决会计教材短缺的问题,潘序伦在立信会计师事务所内设置了一个编辑科,由他亲自领导,配备了一批专职人员,开始编译簿

[①] 潘序伦:《潘序伦回忆录》,中国财政经济出版社1986年版,第40页。

记、会计、审计等书籍，出版了"立信会计丛书"。他吸取了自己学习会计的教训，对于会计教材的编撰，提出了四条原则：

第一，书的内容必须切合实际需要。有关理论和实务的论述，都要从实际出发，以满足社会需要为原则，对引进的国外先进学术，不是照搬照抄，而是结合我国的国情，在现行法规和工商惯例的基础上，适当采用。教科书分为初级、中级和高级三种课程，分别编撰。每书章节后都附有思考题和习题，供学生复习参考。书稿写成后，先作为讲义在立信试讲，经过两三个学期的试讲，根据师生们的讨论意见，反复进行修改，然后由事务所编辑科审定编排，成为正式教科书。

第二，文字尽可能通俗易懂，举例做到不厌其详。例如，《高级商业簿记教科书》由潘序伦亲自主编，经多人审稿校阅，精心推敲，务求通俗易懂。该书各章内容由浅入深，由简到繁，循序渐进，并经实地试教，几经修订。该书设有教学进度分配表，每隔若干章，就设一章复习，要求学生反复演习，务求熟练掌握所学内容。该书为各商业企业、会计学校广泛采用，修订过多次，再版几十次，畅销国内外。

第三，译文力求统一，含义力求确切。译稿都经潘序伦亲自审阅，几番修正润色，力求译文统一，含义确切。如《会计名辞汇译》一书，是鉴于当时我国会计名词极不统一，各种书刊的译法都不一样，给编译工作、读者和实务工作者带来不少困难。于是潘序伦组织编译工作同仁，收集了会计名词2 400余条，每条先把国内会计书刊原有的翻译名词开列出来，然后从中选定一个适当的译名或者由他们暂拟定一个统一的译名，并加以注释。该书用词力求言简意赅，符合我国用语习惯。该书出版后，曾修订过两次，对统一我国会计名词起到了一定的推动作用。到1965年，还有人在香港冒以最新修订本翻印出版。

第四，编制注重合理，分高、中、初三种程度，分别编写。

在立信最初建校的十二三年间，所用教材、专著，都由潘序伦和立信会计师事务所同仁顾询、钱迺澂、顾准、李鸿寿、陈文麟、钱素君、张蕙生、王澹如、施仁夫、唐文瑞、王成杰等编著。这些会计教材与专著与商务印书馆擅长教科书出版业务的特色，十分契合。因此，潘序伦主编的"立信会计丛书"，交商务印书馆出版。为此，由潘序伦出面，与商务印书馆签订了出版合同。

截至1940年，立信编译的各类簿记、会计和审计书籍共有50余种。其中最主要的是潘序伦的《会计学》，它除论述普通会计所应包括的内容，还涉及公司会计、成本会计、解散清算及破产会计、遗产及信托会计等。该书对于预算控制、财产估价、决算报表分析、统计报表应用等当时比较新颖的会计内容，亦作了较深入的研讨。该书各章都列了许多练习题，便于教师施教，学生选择练习。是书之成，历时14个月之久，潘序伦排除百务，专心从事，寒暑无间，并得到六七位同仁相助，经多次修改，才得以付印。"立信会计丛书"由于写作态度严谨、内容翔实和文笔流畅，深受各界欢迎，经委托商务印书馆作为"大学丛书"出版发行后，更见畅销。潘序伦的学生顾准的成名之作《银行会计》，就是顾准在19岁之际由商务印书馆作为"大学丛书"之一出版的。《银行会计》一经出版，顾准便声誉鹊起。

这期间，"大学丛书"和"立信会计丛书"的出版得到王云五的照拂。

王云五，是中国现代史上一位传奇人物。他只有小学学历，却在青年时期担任大学教授；他发明了四角号码检字法，又创制了中外图书统一分类法；他一生主持商务印书馆达40年之久，使之曾名列世界三大出版机构之一。1921年，王云五任商务印书馆编译所所长。

1927年,王云五辞去编译所职务,仍兼商务印书馆《万有文库》总编辑和东方图书馆馆长。自1930年起,王云五任商务印书馆总经理。

1937年,王云五应潘序伦之邀,参加立信会计专科学校董事会,参与了学校筹建工作。在4月15日的首次校董事会上,王云五被推举为学校董事会副董事长。

八一三事变后,王云五离沪去香港,商务印书馆总管理处后亦迁至香港。1940年秋,潘序伦路经香港去重庆时,会见了王云五。在交谈时,潘序伦力劝他将该馆总管理处迁往重庆,负责供应教科用书。不久日寇发动太平洋战争,入侵香港,该馆损失惨重。潘序伦到重庆办校,原来由商务印书馆出版的学校教材无法解决,因而潘序伦商之于王云五,请王云五将该馆的"立信会计丛书"版权和纸型转交给立信自己印行。王云五为了发扬会计文化,慨然允诺,将商务印书馆所存纸型,全部交由立信办理。这样,潘序伦与生活书店合资经营立信会计图书用品社,解决了办学的后顾之忧。

在这以后,王云五与商务印书馆一起内迁到了重庆,出任国民参政会参政员。在从事政务活动的同时,他仍然热心教育事业,对立信的办学很关注,多次出席校董事会,及时解决办学的问题。

立信图书馆的书籍,是由立信同仁征募和自有的书籍凑集而来的。在短短的数年内就征集到中外图书5万余册,其中最大的捐赠人是校董会副董事长王云五,他以一己之力捐赠了2万册图书。在这些王云五捐赠的中外图书中,最著名的当推1920年出版的由陈望道翻译的首个中文全译本《共产党宣言》。经过百年更迭,该书已知存世的首版中文全译本仅有11本,堪称稀世珍宝。该书封面左上角写有"敬赠岫庐先生",扉页落有"岫庐藏书"印。后来,历经变迁,该书现存上海社会科学院图书馆。

二、与生活书店创办会计专业出版

立信的教材早先是由商务印书馆印刷出版的。抗战全面爆发后，商务印书馆吸取了1932年淞沪抗战中全部遭到日机炸毁的惨痛教训，事前将所有纸型运往香港存放。这时，商务印书馆迁到了香港，内地用书就发生了困难。后来日本帝国主义发动太平洋战争，商务印书馆损失惨重，无力继续为立信出书。而立信在重庆招收了大批学生，亟须教材。眼看学校教材无法供应，重庆的立信学校为应急需，只得刻蜡纸油印，但印数有限，纸张质地又差，不能解决问题。

对此，潘序伦不得不另谋出路。他采取的一个重大举措，就是在

1941年，立信会计图书用品社在重庆林森路16号成立，图为早期立信出版人合影

重庆生活书店总经理徐伯昕的支持下,与生活书店合作成立立信会计图书用品社。

据曾任立信会计图书用品社副经理的蒋春牧介绍:

> 老师到渝的次年春,为加速培养会计人员,与当地各社会团体和其他学校合作,利用他们的房屋和设备,开设会计培训班多处。一经招生,投考的学生十分踊跃。但当地没有会计教材供应,原由商务印书馆出版的"立信会计丛书",限于当时纸张材料紧缺,何况"立信会计丛书"纸型都存在香港,重庆商务印书馆无法出书,老师甚为着急。这时幸遇重庆生活书店总经理徐伯昕,他建议老师向商务印书馆租回"立信会计丛书"纸型,并由"立信"和"生活书店"合作,双方集资设立出版社,专门印刷"立信会计丛书",以解燃眉之急,老师即表赞同。老师向"商务印书馆"总经理王云五提出要求租回这套丛书纸型,很顺利得到同意,并立即通知上海来渝的立信同学,在经过香港时,取得最主要会计教材纸型数种带来重庆。同时与"生活书店"积极筹备,并于1941年6月在重庆成立"立信会计图书用品社",随即赶印"立信会计丛书"教材,以供应秋季开学之用。①

潘序伦与徐伯昕经磋商,向商务印书馆租回"立信会计丛书"纸型,由立信和生活书店合作组成一个出版机构,专门出版"立信会计丛书",以便解决会计教材的书荒问题,并印制发行会计账册报表,供工商企业选用。发起人有潘序伦、徐伯昕等人。经过短期筹备,立信会计图书用品社于1941年6月正式成立。

---

① 蒋春牧:《我对立信会计事业发展的回忆——庆祝母校八十华诞、纪念潘序伦诞辰一百一十五周年》,载邵瑞庆主编:《潘序伦纪念选集》,立信会计出版社2009年版,第200页。

潘序伦亲笔写了篆体"立信"两字圆形图案，向国民政府商标局申请图书和会计账册注册商标。立信会计图书用品社额定资本10万元，先收6万元，由立信和生活书店各出资3万元，并组成董事会，推选潘序伦为社长，徐伯昕为总经理（他在成立后即离渝去香港）。另由生活书店派诸度凝（原生活书店成都分店经理、中共地下党员）担任经理，主持业务。立信派蒋春牧担任副经理，主持内部管理。立信会计图书用品社社址最初设在重庆林森路16号立信会计师事务所内，不久迁到陕西路民生实业公司大楼。搬迁尚不到1个月，这座大楼遭日机全部炸毁，立信会计图书用品社仍迁回原址办公。

这时，潘序伦向商务印书馆提出要求收回"立信会计丛书"纸型，得到该馆总经理王云五的同意，潘序伦即通知将从上海调赴重庆工作的立信校友王成杰、施明璋等人，分批取道香港，向商务印书馆取得最急需的会计教材纸型多部，经陆路历经艰险带到重庆，速得以立即赶印，保证了秋季开学用书。立信会计图书用品社同时兼营的会计账册报表，克服了纸张材料供应紧张和印刷困难的条件，同时也赶印以供工商企业使用，各界无不称便。

以后，立信会计图书用品社还在桂林设立了分社，成都、贵阳、昆明、西安等城市设立了特约经销处。为了适应高中商科及职业学校教材的需要，潘序伦又自任主编，于1941年编辑出版了一套内容较为浅近的立信会计教科书，计有《商业簿记》《初级会计学》《会计学》《成本会计》《银行会计》《政府会计》和《审计学》7种书。抗战期间，各地大专院校和自修会计的学生，十之八九都是采用立信编的教科书；而中专学校则几乎无一不是用"立信会计丛书"作教材的。为了满足社会的需要，潘序伦又编印了一套内容包括财政、金融、保险、贸易、统计、计算技术、企业管理等的"立信财经丛书",初步满足了当时的需要。

这时期,日机对重庆轰炸频繁,每天都要鸣警报,这不仅给工作增加了不少困难,而且所有财产随时都有被炸毁的可能。为此,立信会计图书用品社对纸张材料、纸型和存书等财产,采取分散存放的办法,在市区和郊区分设3个纸库:其一,在长江南岸罗家坝山坡上,租用了一大幢泥墙草顶房屋,为存放纸型和为逃避日机轰炸而疏散职工家属之用;其二,在望龙门城墙下购买了一幢木结构双开间两层房屋,为存放纸张材料之用;其三,在市郊头塘,租用了一间仓库,为存放图书之用。

由于立信会计图书用品社所出版的"立信会计丛书"和印刷发行的会计账册报表专业性较强,在内地是独家经营,业务甚为发达。在开业不到一年的时间内,除在市内七星岗设立一个门市部和在邹容路设立一所专印会计账表的印刷厂,1941年冬还在桂林市环湖东路设立桂林分社。

随着业务的发展,原有林森路办公室不够使用,立信会计图书用品社遂于1942年2月迁到重庆千厮门行街22号的一座三开间三层楼新建房屋内(这座楼房后在大火中全部烧毁),除二楼为立信会计师事务所办公室和三楼为宿舍,底层全部作会计图书用品社办公室和营业部(包括营业部仓库)之用。当年年底,为扩大营业需要,立信会计图书用品社向中国铅笔厂租用保安路(民族路口)二层楼市房一幢,将办公室和营业部迁去,原千厮门行街22号底层全部扩充为营业部仓库。

1943年春,日机空袭警报日见减少。潘序伦筹款为立信会计学校在重庆市区小什字筷子街建造的三层立信大楼落成。立信会计图书用品社将保安路的办公室迁入大楼三楼,成立管理处,同时将邹容路的印刷厂迁入立信大楼后面新建的厂房内,并扩大印刷设备,计有:对开印书机1台、四开印书机1台、圆盘机3台和排字浇版等。当时重庆的电力十分紧张,印刷厂内虽装有马达电,但常因电力不足或停电,机器不能开动,只得人工摇动机器,生产速度极慢,不得不同时另再委托两三家外厂印书,以满足业务上的需要。在这一年的下半年原租用保安路的楼市房,因业主中国铅笔厂要求收回自用,立信会计图书用品社即在林森路中大街一块被日机炸毁的空地上自建五间半式三层楼市房二幢,将保安路营业部迁入营业。

1944年冬,日寇攻陷湘桂,桂林分社在匆促中除工作人员逃出,全部财产遭毁,损失甚重,以后未能复业。

立信会计图书用品社印制的会计账册报表,推进了我国会计实务的标准化、规范化,产生了深远影响。潘序伦与公信会计师事务所主任会计师奚玉书分别发表文章,联手在全国大力推行"通用新式账表"。[①] 新式会计账册报表是现代会计制度的产物,是现代会计工作的载体,服务于工商企业,适用于一般商号、公司、工厂等。其设计、印刷与发行会计账册报表的专业性较强,各业所用凭单(传票)、收据,日记、现金、分类等簿,及表报等的推广与运用,将成为推进现代会计"深入工商业内层之工具"[②],是促使我国会计实务工作的规范化、标准化的重大举措。立信、公信会计师事务所先后各自设立会计用品社,分别印制"立信""公信"账册报表,形成会计账册报表的两大品牌。立信设计、印刷、发行立信会计账册报表近百种,具有设计科

---

① 潘序伦:《介绍公信通用新式账表》,《申报》,1940年4月15日。
② 奚玉书:《公信通用新式账表引论》,《公信会计月刊》1940年第3卷第1期。

学、格式完备、印刷精良的特点。立信会计图书用品社在邹容路设立一家专门印制会计账册报表的印刷厂,在大后方独家经营。新中国成立后,立信会计图书用品社的账表印刷厂经历了合并、公私合营、国营和改革开放等,"立信"账册报表行销数十年而久盛不衰,是全国知名的品牌。

1945年抗日战争胜利后,潘序伦回到上海。此时,会计书籍同样缺乏。为了适应需要,立信会计图书用品社迁回上海,租用河南中路339号一座五开间三层楼市房为社址,底层为营业部,2～3楼为办公室。

立信会计图书用品社迁回后,由于业务面向全国,无论是业务范围还是组织规模都有扩大,从业人员较重庆时增加一倍以上,并为生产需要买下了四川北路仁智里一所具有全能印制账簿设备的印刷厂。同时为扩展业务需要,立信会计图书用品社先后在南京、广州、天津、北京等大都市增设分社,并在全国其他大城市设立特约经销处,在各地推销"立信会计丛书"。后来由于交通中断,图书等供应不便,1949年后才由蔡经济在香港自行成立立信会计图书公司。该公司曾出版会计丛书20余种。

立信会计图书用品社自创建以来,业务发展很快,所需要的资金在最初七八年中,一般每年增资两次。由于立信方面每次增资投入的资金较多,与生活书店原来各半投资的比例有了很大变化,约在1947年年底之前,生活书店在用品社内的股份已全部作价让出。

三、为《新华日报》供应纸张

立信会计图书用品社的营业范围之一为公开发行财会图书、账册报表。以此作掩护,潘序伦利用自己的地位、以"立信"的名义,与中共地下党"合办"造纸厂——中兴造纸厂，以解《新华日报》缺乏纸张的燃眉之急。

中共地下党员苏芸（又名苏国华）等，经常与立信会计图书用品社经理诸度凝商讨工作，并策划合办造纸厂的事宜。用品社成立后不久，潘序伦即为"资本家"的苏芸出具了在广安中兴造纸厂的一切证明文件，提供了办厂所出的资金份额。潘序伦虽然要求立信方派出的副经理蒋春牧对诸度凝的业务"不过问、不插手"，但这样下去还是存在一定的问题。潘序伦的侄子潘銛甲时任国民政府资源委员会玉门油矿局会计室主任。1941年9月，潘序伦批准蒋春牧离职1年，让他去玉门到潘銛甲的会计室工作。这样，立信会计图书用品社暂时没有立信派出的管理人员，为中共地下党员甩开膀子干提供了有利条件。

用品社既是造纸厂的合办方之一，又是该厂的经销商，符合国民政府经济部核准的营业范围。国民政府经济部发布的《经济部公报》（1941年第4卷第19/20期合刊），以"设字494核准号"，批准"立信会计图书用品社股份有限公司"成立，核准的"营业范围"如下：① 出版各种会计上及商业上一切图书刊物；② 制售会计上及商业上一切文具用品；③ 制售及承印会计上及商业上一切簿册、表式、单据、图纸；④ 办理其他有关上述三项营业之一切事务。

出版书籍、制售账册等需要纸张是不容置疑的逻辑关系，营业范围的"四个一切"的规定，既为用品社合办造纸厂设置了空间，又为经销造纸厂的产品提供了法律依据。

事实上，《新华日报》正是第二次国共合作时期的产物，是中国共产党在国民党统治中心重庆主办的第一份全国性机关报，抗战时期发行量从创办之初的1万多份发展到后来的5万多份。新华日报社出版马列主义和抗日进步书刊,用纸量很多,国民政府经济部的少量配购可谓杯水车薪。

《新华日报》在大后方舆论阵地宣传中国共产党的主张,团结各界人士等发挥巨大作用。毛泽东把《新华日报》形象比作"我们党的一个方面军"。《新华日报》在社长潘梓年的主持下,成为我党飘扬在国民党统治区内的一面团结抗日的旗帜。《新华日报》自1941年起面临的纸张供应紧缺。一是皖南事变后国民党顽固派掀起第二次反共高潮,千方百计刁难《新华日报》,欲置之死地而后快。国民党当局实行新闻纸的配额,给《新华日报》《群众周刊》等党报党刊的份额严重不足,新华日报社派人自行采购时,纸商遭到国民党特务的恐吓、威胁。二是侵华日军对我国实施经济封锁,妄图动摇中国人民的抗日意志。太平洋战争爆发后,我国进口纸来源基本断绝,造纸的化工原料极其匮乏,大后方的纸张等生活日用必需品陷入严重短缺的困境。重庆作为大后方的文化中心,纸张短缺的矛盾尤为突出。

纸张是《新华日报》宣传中国共产党领导的抗日民族统一战线的物质载体,如果没有纸张,犹如战场上紧握钢枪的战士没有子弹。与受管制的新闻纸相比,国民党当局对手工生产的新闻纸管制稍松一些。为保障《新华日报》的纸张供应,按照周恩来指示,中共南方局决定派苏芸、谢世荣、王帮藻三人到华蓥市,选定在广安县的丁家坪建造纸厂。周恩来对苏芸提出要求:"绝对保密,要长期以资本家的身份办好这个纸厂,要使《新华日报》的用纸无后顾之忧。"

立信会计专科学校董事会成员多为重庆举足轻重的人物。如董事长陈其采,是国民政府委员、主计处长,是陈立夫、陈果夫的叔叔,其哥哥陈其美是辛亥革命先驱,对蒋介石有知遇之恩。国民党顽固派知道立信背景硬,而且属于私人办学更需要筹集经费,因此不太敢对立信轻举妄动。

"挂靠"立信会计图书用品社的中兴造纸厂设在广安,生产的纸张运到重庆,沿途要经过国民党军、警、宪、特的检查站。为保障造纸厂产品运输到重庆的安全,潘序伦自己动手设计"立信"篆体字的圆形商标,向国民政府经济部申请商标注册。经核准,"立信"商标列入"审定商标公报",于1942年1月由国民政府经济部向社会公开发布。从此,该造纸厂生产的新闻纸包装后,盖上"立信"商标和"重庆立信会计图书用品社"长方形的红色条印,船载车运,通过沿途的各种检查,顺利运抵重庆,送达新华日报社,保障了《新华日报》及《群众》周刊等的纸张供应。

为保障《新华日报》的纸张供应,扩大生产需要资金的支持。立信会计图书用品社的核准资本从1941年6月,10万元起步,到1944年5月先后增资三次到600万元。1942年8月,《新华日报》创办川东造纸厂,同年底遭重庆市社会局查封;此后,中共地下党办的复兴造纸厂又被国民党当局查封,因此《新华日报》的纸张供应全部由中兴造纸厂承担。1943年1月21日,立信会计图书用品社第一次增资到80万元。不久,国民党当局颁布了《非常时期取缔日用重要物品囤积居奇办法》,对纸张管理颁发专门规定。1943年6月,国民政府经济部发布《管理国产机制白报纸和米色报纸办法》,又对重庆专门发布《管理重庆手工纸张办法》,对纸张实行限价、限定销售期限、限定储存数量等具体规定,对"囤积居奇"严厉打击。国民党当局规定,凡运入重庆境内的纸张须三天内填报必要表格交管理机关登记,到货三个月内须售出。该办法由国民政府经济部日用必品管理处具体执行,重庆市纸张同业公会协助。因此是年7月25日,立信会计图书用品社第二次增资到200万元。1944年5月,重庆面临空前纸荒,立信会计图书用品社第三次增资到 600 万元,注入了足够的资本金。立信会计图书用品社资金数额,甚至超出当时有的中小银行。

白寿彝主编的《中国通史·近代卷》记载,中兴造纸厂是抗战期间大后方一家知名的造纸厂,拥有员工四百余人,于 1942 年 5 月正式投入生产,直到抗战胜利后奉令停办。①

立信会计图书用品社是中兴造纸厂②的产品的销售商,专门面向新华日报社,这样做既能保守商业秘密不让他者涉入,又减少了销售环节与销售成本。用品社在重庆拥有 3 座纸库:一是在长江南岸的罗家坝山坡上,租用一栋泥墙草顶的大房子;二是望龙门城墙下购买一栋木结构双开间两层房屋;三是在市郊江北的头塘租用一间仓库。这三座纸库分布合理,水陆交通比较方便,还存放纸型、图书等。分散存放纸张,既能避免日机重庆大轰炸可能遭受的损失,又可应对国民党当局的检查。在历时 3 年多的时间里,中兴造纸厂保障了《新华日报》《群众》周刊等的纸张供应,打破了国民党的新闻封锁。周恩来曾高度评价:"'中兴纸厂'就好比我们前线作战的一个兵工厂。"

立信会计图书用品社的创办,不仅解决了立信会计专科学校的"教材荒"问题,而且帮助中国共产党领导的秘密战线为《新华日报》等红色报刊供应纸张。

潘序伦晚年在回忆录中也写道:"潘汉年同志原是我原籍江苏宜

---

① 白寿彝:《中国通史·近代卷》,上海人民出版社 1999 年版。书中把"中兴造纸厂"误为"中心造纸厂"。
② 中兴造纸厂亦称广安造纸厂、丁家坪纸厂,今通常称新华日报纸厂。其遗址地处华蓥市阳和镇中和村(原古桥乡中和村)大垭口山腰的丁家坪。1987 年 4 月,中兴造纸厂遗址被华蓥市人民政府列为第二批县级文物保护单位,2000 年被广安市人民政府列为市级文物保护单位,2007 年被四川省人民政府公布为第七批省级文物保护单位。

兴县的远房族侄,他的长兄潘梓年在抗日战争时期,担任重庆《新华日报》总编辑,那时我也在重庆,常有来往,他称呼我为'四叔'。"①潘序伦与这些无产阶级革命战士关系非常密切。

据当时的经办人蒋春牧回忆:"立信会计图书用品社用纸全部由广安(中兴)造纸厂提供。当时国民党对市面上纸张控制得很严,广安(中兴)造纸厂生产出来的纸张每批都以图书用品社名义从水路运到重庆,沿途要受到国民党政府特务和经济检查队等多次检查,从没有出过问题。实际上,每批纸张除部分是图书用品社自用外,绝大部分都供给《新华日报》等用纸。为了安全,以后改道陆路运输。"②

潘序伦及其领导下的立信会计图书用品社,巧妙运作,打破了国民党反动派的新闻封锁,强有力地支持《新华日报》、《群众》周刊等报刊的正常出版。

---

① 潘序伦:《潘序伦回忆录》,中国财政经济出版社1986年版,第52页。
② 蒋春牧:《立信会计出版社往事》,载立信会计出版社编:《心忆 心语 心迹——立信会计出版社七十周年社庆论文集》,立信会计出版社2011年版,第172页。

第五章

一代宗师的革命情缘

第一节　与邹韬奋先生肝胆相照

被誉为"中国现代会计之父"的潘序伦先生,以仁者的担当、勇者的无畏和智者的拓展,为我国现代会计事业奠定了坚实基础,让人们感受到了现代会计的魅力。

"谈笑有鸿儒",潘序伦的朋友很多,他们同声相应、同气相求、互为引援……这些朋友有着相同的家国情怀,他们高尚的精神追求、学术理想和人格风范,历久弥新。

一、于国难中发出时代最强音

潘序伦是一位具有爱国主义思想的教育家,强烈的爱国主义精神贯穿于他的教育活动的始终。起初,潘序伦如同当时的先进教育家一样,主张"教育救国",设想通过教育促进国家的独立富强,解决社会生计问题,期待中华民族崛起于东方之巅。

九一八事变进一步唤起了他的爱国热情。他逐渐认识到,只有民族解放,才有民族经济与教育的发展,才能从根本上解决社会生计问题。因此,潘序伦响应中国共产党建立和巩固抗日民族统一战线的号召,积极参加了抗日救亡活动和民主运动。他参与舆论宣传、募捐赈灾、慰问前线将士等活动,为《生活》周刊等进步报刊义务审计,并从会计教育、会计实务、会计出版等各个不同层面,有效地服务了战时经济的发展;他还积极支持立信师生的进步活动,保护爱国师生。

期间,潘序伦还在报刊上发表了大量言论,呼吁民众行动起来,齐心协力,全民抗战。比如潘序伦佚作《义勇军赋怀》,发表在1932年12月19日的《上海商报》,距今逾90年,弥足珍贵:

义勇军赋怀

更不见当年暴秦势力莫与京,蚕食鲸吞肆兼并;
又不见齐楚燕赵、日日纷争,坐令虎狼羽翼成。
古今情事初不殊,大好河山强占据;
异军苍头看突起,誓死抵抗无犹豫。
白山黑水风凛凛,人乏饷糈马断饮;
大呼杀贼向前进,转战不分昼与寝;
冰天雪池寒澈①骨,械弹两竭犹奔突;
前扑后继胫膝没血,将军誓愿阵前殁。
如此义勇气盖世,宁可秦越相坐视。
匹夫兴亡与有责,投袂缨冠尚何俟。
弦高犒师救郑国,输财助边汉卜式。
今古人岂不相及?毋令后人笑我拙。
吾闻海上花国选总统,敛钱将以饷义勇。
须眉如何逊巾帼,对之能无增愧色。
又闻救济难民特组游艺会,得资悉数酬赈灾。
但冀解囊多慷慨,一举两得数善备。
勿再观望与徘徊,同胞救国与乎来。

文章合为时而著,歌诗合为事而作。面对强敌,在国难中,潘序伦与所有仁人志士一样,挺直腰杆,发出时代的正义之声。作为爱国知识分子,潘序伦发愤创业之志,忧时爱国之情,溢于言表。这种忧患意识和爱国情怀,正体现了中国知识分子的优良品格。潘序伦不仅通过文字呼吁大家节衣缩食,有钱出钱、有力出力,不要迷恋歌舞

---

① 澈同彻。

第五章 一代宗师的革命情缘

潘序伦赋诗

升平,不要沦为亡国奴;他还身体力行,参与了为马占山将军领导的东北义勇军及淞沪抗战募捐的活动。

潘序伦与邹韬奋,同是上海圣约翰大学校友,他们后来都成为中国现代史上的风云人物。邹韬奋是杰出的新闻记者、政论家和出版家,潘序伦则是知名的会计学家和教育家。

1917年,正值中国民族资本主义工商业迅速发展之际,潘序伦与邹韬奋共同的师友黄炎培,联合当时教育界、企业界的一些有识之士,为实现"实业救国""教育救国"的目标和志向,在上海创立了中华职业教育社。

黄炎培在上海南洋公学读书时曾受教于中文总教习蔡元培。辛亥革命后,黄炎培任江苏省教育会会长,曾赴美国和南洋各国考察教育事业。发展经济、振兴中华,是黄炎培的奋斗目标。在他的主持下,中华职业教育社开办学校、培养技术人才,还编印出版《教育与职业》月刊、"职业教育丛书"等书刊。为了宣传职业教育,沟通各地职教信息,中华职业教育社决定创办一个机关刊物,就是《生活》周刊。

1925年10月11日,《生活》周刊创刊。黄炎培请留美归国后任教于上海商科大学和中华职业学校的王志莘任主编。最初的《生活》周刊是一张四开的小型刊物,印数2 800份,主要用于赠送中华职业教育社社员和教育机关。

《生活》周刊,这本对中国社会产生过巨大影响的期刊,永远与一个人的名字联系在一起,这个名字就是邹韬奋。邹韬奋(1895—1944),原名恩润,韬奋是他的笔名。邹韬奋祖籍江西余江,生长在福州,6岁时在家学习古书,14岁进福州工业学校,18岁进上海南洋公学附属小学,中途转入教会办的圣约翰大学文科三年级。邹韬奋学生时代生活清苦,为了赚取生活费和弟弟的读书费用,他在中学时就兼做学校图书馆的晚间助理员和校外家庭教师,有时还投稿《申报》的副刊"自由谈"和商务印书馆出版的《学生杂志》,赚取稿费做补助。

1921年邹韬奋从上海圣约翰大学毕业,先在上海华商纱布交易所当英文秘书,后来兼任上海基督教青年会中学的英文教员。1932年邹韬奋进入中华职业教育社,担任编辑股股长,并负责《教育与职业》月刊和主编"职业教育丛书"。与此同时,他还兼任中华职业学校的英文教员,参与在各地举办的职业指导运动周。这使得他有机会与各地青年接触,观察了解中国社会的实际。

《生活》周刊出完第一卷,王志莘因投身银行界,担任储蓄部主任,难以兼顾,故辞去《生活》周刊的工作。黄炎培遂请邹韬奋主编《生活》周刊,这是邹韬奋正式从事新闻出版工作的开始。

第五章　一代宗师的革命情缘

开始时,《生活》周刊只有"两个半人"共事,除邹韬奋外,由徐伯昕协助做发行和总务工作,孙梦旦任会计,工作半天,故称"半个人"。三位同仁就这样聚在辣斐德路(今上海复兴中路)442号"那个小小的过街楼里,在几盏悬挂在办公桌上的灯光下面","共同工作到午夜"①。邹韬奋后来回述了当时三人挑灯夜战的情形：

  在那样静寂的夜里,就好像全世界上只有着我们这三个人;但同时念到我们的精神是和无数万的读者联系着,又好像我们是夹在无数万的好友丛中工作着！我们在办公的时候,也往往就是会议的时候；各人有什么新的意思,立刻就提出,就讨论,就议决,就实行！孙先生是偏重于主持会计的事情,虽则他对发行方面也很努力。徐先生是偏重于营业和广告的事情,虽则他在总务方面也很重要；在编辑方面他常用"吟秋"的笔名作些漫画凑凑热闹,因为他不但在营业和广告方面富有创造的天才,而且也对于美术具有深切的兴趣。我的工作当然偏重于编辑和著述方面。我不愿有一字或一句为我所不懂的,或为我所觉得不称心的,就随便付排。校样也完全由我一人看,看校样时的聚精会神,就和在写作的时候一样,因为我的目的要使它没有一个错字；一个错字都没有；在实际上也许做不到；但是我总是要以此为鹄的；至少能使它的错字极少。每期校样要三次,有的时候,简直不仅是校,竟是重新修正了一下。②

黄炎培对邹韬奋十分信任,不干预其编辑工作。邹韬奋在《生活》周刊的磨炼中"学得办事的认真态度",干什么都是敬业乐业的。

---

① 韬奋：《经历》,三联书店1979年版,第72—73页。
② 韬奋：《经历》,三联书店1979年版,第73页。

邹韬奋接办后，变换《生活》周刊的内容与形式，增加可读性，吸引了更多读者；同时开设了编者与读者对话的"读者信箱"专栏，倾听读者的意见和要求，讨论各种问题，受到读者欢迎。在他的精心培育下，《生活》周刊的发行量不断上升，一年内由原来的2 800份提高到了2万份。《生活》周刊的成就，让邹韬奋感到"我们的精神是和无数万读者联系着，又好像我们是夹在无数万好友丛中工作着""感到为有机会为社会干些有意义的事"而快慰。

刊物面貌的改变，取决于人的思想水平。邹韬奋在学习、观察和编辑工作实践中，逐渐形成了《生活》周刊的指导方针和工作思路，也形成了其独特的编辑思想，一以贯之地表现在他以后所办的报纸和刊物中。

邹韬奋改变《生活》周刊的基本点在刊物的基本方针上，他认为刊物和社会的现实始终有着密切关系。"要用敏锐的眼光、深切的注意和诚挚的同情，研究当前一般大众读者所需要的怎样的'精神食粮'，这是主持大众刊物的编者所必须负起的责任。"立足于社会改造、有益于社会改造，这是邹韬奋接办《生活》周刊以及后来办生活书店的中心思想。

办好刊物还必须有切合读者需要的编辑方法。他说："我接办之初，变换内容，注重短小精悍的评论和'有趣味有价值'的材料，空论是最没有趣味的，'雅俗共赏'是有趣味的实施。"报刊是大众的园地，作为思想媒体的刊物必须文字大众化，这是邹韬奋坚持不懈的编辑思想。

邹韬奋主张刊物要有个性，要在内容和编排上不断创新、精益求精。《生活》周刊辟有多种专栏，除评述时事的"小言论"、读者和编者对话的"读者信箱"为长期固定栏目，栏目的设置随时间的发展和读者需要而增减。后期增加政论、国际文章、海外通讯等，还经常刊登漫画、随笔。活泼的形式和刊物的个性是读者喜欢的重要因素。在他的苦心经营下,《生活》周刊销路日益扩大,受到社会的欢迎。

《生活》周刊与时俱进,不断进步。用邹韬奋自己的话说:

> 《生活》周刊经我接办了以后,不但由我全权主持,而且随我个人思想的进展而进展……《生活》周刊初期的内容偏重于个人的修养问题,这还不出于教育的范围;同时并注意于职业修养的商讨,这也还算不出于职业指导或职业教育的范围。在这个最初的倾向之下,这周刊附属于职业教育社,还算是过得去的。也许是由于我的个性的倾向和一般读者的要求,《生活》周刊渐渐转变为主持正义的舆论机关,对于黑暗势力不免要迎面痛击;虽则我们自始就不注重于个人,只重于严厉评论已公开的事实;但是事实是人做出来的,而且往往是有势力的人做出来的;因严厉评论事实而开罪和事实有关的个人,这是难以避免的。……《生活》周刊既一天天和社会的现实发生着密切的联系,社会的改造到了现阶段又决不能从个人主义做出发点;如和整个社会的改造脱离关系而斤斤较量个人的问题,这条路是走不通的。于是《生活》周刊应着时代的要求,渐渐注意于社会的问题和政治的问题,渐渐由个人出发点而转到集体的出发点了。……后半期的《生活》周刊的新的进展也渐渐开始了。研究社会问题和政治问题,多少是含着冲锋性的。①

随着《生活》周刊的影响与日俱增,为了刊物的后续发展,应邹韬奋之邀,潘序伦出任《生活》周刊的会计师,他们的联系开始日益紧密。

《生活》周刊面向大众,为了向社会普及会计知识,让大众更多地了解会计职业,潘序伦撰写了《会计师秘诀》一文,在1928年4月8日《生活》周刊第3卷第21期上发表,全文如下:

---

① 韬奋:《经历》,三联书店1979年版,第75—76页。

会计师为世界各国最近新兴之职业,即在此项职业发达最早之英国,计其历史,亦不过五十余年耳。我国在十年之前,未闻有会计师之名,遑论其业?然近年社会对于此项职业,需要渐增,业此者亦日众。来日进步,未可限量。不过就目下而论,此项职业,确在幼稚时代。社会对于会计师,既未尽悉其需要,而会计师亦未能完全博得社会之信任。余尝研究中国会计师职业尚未能迅速发达之原因,深觉其患不在社会不识会计师,而在会计师自身货色不吃硬,果真国内有吃硬之会计师,不怕社会不请教。故余第一层所欲声明者,会计师成功秘诀,应反求诸己,无待求诸人也。

求己之道,可分四方面着想,四者苟缺其一,决无成功之望。请分说于下:

(一)学识

常人之意,以为具有医药智识,便可作医师;具有建造学识,便可作建筑师;具有会计簿记学识,便可作会计师。此在医师建筑师或然,而在会计师则殊不然。会计师固然应具备各种簿记会计专门学识(如银行簿记、官厅簿记、工厂会计、投资会计等等),然仅有极完全良好之会计簿记学识,只可在一机关内之会计科任一事务员或主任,决不能作会计师,因会计师所行使之职务,并不限于会计一部分,实无往而不与商业全体有关也。故各种商业常识如商业管理、商业组织、工厂管理、商业理财、销售学、商品学、银行、货币、财政、税则、兑汇,以及商业政策、劳工问题等科,靡不应习之有素,更应熟谙本国各项实业法令,而以民法、民事诉讼法、商人通例、公司条例、海商法、保险法、破产法、商标法、注册条例及细则等为尤要。苟对于各种不同之工商专业,有特殊研究者尤佳,然此非可期诸常人耳。盖会计师执行业务之范围,断难以一业一部为限;有时对事对物,出具证明书或鉴定书,非赖有充分之商业常识,难以正确无误,而代委托人处理其私有权利,无不在与法律发生关系也。

依我们以前北洋政府所颁会计师注册章程,凡曾在国内外大学或专门学校之商科或经济科肄业三年得有卒业文凭者,或曾在资本五十万元以上之银行或公司,充任会计职员五年者,均得呈请政府为会计师。资格之限制过宽,人才之趋降太甚。依余所知,有在经济科卒业,从未习过簿记会计而呈准为会计师者;有在银行公司数年,专司记账核对之事,对于商业及会计普通智识毫无研究,亦得呈准为会计师者。会计师之本领低浅若此,而欲求社会之信用委任,真如缘木而求鱼也。

(二)经验

仅有充分之学识,断不能作一良好之会计师;必有充分之经验以佐之,方可胜任而愉快。此在各种职业皆然,不仅会计师一业如此也。余初为委托人办案,因缺乏经验,不仅步步如入荆棘,且有时明知其误而卒生错误。例如第一次向官厅具呈,明知应贴用印花,然而缮发时竟至忘却,以致呈文被官厅退回。又如缮备注册文件发送呈请书时,自谓已核对数次,完全合法。然官厅指出不合各点,将呈文驳回,则又哑然自笑。盖依智识而论,则驳回诸点,固无不知之有素,特未加注意耳。至于查账方面,有待于经验之处更多。前年有本埠某工厂厂主,托余查核两年账目之盈亏,依照账册记载,逐年所亏甚巨。余以检查所得,向厂主直言不讳,且语侵该厂经理,谓应使之负责。乃厂主反心中坦然,殊无愠意,且事事为余解释,更为经理辩护。余意此厂主必中经理蛊惑之毒,私心为之忧虑不置,孰意其后经理私行语余,账上之亏,系厂主故意将各种开支数目放大,使账目上有蚀无余,则厂内工人,不致发生加薪要求耳。余自得此经验之后,对于各处委托检查之账目,究属为盈为亏,每不敢于数目字上加以深信。必须在数目字之后,再加探究,以为决定也。

语云,熟能生巧。会计师查账之技能,全赖乎此。惟欲求会计师之经验,最好在著名之会计师事务所中,实习二年至三年,仅在一银行公司中实习,则时倍而功不逮半也。因银行公司之中,其所可求得之经验,只限于一业,且只限于一部。若在会计师事务所中服务,则各种经验,皆可历得。因所接办之事,各业皆有,各地皆有;正如大套戏法,各有巧妙,变化无穷也。

(三)才能

会计师应具之才能,对事对物,应有精细敏速之观察,公平准确之判断;对人应有机警温和忠勇诚实之性格;处理事务,应有勤奋缜密而有规则之习惯,盖会计师所接之事务及人,良窳美恶,无不具备,而事务有时忙迫异常,非赖有上述各种才能,实难以应付裕如也。

(四)道德

学识、经验及才能,在会计师执行事务之时,固无一项可缺,然根本上究不若道德之重要。因商界环境,千变万化,利诱威胁,无所不极,会计师苟无强固之道德观念,则在在可以代人舞弊,为己舞弊。然会计师之职业,实为商界保障信用而设,苟有不道德行为,而自丧信用,则此项职业,即失其根本存在之理由。故会计师第一应具有不屈于任何诱惑或威胁之勇气与信念,依其学识、经验及才能之所及,观察账目之是非与确误,从直报告,毫无隐徇;且绝对不可敷衍塞责,苟非检查结果确有把握,决不为人出具证明书或鉴定书;尤应保守其超然独立之地位,不握政权,不营商业,不在与己身有利害关系之事,行使其职业上应有之职权;更绝不泄露职务上所得悉他人商业上之秘密。凡此诸点,会计师皆应守身如玉,丝毫不肯苟且,否则不仅信用一失,职业全隳,即人格上良心上亦无以自安也。

会计师应具美德,断难缕述,而诚信二字,最为重要,成功失败之机,实可谓全在于此。证之以余个人之经验阅历,益深信之而不疑。余作会计师数年,自谂于学识、经验及才能方面,实无一不去成功之标准甚远,然所以幸能以此项职业自立者,实赖始终抱持诚信之旨,不肯苟且耳。西人谚云:"诚信是无上良策。"Honesty is the best policy. 信然，余请述余个人经验一二则以实余言。

某年余与某二职业家合办一案，案中遗有委托人余资数千金。在法律，办案之人，分而藏之，决无他虑。在道德则有类于侵匿行为，深觉不妥，同事二人，决从法律入手，并借他事要挟，不许余有异议。当时余之为难情形，实难以言语形容。后决难逃三人从二之习惯，惟将一己应得之份，私返诸原委托人，因此得其信任。以后渠有案委托余一人办理，所得正当报酬之数，实较诸二人不义而取之数为倍蓰。此以诚字而得成效之实例也。

又某年某大商号，以账册托余查核证明。惟经理某君私语余曰，账内详情，不必细查，君只签一字于报告书中，便可将公费奉酬也。余曰不然，苟且证明，不仅与职业道德大有妨碍，且与将来业务亦大有损害，君今日因有苟且证明之需要，故来光顾。余倘依君之意，今日虽得君之微酬，然焉知不因此而失君信任之心，设他日尊处另有账册，必须认真检查者，君将疑我苟且，不我委托矣。当时某君对于余之信实，颇为钦佩。未隔半年，即有其他委托事项，嘱为认真办理，报酬之数，较先一次所许者十倍也。

总之会计师如不能以诚信二字取信于人，则人将无有以重要事项委托办理者。所办之事，均系无关紧要或不入正途之事。会计师之职业，尚有希望耶？故会计师除应具有充分之学识、经验及才能外，尚必具有高尚之道德，而诚信二字，尤为会计师成功秘诀之最大要素也。[①]

在民族振兴的共同理想召唤下，潘序伦与邹韬奋的关系日益密切。邹韬奋主编的《生活》周刊1931年第6卷第8期，发表了潘序伦撰写的《求学与任职合而为一》一文，文章的形式系书信体。潘序伦

[①] 载《生活》周刊1928年第3卷第21期，第227—230页。

在信中说道：

> 韬奋我兄：久别殊念，想撰著工作甚忙也。弟所创设之立信会计夜校久蒙我兄热忱赞助，所设会计函授学校尤为我兄所建议督促提倡之产物，近颇现蒸蒸日上之象，素知吾兄对于敝校关垂甚切，敢将经过概况及弟对于敝校致力之点，撷要奉告，尚祈吾兄多予指教。
>
> 敝校自创办以来，招生已经七届；入学人数最初每届不过二三十人，最近一届竟增至一百数十人。敝校颇狭隘，不能尽容，因之被摈而去者尚多。学生中十之七八为各公司商店现任职员，彼等于任职余闲，不事游息，而愿来校受严厉之训练，繁重之课程，此真职业界可喜之现象也。且学生中年长至四五十岁者有之，现任职务月薪达百余元者有之，此种好精神，尤称难得。在弟则总期于极短之时间，授诸生以充分之会计学识及经验。弟所致力之点：第一不使学生缺课，第二使学生多做习题，第三使学生多受考试。至于实施方法，对于应习课程及应做例题，视同商店内日常之簿记会计工作，今日应习之功课、应交之题卷，决不准学生迟至明日始行交到。试观各大公司焉有今日应行记毕之账目而可迟至明日者？盖求学与任职必使其合而为一，方能使学生所得训练及经验切合实用，且能收事半功倍之效也。因念数年以来敝校卒业学生任事各处，对于职务都能胜任愉快，此不仅弟所自慰，想亦可告慰于吾兄者。至于敝校自上学期起，为图远道学生求学便利起见，增设函授科，又自本学期起为应各届初级卒业同学之要求，添设高级班，校务虽渐扩充，而弟对于原有施教方法，颇愿保持不改，未知吾兄以为如何？
>
> 弟 潘序伦拜上，二月一日①

---

① 潘序伦：《求学与任职合而为一》，《生活》周刊1931年第6卷第8期，第173—174页。

邹韬奋以"编者按"的名义说："序伦先生能于会计师职务百忙之中出其学识经验上所得以嘉惠有志进修之士，这当然是值得我们敬佩的。我们向来主张服务与进修应兼程并进，现在听他报告'此职业界可喜之现象'和他所主张'求学与任职必使其合而为一'之'实施方法'，尤获我心。我对此事有两点要提出来谈谈：（一）我并无意劝人都来进潘先生所办的这个学校，因为社会事业是于合作中要分工的，倘若社会上充满了'潘序伦'——会计师——和他的会计学高足，社会上当成何不了的现象？我不过说倘自省自己特性近于此途而有意研究此学的，这个学校有可供采择的价值而已。（二）我以为替有志进修者筹设便于他们进修的方法——例如夜校及函授学校——当尽量设法减轻他们在经济上的担负，此点在民穷财尽的中国尤其重要，也就是志在推广教育的好学校与志在牟利的野鸡学校之最大异点。潘先生设立此校之动机，我们原用不着怀疑，不过我们仍希望该校将来愈益发达之后，在可能范围内再尽量设法减轻学者在经济上的担负。"

二、为《生活》周刊背书

从九一八事变到一·二八事变，日本帝国主义发动的侵华战争不断加紧，邹韬奋在《生活》周刊上大声疾呼，号召读者捐款抗日，得到了热烈响应。他在《经历》中有一段记载："当时我们的周刊社的门口很小，热心的读者除邮汇捐款络绎不绝外，每天到门口来亲自交捐款的，也挤得水泄不通。"

九一八事变后，马占山将军领导的东北义勇军积极抗日，全国民众纷纷募捐支持，立信同学会踊跃参加募捐活动，发动立信师生进行征募，尽自己的微薄力量表达抗日的决心。当时谣传上海抗日救国捐款共达国币2 000余万元,而马占山将军只收到100余万元。据此有人指责经办捐款的《生活》周刊社、东北义勇军后援会和上海市临时救济会等单位有徇私舞弊行为。

听此传闻,潘序伦暗中思忖:这不是在影射经办捐款的《生活》周刊社等单位有贪污行为吗?在顾准等人推进下,潘序伦率立信会计师事务所受托稽核了《生活》周刊社的账目,证实共收到捐款129 865.09元及银行存息49.58元,合计129 914.67元;汇马占山将军的东北义勇军120 007.00元,转拨第十九路军9 897.65元,其他开支(电报费7.30元、票据2.72元),总支出合计129 914.67元。账目收支完全相等。

1932年5月10日,由立信会计师事务所出具全部收支账目证明,证明书由主任会计师潘序伦、会计师顾询署名,公诸社会。潘序伦为出版家邹韬奋先生及其《生活》周刊社的爱国壮举举证、背书,使针对邹韬奋以及《生活》周刊社的流言蜚语不攻自破。

1932年6月2日,由陈铭枢、蒋光鼐、蔡廷锴、戴戟领衔的国民革命军第十九路军也出具收据,证明收到《生活》周刊社经募的慰劳费9 897.65元,并公之于众。金额与潘序伦出具的立信会计师事务所证明书分毫不差。

潘序伦从事会计事业,力主秉承"立信"精神,讲究信用,"信以处事"。邹韬奋办报搞出版,特别是经过为义勇军募捐的经历,他认为,从事新闻工作也要重视"社会的信用"。他说:

> 《生活》周刊突飞猛进之后,时时立在时代的前线,获得国内外数十万读者好友的热烈的赞助和深挚的友谊,于是所受环境的逼迫也一天天加甚。我参加蔡孑民、宋庆龄诸先生所领导的民权保障同盟不久

第五章 一代宗师的革命情缘

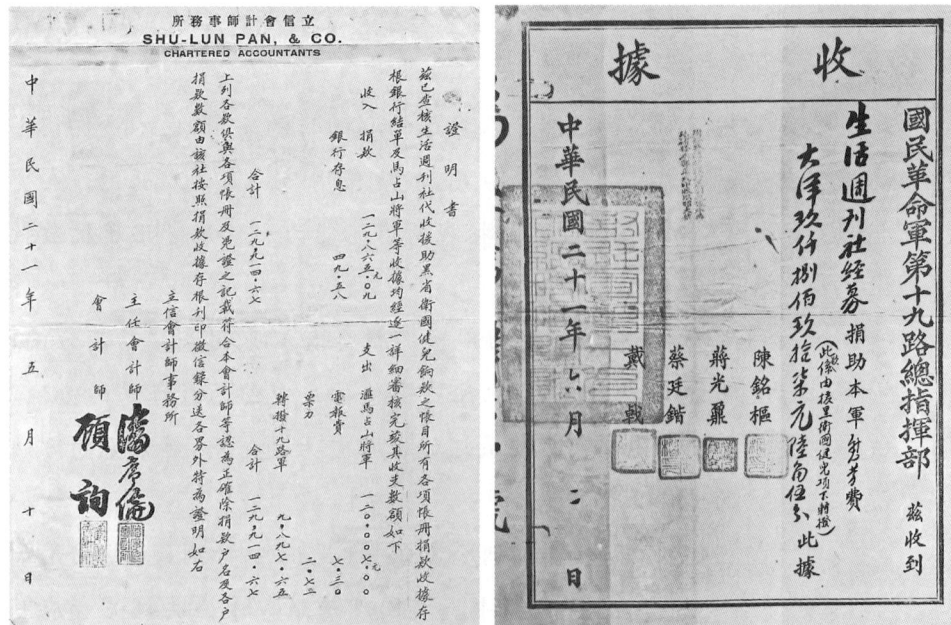

援助东北义勇军和十九路军证明书

以后,便不得不暂离我所爱的职务而作欧洲之游。……自九一八国难发生以来,我竭尽我的心力,随同全国同胞共赴国难;一面尽量运用我的笔杆,为国难尽一部分宣传和研讨的责任,一面也尽量运用我的微力,参加救国运动。

十几年来在舆论界困知勉行的我,时刻感念的是许多指导我的师友,许多赞助我的同人,无量数的同情我的读者好友;我常自策勉,认为报答这样的深情厚惠于万一的途径,是要把在社会上所获得的信用,完全用在为大众谋福利的方面去。我深刻地知道,社会上所给我的信用,绝对不是我个人所造成的,是我的许多师友、许多同人以及无量数的读者好友直接间接所共同造成的。因此也可以说,我在社会上的信用不只是我的信用,也是许多师友、许多同人乃至无量数的读者好友所共有的。我应该尽善地运用这种信用,这不只是对我自己应负的责任，也是对许多师友、许多同人乃至对无量数的读者好友所应负的责任。

我这信用绝对不为着我个人自己的私的目的而用，也不被任何个人或任何党派为着私的目的所利用，我这信用只许为大众而用。在现阶段，我所常常考虑的是：怎样把我所有的能力和信用运用于抗敌救亡的工作？

我生平没有私仇，但是因为现实的社会既有光明和黑暗两方面，你要立于光明方面，黑暗方面往往要中伤你。中伤的最容易的办法，是破坏你在社会上的信用。要破坏你在社会上的信用，最常见的方法是在金钱方面造你的谣言。

我主持任何机关，经手任何公款，对于账目都特别谨慎；无论如何，必须请会计师查账，得到证书。这固然是服务于公共机关者应有的职责，是很寻常的事情，本来是不值得提起的。我在这里所以还顺便提起的，因为要谈到社会上有些中伤的造谣阴谋，也许可供处世者避免陷害的参考。

也许诸君里面有许多人还记得，在马占山将军为抗敌救国血战嫩江的时候，《生活》周刊除在言论上大声疾呼，唤起民众共同奋斗外，并承国内外读者的踊跃输将，争先恐后地把捐款交给本刊汇齐汇寄前方。其中有一位"粤东女子"特捐所得遗产二万五千元，亲交给我收转。这样爱国的热诚和信任我们的深挚，使我们得到很深的感动。当时我们的周刊社的门口很小，热心的读者除邮汇捐款络绎不绝外，每天到门口来亲交捐款的，也挤得水泄不通；其中往往有卖菜的小贩和挑担的村夫，在柜台上伸手交着几只角子或几块大洋，使人看着发生深深的感动，永不能忘的深深的感动！当时我们的同事几于全体动员，收款的收款，算账的算账，忙得不得了，为着急于算清以便从早汇交前线的战士，我们往往延长办公时间到深夜。这次捐款

第五章　一代宗师的革命情缘

数量达十二万元,我们不但有细账,有收据,不但将捐款者的姓名公布(其先在本刊上公布,后来因人数太多,纸张所贴不资,特在"征信录"上全部公布,分寄各捐户),收据也制版公布,并且由会计师(潘序伦会计师)查账,认为无误,给与证明书公布。这在经手公款的人,手续上可说是应有尽有的了。但是后来仍有人用文字散布谣言,说我出国视察的费用是从捐款里括下来的!我前年回国后,听到这个消息,特把会计师所给的证明书制版,请律师(陈霆锐律师)再为登报宣布。但是仍有人故作怀疑的口吻,抹煞这铁一般的事实!这样不顾事实的行为,显然是存心要毁坏我在社会上的信用,但是终于因为我有铁据足以证明这是毁谤诬蔑,他们徒然"心劳日拙",并不能达到他们的目的。

我们只要自己脚跟立得稳,毁谤诬蔑,是不足畏的。①

邹韬奋在这里主张:"我主持任何机关,经手任何公款,对于账目都特别谨慎;无论如何,必须请会计师查账,得到证书。"这不啻是对潘序伦的会计师职业的充分理解与极大支持。

三、为《生活日报》献策

在新闻工作中,邹韬奋感到《生活》周刊的出版时间间隔较长,不能及时反映对重大时事问题的意见,很想办一份合于人民大众之需的日报。1932年3月,邹韬奋应读者建议开始筹办《生活日报》,邹韬奋与胡愈之、戈公振、李公朴、杜重远、毕云程等发起,由读者集资创办《生活日报》。当时办报须向国民政府上海市社会局登记注册,并相应成立股份公司。邹韬奋便委托潘序伦代理。这年3月,潘序伦

---

① 韬奋:《经历》,三联书店1979年版,第79—81页。

代拟了一份《生活日报股份两合公司章程》,刊登在《生活》周刊第7卷第12期上。不料,事情又有了变化,对公司的性质要作调整。8月,邹韬奋给潘序伦复了一封信,内称:

序伦我兄大鉴:

　　昨晚畅谈,无任快慰。关于《生活日报》股份,本定股份两合公司之章程,现拟改为有限公司,特行奉上,乞为依法修改。①

邹韬奋还在信中与潘序伦商讨了修正意见的细则。潘序伦接此信后,又忙碌不停,多次奔走,欲促成《生活日报》早日创刊。

邹韬奋以《生活》周刊名义公开招募股款,引起读者热烈反响,至9月中旬,不到半年就集资15万元,有2 000多人参与。但是,群众踊跃入股《生活日报》的盛况,吓坏了国民党当局,他们不准《生活日报》办理登记手续。潘序伦和邹韬奋的努力成了泡影,邹韬奋只好忍痛宣告《生活日报》在上海停办,后在香港择机创刊。

1932年4月2日,邹韬奋在《正在积极筹备中的生活日报》一文中提出,我们深信言论机关新闻事业非有独立的精神,决难始终维持其公正的态度。

面对国民党当局的拼命阻挠、百般刁难,邹韬奋并没有因此消极动摇,而是想方设法克服困难,在热心读者的多方面帮助下,他绕过军警特务的监视,利用铁路、轮船、民航等交通渠道,把《生活》周刊大捆大包运往各地,销量没有因为禁邮而大量降低,每期仍达15万份左右。

---

① 摘自上海市档案馆档案。

第五章 一代宗师的革命情缘

1932年年底,蒋介石把中华职业教育社负责人黄炎培叫到南京,要求《生活》周刊改变态度,拥护国民党政府,否则就要将其查封。经过大家商讨,为了不使黄炎培为难,邹韬奋决定:《生活》周刊与中华职业教育社脱离关系,成为一个独立的刊物,由他自己负责办下去,并在报上刊登了《生活》周刊社脱离中华职业教育社的启事。这样既保护了中华职业教育社,又有利于《生活》周刊的进一步发展。

这时,还有人暗示邹韬奋,国民党当局拟派人参加《生活》周刊以左右其言论,或出钱收买周刊。在一个接一个的压力面前,邹韬奋镇定自若,做好了"宁为玉碎,不为瓦全"的准备。他说:"本刊同人自痛遭无理压迫以来所始终自勉者:一为必挣扎至最后一步;二为保全人格报格而决不为不义屈。"①

1933年6月,国民党特务杀害了中国民权保障同盟②副会长兼总干事杨杏佛。邹韬奋也在当时流传的一份暗杀名单之中,他被迫舍家流亡海外。在英国,邹韬奋读到了马克思的著作,接受了马克思主义思想;在苏联,他进入莫斯科暑期大学学习,撰写了20余万字的文章,宣传苏联社会主义建设成就。他思考了中国的现实,认清了国民党消极抗日、积极反共的本质,感受到只有中国共产党才能救中国;在纽约,他向一位留美的中国共产党人,表达了加入中国共产党的愿望。

---

① 陈挥:《邹韬奋:大众文化先驱》,上海教育出版社1999年版,第126页。
② "中国民权保障同盟":1927年以后,蒋介石反动政权进行大规模的反共内战,并在全国各城市和农村中,残杀革命工农和知识分子。1932年,蔡元培(孑民)、宋庆龄、鲁迅、杨铨(杏佛)等在上海发起组织"中国民权保障同盟",进行保卫人民权利和营救被捕革命者的斗争。邹韬奋是同盟的负责人之一。1934年同盟的秘书长杨铨在上海被蒋介石的特务暗杀。邹韬奋也被列入黑名单,因此他被迫出国。

据曾在《生活》周刊社任职的陶亢德回忆：

邹韬奋先生的出国是被迫流亡，自九一八（事变）后，《生活》周刊猛烈抨击国民党反动派的不抵抗主义，大力号召对日抗战。《生活》周刊的销数的确突升飞跃，的确销到十多万份，超过了当时销数最多的日报《新闻报》。销数多当然影响大，但是《生活》周刊的影响，即使销数比《新闻报》少，也一定比《新闻报》大，看《新闻报》的读者只是看看罢了，它的主张（其实也可以说它并没有什么主张）和言论（它是有社论的）恐怕没有多少读者赞同，更不要说信仰拥护了。看《生活》周刊的读者可两样，他们大多数是细细看细细读，当作教导或指示的，这里我举一件事情，很可以作为对《生活》周刊抱什么态度的一例。《生活》周刊每星期六出版，在这一天的上午，总有一个年轻人骑自行车来社买去二三十本。我曾经问过他买这么多做什么用，他说是学生们需要。是哪种学生呢？不是大学生而是初中学生。他们爱读《生活》周刊，肯定是由于它的内容精彩，言论深得人心。《生活》周刊的销数增加，不是以低级趣味迎合有些读者的低级趣味的结果，而是以有趣味有价值的内容吸引了趣味不同的读者。你打开《生活》周刊的无论哪一期，决没有粗俗的文章，更不用说色情和凶杀的下流作品了。一期《生活》周刊的文章，邹韬奋先生除了撰写《小言论》外，还写几篇别的，特别是人物评述，可以说全是他的手笔。邹先生的文章格调并不太高，他的思想也不怎么高超（至少在全面抗战之前），但极诚恳亲切，公平正直，不亢不卑，合情合理，不冷嘲热讽，不尖酸刻薄，忠恕中庸，乐观和平。他的为人就是这样，文如其人，认识他的人没有一个说他不是好人，读他文章的人也就没有一个说它不是好文章。他的为人还有一个特点，就是不罔论人短，无论对什么人，他不抹杀这个人的优点长处，当然这是对一般人而论，对于大憝巨奸，他是口诛笔伐，绝不留情的。

　　《生活》周刊的深得人心影响广泛,还可以举一个例。那是在拟办《生活日报》招股时,我也帮着登记认股人的工作,在无数认股人中,我发现了一个我的远房姑父。这人年纪一定已过半百,生平以明哲保身不问世事一动不如一静少抛头露面著名,但《生活》周刊一招《生活日报》股本,他竟会前来认股,不怕上当受骗(像他这类人,最怕上当受骗的),足以反映《生活》周刊的信誉是多么深远,也就是邹韬奋先生的文章之多么深得人心。

　　《生活日报》的计划相当宏伟,内定的主要人员,有戈公振、胡愈之、李公朴、陈彬龢等,都是当时的俊彦。鉴于独办不成,还设法想和中华书局合营为两合公司,但也不为国民党反动派所允许。

　　《生活》周刊之与国民党反动派,可以说是冤家对头,即使不发生九一八事变,不是不抵抗主义,国民党反动派也会视《生活》周刊若肉中刺的,因为当时的国民党反动派已经贪污腐化入骨,为民喉舌激于义愤的邹韬奋不能缄默不言,例如对于王伯群的娶保志宁的铺张奢靡,就曾有专文记其事,予以严厉的抨击。

　　国民党反动派既然认为《生活》周刊是肉里的刺,当然极想拔掉它为快,反动派一步逼紧一步,终于下命令禁止邮寄。①

　　《生活》周刊坚定地站在普罗大众一边,敢于批评国民党的反动政策,因此,终究在1933年12月8日被国民党政府查封。当时正在英国考察的邹韬奋听到这一消息时非常激动地说:"我深信《生活》周刊的精神是永远存在的,因为它所反映的大众的意志和努力不是一

---

① 陶亢德:《我所认识的邹韬奋》,《陶庵回想录》,中华书局2022年版,第73—75页。

下子可以消灭的。"①

几经磨难,1936年6月7日,《生活日报》在香港面世,日销2万份;总共只出了55期,邹韬奋在上面发表了数十篇社论。

6月20日,他写下《关于〈生活日报〉问题的总答复》(21日发表在《生活日报星期增刊》第3号),他理想中的《生活日报》"是反映全国大众的实际生活的报纸""大众文化的最灵敏的触角""是五万万中国人(连国内国外的中国人合计)一天不可缺少的精神食粮",登载的消息都是"和人民大众有切身利害关系的一切东西"。他憧憬着有一天,《生活日报》在120层楼上办公,每天飞机送来各方面的专访通讯,短波无线电台接收几千万封的国际特约电讯,发行量达到500万份,平均每100人拥有1份《生活日报》,至少同时用多种文字、在全国10个地方出版。他的梦想在当时当然不可能实现,不到两个月,《生活日报》就停刊了。他把《生活日报星期增刊》改名《生活星期刊》,移到上海出版,但也只出了14期。②

第二节　与仁人志士同气相求

一、职业教育引路人和力行者：黄炎培、马寅初、章乃器

(一) 潘序伦与黄炎培：职业教育力行者

潘序伦的教育思想受益于黄炎培等人提倡的职业教育理论。在中国现代教育史上,黄炎培以首倡职业教育而著称。他数十年来不

---

① 陈挥:《邹韬奋:大众文化先驱》,上海教育出版社1999年版,第127页。
② 傅国涌:《追寻失去的传统》,湖南文艺出版社2004年版,第248—249页。

仅身体力行，坚持实践，创办了中华职业教育社，开拓发展了职业教育事业，而且对职业教育理论进行潜心研究，写下许多论著，形成了颇有体系的职业教育思想。

黄炎培和潘序伦既有师生之谊，又有同道之好。1979年潘序伦写道："我从1927年起开始执行会计师业务，成立立信会计师事务所，翌年又创设了立信会计学校。我们采取的教育方针与方法，可以说完全照搬了中华职业学校的教育方针与方法。立信会计学校在25年的时间内，训练了10万人以上的各级学生，这是以中华职业学校为榜样所取得的成就。"[1]循着潘序伦本人的这一段自述，再看黄炎培、潘序伦两人的师承关系和著述实践，并把立信会计学校和中华职业教育社在实施职业教育方面的许多措施加以比较，我们可以推断，黄炎培和潘序伦的教育思想存在着前后相通的内在联系。

黄炎培（1878—1965），是中国近现代著名爱国民主人士、教育家，早年在家乡任塾师，后中举人。他于1901年考入上海南洋公学特班，受业于蔡元培，1905年秋加入同盟会。辛亥革命后，黄炎培任江苏都督府教育司司长。1913年6月，他为中华民国教育部课程标准起草委员会委员，发表《学校教育采用实用主义之商榷》一文，首倡教育与学生生活、学校与社会实际相联系的实用主义。1917年他联合社会各界知名人士在上海发起成立中华职业教育社，这是中国第一个以研究、提倡、试验、推广职业教育为宗旨的全国性教育团体。

1908年，黄炎培任上海浦东中学校长。是年，潘序伦15岁，小学毕业，闻悉浦东中学的黄校长对学生德、智、体三育的训练极为严格，便前往报名应试，经录取成为该校的一名学生。由此，黄炎培与潘序

---

[1] 潘序伦：《中华职业学校是我办学的榜样》，《社史资料选辑》第1辑，中华职业教育社1983年版，第149页。

伦结下了师生情谊。黄炎培亲自担任修身课教师,"讲课时,讲得有声有色,富有兴趣,发人深思,学生认为是难得的乐事。任师(黄炎培号任之——引者)真是一位教育家和心理家,我们和他谈话,如见到了严父,又如遇着了慈母"[①]。对此,潘序伦在晚年还记忆犹新。

潘序伦学习认真,成绩优异,特别是语文写作畅达的文笔,深得黄老师的赞许。

1919年,潘序伦立志出国深造,为学好英语,他找黄炎培寻指导,黄炎培为他修书介绍,才使潘序伦得以进入圣约翰大学就读。一年半后,潘序伦正式毕业,获得文学士学位。

1921年,南洋兄弟烟草公司创办人简照南有志助学,委托黄炎培代为招考赴英美的留学生。潘序伦以应试第一名的成绩被录取,赴美留学,最终取得哥伦比亚大学政治经济学博士学位。饮水思源,潘序伦对这总是心中萦怀、无时或忘的。

1924年,潘序伦回国,在大学任教职时,黄炎培就聘任他担任中华职业教育社董事监事、职业指导部顾问兼中华职业学校常务董事。

1926年,潘序伦与王志莘设立"思源助学基金",原本敦请黄炎培出任基金董事,但由于黄炎培社务繁忙,后改请中华职业教育社总干事江恒源担任。

潘序伦对黄炎培的谆谆教导和热心助学心怀感恩,为此,他对在中华职业教育社所兼的一些工作也很认真负责。其中在职业指导工作中,潘序伦多次出席中华职业教育社职业指导部的顾问会议,他认为,职业指导是沟通教育与职业的一个重要环节,职业指导可以使青年学生对社会各种职业要求有确切的认识和了解。其间,他还作过

[①] 潘序伦:《缅怀黄任之老师》,《社史资料选辑》第1辑,中华职业教育社1983年版,第137页。

以"会计职业指导"为题的演讲,认为根据会计工作者所担任的职务、所处地位,可分为簿记员、会计员、会计主任和会计师四类,四类人员必须具备的品德、业务能力、管理水平和学识经验等有不同要求,提出什么岗位需要什么样的人员素质,以及本人所具备的条件来选择怎样合适的工作。由此可见,做好会计职业指导也必须因岗位不同而选用不同的人员,根据本身实际条件来选择适合自己的工作,这样才能各得其所,发挥所长。

潘序伦创办立信会计专科学校后,聘黄炎培出任教授,讲授国文和中国文学史等课程。

由上述简要回顾可见,黄炎培与潘序伦的师生关系是非常密切的。对他们两人对中国职业教育的贡献,专家学者已有评价。徐立元评论道,可以说在(20世纪)20—40年代,中华职业教育社及其所举办的各级各类的职业学校和各种办学形式的立信会计学校是我国职业教育两支突起的异军。黄炎培和潘序伦虽有先后,但是同道而齐驱。前者开辟了职业教育更广阔的天地,后者在一门学科的专业范围,创兴拓展,惨淡经营,取得了丰硕的成果,为我国职业教育谱写了光辉的篇章。[①]

黄炎培职业教育的思想核心是教育必须与职业沟通。他认为:职业教育,以广义言之,凡教育皆含职业之意味。盖教育云者,固授人以学识、技能而使之能生存于世界也。若以狭义言,则仅以讲求实用之知能者为限,亦犹实业教育也。惟实业教育,兼含研究学说之意味。而职业教育,则专重实用,纯为生活起见。[②] 黄炎培起草的中华职业教育社宗旨,1917年在《东方杂志》和《教育杂志》上同时发表,提出宗旨凡三:为个人谋生之准备,一也;为个人服务社会之准备,

---

① 徐立元:《黄炎培与潘序伦》,《立信学刊》1989年第2期。
② 黄炎培:《职业教育》,《黄炎培教育文选》,上海教育出版社1985年版,第44页。

二也;为世界国家增进生产力之准备,三也。后来,他又把这个宗旨概括为两句话:"使无业者有业,使有业者乐业"。值得注意的是,黄炎培理想中的职业教育,是其"办成一种民主化、科学化、实用化的教育,这种教育应该把学生培养成崇尚民主平等,热爱劳动并乐于为群众服务的人,同时这种教育还应教会学生一两种确实能为社会'生利'的劳动技能"①,据此,他认定职业教育是解决社会国家最困难的生计问题的唯一途径。

黄炎培职业教育思想有着丰富的内涵,给潘序伦等许多追随者以启迪,激励着他们积极探索适应社会的职业教育。

黄炎培和潘序伦虽经历不同,但在为国为民立志服务社会,办职业教育上确有很多相似之处。

他们立志办职业教育,献身于教育事业,为国家为社会积极培养人才。

黄炎培认为,要想使自己的祖国摆脱帝国主义的奴役和掠夺,真正站立起来,只有唤起民众,而要人民大众真正地觉醒,就必须要从提高人民大众知识水平的教育入手。因此,他殷切希望通过教育来拯救多灾多难的祖国。为此,他在 1923 年就先着手在中华职业学校内开立业余补习学校,后又开设工商补习夜校。

潘序伦在中华职业教育社工作的实践中,对黄炎培的职业教育思想有着极为深切的感受。黄炎培对创设职业教育以提高职工文化和业务技术水平,进而促进经济事业发展抱有极大热忱。素有"实业救国"和"教育救国"夙愿的潘序伦,为了更好地推进我国工商业的发展,深切地感到会计是经济管理中不可缺少的一种工具。1927 年,

---

① 黄嘉树:《中华职业教育社史稿》,陕西人民教育出版社 1987 年版,第 30—31 页。

第五章 一代宗师的革命情缘

以发展中国会计实业为己任的潘序伦婉辞了大学教职,在上海爱多亚路(今延安东路)139号设立了会计师事务所,开始执行会计师业务,决定一心一意为发展中国会计事业而奋斗终生。

在立信会计师事务所业务发展中,有不少单位希望事务所代为培训具备新式会计知识和技能的会计人员,潘序伦就将一些学习会计的青年职工集中起来加以训练,利用事务所下班后的办公室作课堂开设一个簿记班以传授新式簿记知识和技能,由事务所在职会计师担任教师,这就是立信会计教育事业的开端。

中华职业学校和立信会计学校建立时,黄炎培和潘序伦均为筹集资金而费尽心机。1941年,太平洋战争爆发后,日军占领租界,在敌伪严令下上海各单位必须向日伪政府登记,立信会计学校和中华职业学校均坚决拒绝登记,中华职业学校改名为"工商习艺所",立信会计学校改名为"明信会计学校"仍照常上课。

中华职业教育社和各校校舍还被查抄,有些房产还被日军占用。潘序伦在上海所购置校址也不能动用,也只得用掩护办法——轮流学科班次在立信会计补习学校所在地上课。

内迁重庆的中华职业学校和立信会计学校一样,经常遭到日机轮番滥炸滋扰。面对资金、校舍、教育用书等问题,在这样举步维艰、遍地荆棘的环境下,他们的职业教育事业不但没有被摧垮,反而是迎难而上。

几十年来,由于毕生致力于倡导职业教育和坚持真理、勇于斗争,黄炎培和潘序伦两人结下了亲密的师生友谊。

1965年,黄炎培逝世,潘序伦撰写了《缅怀黄任之老师》等数篇文章,寄托沉痛的哀思及对恩师"永久不忘的心意"。

1985年潘序伦逝世,中华职业教育社三位领导胡厥文、孙起孟、王艮仲联名唁电,盛称"序伦先生致力职业教育事业,鞠躬尽瘁,功在国家"。中华职业学校上海校友会(潘序伦是该校校友会名誉会长之一)致挽联"忆当年与黄公首创职校,泽施化雨;悲此日留青史永怀会德,泪洒秋风"。这是对潘序伦的高度赞誉,也充分说明黄炎培和潘序伦发展职业教育的功绩是密切联系的。

(二)潘序伦与马寅初:"公之斯文若元气,先时已入人肝脾"

校舍、教材问题解决以后,为了保证教育质量,还必须聘请高水平的师资和编制高质量的教学计划。著名的经济学家、教育家马寅初就是潘序伦亲自请来的名师。

马寅初(1882—1982),浙江嵊县人,是我国现代经济学家、教育家、人口学家。马寅初于 1901 年考入天津北洋大学选学矿冶专业,1906 年赴美国留学。1915 年回国,先后在北洋政府财政部当职员,在北京大学担任经济学教授,1919 年任北京大学第一任教务长,1927 年到浙江财务学校任教,1928 年任国民党南京政府立法委员,1929 年后出任国民党南京政府立法院财政委员会委员长,兼任南京中央大学、陆军大学和上海交通大学教授。1938 年年初,任重庆大学商学院院长兼教授。1940 年 12 月 6 日被蒋介石逮捕。1946 年 9 月,到上海私立中华工商专科学校任教。1949 年 8 月,出任浙江大学校长,并先后兼任中央人民政府委员、中央财经委员会副主任、华东军政委员会副主任等职。1951 年任北京大学校长。1960 年 1 月 4 日,因发表《新人口论》被迫辞去北京大学校长职务。1979 年 9 月,平反后担任北京大学名誉校长,并重新当选为第五届全国人民代表大会常务委员会委员。1981 年 2 月,当选为中国人口学会名誉会长。1981 年 3 月,当选为中国经济学团体联合会第一届理事会顾问。1982 年 5 月 10 日因病逝世。

第五章 一代宗师的革命情缘

马寅初和潘序伦曾经先后就读于美国哥伦比亚大学,是校友。马寅初年长11岁,1914年以《纽约的财政》论文获该校博士学位。他们两位均为"旧中国仅有的在美国取得经济学博士的少数几位中的一个"(杨纪琬语),学识渊博,见地颇深。

两人先后回国,在国内经济领域发挥才能,潘序伦创办了立信会计师事务所和立信会计专科学校,对中国的会计事业建树颇多;马寅初在20世纪20年代后期,倡议成立"中国经济学社",自任会长,并邀请潘序伦出任常务理事。学社的常务会议,多次假座潘序伦在上海霞飞路(今淮海中路)的寓所以及在重庆的立信校舍召开,两人过从甚密。1927年后,马寅初常对国民政府财政政策提出质疑,潘序伦则以知名会计师的身份加以响应。

对中国经济学社当年的活动,据潘序伦后来回忆:

> 马老长我11岁……马老在1916年,就担任了北京大学的教授,而我那时还是上海浦东中学的学生。按照这样的资历,我应当算在马老的徒子徒孙之列,可是我后来竟与马老以"老兄""老弟"相称,则因我们在解放前的"中国经济学社"中,他是社长,我忝被推举为常务理事。马老那时任国民党政府立法院的经济委员会委员长,而任学社的副社长的黎照寰是上海交通大学校长,还有好几位理事,如金国宝、李权时、章乃器等都在上海任大学教授或银行经理。我当时也已担任了马老与国立东南大学校长郭秉文合办的上海商科大学的教务主任,以及那时办在上海的国立暨南大学所附设的商学院院长,因之中国经济学社社长马老为上海理事们的便利起见,经常把"中国经济学社"的常会(放)在上海举行,有好几次就在上海淮海中路(那时是法租界的霞飞路)1285弄17号我的寓所内举行。由于社内同是理事的关系,我就大

胆地与马老以兄弟相称起来了。旧中国经济学社的理事,除上述在沪各理事外,还有担任前国民政府主计处统计局局长的刘大钧,担任立法院财政委员会委员长的陈长蘅(闻还健在,住在上海)以及立法院立法委员卫挺生等。至于理事会章程和社员名单等,则我家已无卷可查,我也年老健忘,记忆不清了。我今天记忆犹新的事是旧中国经济学社的社员常年大会。马社长对于社员年会的举行总是亲身尽力布置。据我记忆所及,年会曾先后在山东济南、广东广州和湖南长沙等地举行。参加社员大会的社员每次都有一二百人,除在会各自宣读经济学方面的论文而外,马社长还领导了社员们到当地参观考察,也总受到当地政府和社会知名人士的热情招待。①

抗日战争全面爆发后,马寅初与潘序伦先后来到当时的陪都重庆,马寅初出任重庆大学商学院院长时,聘请潘序伦兼任教授,去该校作过几次关于会计问题的讲演。

潘序伦说理缜密,深入浅出,对西方的税收、经济政策提出自己的观点,深受同学们的欢迎。潘序伦在重庆致力于发展会计事业。后来由于日军的飞机昼夜轰炸重庆,马寅初只得迁居歌乐山,潘序伦亦因身患伤寒症,住进歌乐山医院治疗。马寅初夫妇时常至医院探视,他们友谊甚笃。对此,在潘序伦的笔下不乏温馨:"我那时患了严重的斑症伤寒,住在歌乐山医院治疗。马老和马嫂经常到医院里来探望我,并知我生平有爱猫之癖,送来一只小花猫供我消遣,这样,我和我妻张蕙生与马老伉俪的私人情感更进一步了。"②

---

① 潘序伦:《对马寅老生平的认识及点滴回忆》,《潘序伦文集》,立信会计出版社 2008 年版,第 532 页。
② 潘序伦:《对马寅老生平的认识及点滴回忆》,《潘序伦文集》,立信会计出版社 2008 年版,第 533 页。

第五章 一代宗师的革命情缘

马寅初与潘序伦一样，都是具有坚强意志的真正爱国知识分子。马寅初从经济学家的立场，抨击战时"四大家族"大发国难财，公开演说应先征孔、宋等豪门贵族的"临时财产税"，把这些不义之财充作抗战经费，反对用租税、公债、通货膨胀等办法来搜刮民脂民膏。1940年10月20日，马寅初在《时事类编特刊》第57期上发表《对发国难财者征收临时财产税为我国财政与金融唯一的出路》，严正指出：

> 抗战到底为政府基本国策之一。惟战时财政收支不敷甚巨，端赖法币以为挹注，至法币之发行日多，价值日跌，物价日涨。物价既涨，各方所感觉者，为法币不够用，政府预算不敷尤甚。于是再增发法币，物价更涨，预算更不足，更有增发法币之必要，几成通货之恶性循环，无法驾驭，币值既继续下跌，物价继续上涨。上海游资买卖外汇与外汇套利等投机交易获利自然甚大；华侨资本家对于法币前途深怀疑惧；外国资本家亦裹足不前；内地资本家则尽用于囤积货物；其不用于囤货者则多逃往外国银行，致成西南经济建设之重大障碍。惟一解救办法，即为余所主张之资本税，倘能实行资本税，则(1)战时财政问题可以解决，继续抗战不怕无钱；(2)法币不再膨胀，价值稳定，人心安定，法币整理，易于解决；(3)法币价值稳定，物价问题可以解决；(4)币值稳定，物价稳定，则投机原因去其大半。上海之外汇买卖，外汇套利，外国股票与物品之买卖，法币与汇价之差别，内地商民之囤积货物等现象，皆可除去，投机之资金逐渐转移于投资。侨胞自能踊跃汇款，外国人之顾虑亦少。从前逃出之资金，亦能逐渐逃回，则全国经济建设不难迅速进行。诚一举而数善备也。……对于利用政治力量而发国难财者，尤应雷厉风行。他们所得的不义之财，应全部予以没收，以昭信国人，商民则取半数，此种租税名义上只取之于发国难财

者,发国难财者不外榨取自一般消费者,故实际之负担者,仍不外一般国民,羊毛出在羊身上,岂有天外飞来者乎?惟众多国民之资金,既为少数发国难财者所聚敛,政府再向此少数人征收其资本税,较之向一般国民征收,其轻重难易,相去远矣。故征收资本税实为经济建设与继续抗战之先决条件。苟能如此,方符有钱出钱,有力出力之旨。①

抗战期间,马寅初经常在重庆大学商学院大礼堂发表演讲,抨击国民党腐败政治和四大家族,一时间十分出名。

上述文章发表不久,1940年11月24日,马寅初又应重庆大学经济研究社邀请演讲"我们要发国难财的人拿出钱来收回膨胀的纸币"(又名"在重庆大学经济研究室的讲演"),李亦民笔记。马寅初说:"我们的抗战,中等人出钱,下等人出力。至于有钱的上等人呢?既未出钱,又未出力,反而发了国难财。今日的中国还是私产制的国家,商人投资获利是合法的,当然未可□资;可是现在更有上上等的人出来利用政治力量做生意,大发横财,伤天害理,莫过于此!"②这时,大礼堂内外是一片长时间的热烈掌声。马寅初望了望大家,又说:"但我知道有些人,就是掌财政之枢纽、执金融之牛耳的几个大财神,他们是绝对不会同意的。非但不会同意,还要想尽办法出来阻挠。前些日子,蒋委员长要我去见他,他为什么不来见我呢?在南京的时候,我教过他的书,难道学生就见不得老师吗?他不敢来见我,就是害怕我的主张。有人说,他是'民族英雄',我看只能算是个家族英雄,因为他庇护的只是他的亲戚家族。他们用租税、公债和通货膨胀三种方法,刮尽了天下的民脂民膏,甚至连他们子子孙孙的棺材钱

---

① 马寅初:《马寅初演讲与论文集》,北京大学出版社2005年版,第113页。
② 徐斌、马大成:《马寅初年谱长编》,商务印书馆2012年版,第372页。

都捞足了，哪里还管老百姓的死活！"

马寅初讲到这里义愤填膺，怒不可遏地望着台下说："我知道，在人群里边就有特务，他们的枪口也许正对着我呢。要开枪，你们就冲着我的胸膛开吧！我已经是快六十岁的人了，今天我死了，也不算短寿。记得谭嗣同先生说过，未有变法而不流血的，今日请自嗣同始。我马某人愿效谭嗣同先生，可以毫不惭愧地说，我自横刀向天笑！为了抗战，英勇的数十万将士在前方流血牺牲，我们文人在后方无所贡献，也应当不惜死于后方，把应该说的话都大胆地说出来。朋友们，我这次演讲之后，很可能没有机会再出来公开演讲了。因此，我特地把我的妻子儿女都带了来。如果我惨遭毒手，也让他们知道我是怎么死的，从而把我今天讲的话，当作赠给他们的一笔遗产！"马寅初用滚烫的热血作燃料而点起火焰，台下的掌声和口号声像大海的怒涛，一浪高过一浪地狂卷着，激荡着，猛烈地震撼着巴山蜀水、雾都山城。一个人，言人之言者易，言人之所欲言者难，而言人之所不敢言者，就更难了。马老在那迷雾沉沉的国统区里，大义凛然地站出来为民请命，勇敢地说出人们憋在肚子里的话，是何等非凡的举动！他向山城所投下的这把火，人们完全可以预想得到，它将会产生什么样的轰鸣与反响！①

马寅初的演讲赢得了阵阵春雷般的掌声，使混在台下的特务不敢贸然下手。国民党当局大为震惊，连连派人去与马寅初"交谈"，以高官、美金为诱饵，劝他不要再发表此类演说，但马寅初一一严词拒绝。后来蒋介石亲自派人去请他，都碰了钉子。

1940年12月6日，蒋介石下令国民党当局将马寅初扣押起来。

---

① 邓加荣：《我国经济学泰斗马寅初》，中国金融出版社2006年版，第108—109页。

马寅初先被关押在贵州息烽，后又移羁江西上饶。对此，潘序伦异常气愤，就不再到重庆大学授课，以示抗议。

潘序伦写信给重庆大学商学院说："本人事忙，不能再来重大，讲课费全部捐赠商学院学生会。"

这时，社会各界发起了营救马寅初的活动，《新华日报》还发了消息。1941年农历五月初九是马寅初六十寿辰，重庆大学学生决定提前举行祝寿大会，声援马师。3月30日"遥祝马寅初六十寿辰"的活动顺利举行，周恩来、董必武、邓颖超送了寿联，上书"桃李增华，坐帐无鹤；琴书作伴，支床有龟"。潘序伦也参加了这一祝寿会。会后，大家踊跃捐款，决定在校园内建造"寅初亭"，以资纪念，而捐款最多者便是潘序伦。

1942年8月，国民党当局迫于各方压力，终于释放马寅初，但仍继续迫害他，强令各大学不准聘其任教。据记载，马寅初"八月二十四日，返回重庆歌乐山大木鱼堡五号家中，但人身自由仍受限制。规定外出须经歌乐山警察局批准"①。

而潘序伦不顾国民党当局的淫威，独自敦请马寅初到"立信"上课，并让他带其子女一起住在北碚校内。

国民政府教育当局获悉此事，向潘序伦提出警告，要他立即解聘马寅初，否则后果自负。但是，潘序伦据理力争，称："立信者，立信于人也。既已下聘书，就不能无故解聘。"

潘序伦将这无理要求顶了回去，保护了马寅初。

潘序伦与马寅初风雨同舟，将永载史册。这里不妨摘引潘序伦自己的叙述：

---

① 徐斌、马大成：《马寅初年谱长编》，商务印书馆2012年版，第380页。

第五章 一代宗师的革命情缘

马老在重大任教时，就对蒋介石法西斯政权和四大家庭大发国难财等危害国家命运之事，公开发表严厉的指责，因之不久就受到国民党反动政权的逮捕，辗转被送到江西和贵州某地集中营，我夫妻听到这种残酷消息，心中悲愤交集。到了1942年夏，国民党受到了那时民主运动的压力，不能不把他释放，但不仅在政治上而且在经济上断绝他当教授写文章的一切可能性。我因他仍住在歌乐山，可能很不安全，国立大学不敢请教他了，他家庭的经济生活一度陷于困境。我也略有一点不畏强暴的气概，敢于聘请他到我所创办的北碚私立立信会计专科学校担任财经教授，并请他带领子女一同在风景秀丽著名的北碚我校校舍居住。这样过了两年，被那时设在离北碚数十里青木关的国民党政府教育部部长C.C.头领陈立夫所知悉了。他以教育部指令，命我去教育部见他。我去见他后，他用威胁的口吻，命令我立刻辞去马老在我校教授职务。我回校后用啼笑皆非的声音告诉了马老，他一笑置之。那时已是1945年的5月，日寇已有无条件投降之讯，因之我也不以陈立夫的指令为意。果然不到8月，日本宣布无条件投降，我于9月8日乘美国的第一班到上海来接管日军投降的军用飞机回到上海，马老也就回到了上海。

到今天，北碚立信会计专科学校的毕业生，大都成为服务于"四化"的骨干分子。他们和我、我妻张蕙生，以及钱素君、管锦康诸位老师相见时，还经常谈起听到了我国经济学界巨星马老的讲演和授课，大家津津乐道，引以为终生莫大的荣幸。我也认为我校是大专院校里的一只小卒，能与全国第一学府北京大学同样亲身受到马老的教诲，难道不也是我终生的荣幸吗?![1]

---

[1] 潘序伦：《对马寅老生平的认识及点滴回忆》，《潘序伦文集》，立信会计出版社2008年版，第533—534页。

马寅初在立信讲授的是经济与哲学课程，他讲课不用教材，只手持教学大纲，全凭口讲板书，由秘书替他记笔记。他理论联系实际，临时发挥很灵活。这份讲稿后来改编成经济学著作，由立信会计图书用品社出版发行，流传颇广。①

《光明日报》著名记者邓加荣在《我国经济学泰斗马寅初》一书中这样写道："以后重庆大学同学又几次地向当局提出申请，要求恢复马老商学院院长的职务回到重庆大学给学生们讲课，都遭到当局的严厉拒绝。后来我国著名会计学家潘序伦先生请马老到他所经办的私立立信会计专科学校去教课，潘老说：'我不怕，他下的条令是不准到国立高校去任教，我这里是私立的，与他们的国立无关。'为着生活所计，马老到立信会计学校任教，讲授经济与哲学这门他专门开立的课，很受学生们的喜爱。周围学校来旁听的人也甚多。可惜为时不久又为当局所发现，时任（国民政府）教育部长的陈立夫专门下令把潘序伦找去，让他马上将马寅初在立信会计专科学校的职务免去。很明显，他们是想尽办法要把马寅初困住、囚住、封锁住。意思是，虽然现在我们把你放出来了，但是要切断你与外面的一切交往，群众经常听不到你的演讲，报纸上经常看不到你的文章，你再有天大的本事，也休想兴风作浪了！马老伫立在自家门前，望着烟雨黄昏中渐渐模糊起来的苍山影子，心中百感交集。他像久困在厩中的一匹烈马，真想仰天长啸几声。然而天空竟是那样的阴森黑沉，那样的雾气蒙蒙，几声长啸又有何用？能让石破天惊吗？他不得不又默默地走回屋内。"②

对潘序伦邀请上课，马寅初还是非常感激的。后来，他对人说：

---

① 向江南：《马寅初别开生面讲经济》，《立信校友通讯》1990年11月15日。
② 邓加荣：《我国经济学泰斗马寅初》，中国金融出版社2006年版，第138页。

"潘序伦对开拓中国新式会计有功,不要说来教书,就是要我替他倒夜壶,我也愿意。"可见,两位经济学家相交之深。据记载,马寅初经常拜访潘序伦,如1943年4月16日,马寅初"造访潘序伦"[①]。

潘序伦非常关心居住在北碚立信校舍的马寅初的生活起居,特意吩咐学校总务部门为马老置备了棉被等物品。马寅初住在学校二楼,潘序伦经常来看望,两人促膝长谈,就抗战时期的中国经济和教育问题交换意见。

学生在教室晚自习,不时传来打算盘的噼噼啪啪声。倾听着此起彼伏的清脆声音,马寅初感叹道:"这是立信会计专科学校特有的声音啊!"

潘序伦笑着说:"从1928年在上海开办立信会计补习学校,发展到今天的专科学校,立信培养了数以万计的打算盘人才,可谓是一路坎坷。"

马寅初说:"汉书《数术纪遗》写道,'珠算控带四时,经纬三才'。所谓经纬三才,乃天、地、人,立信会计为民族复兴培养数以万计的打算盘的理财人才,功莫大焉。只可惜,老夫没有把算盘在身边,不能加入这清脆声声的大合唱了。"

"这有何难,我即刻送来。"潘序伦立即起身,一会儿便把自己使用的一把算盘递给马寅初。

马寅初接过算盘,动作十分娴熟地掂了一掂,端详片刻,但见算盘木质坚硬凝重,色泽紫黑,手感温润,光滑如玉,是一把质地上乘的红木算盘。他把算盘放在桌上,轻轻地拨动算盘珠,抬起头来朗声道:"潘校长的算盘好啊,你我乃患难之交,你人好,算盘也是数一数

[①] 徐斌、马大成:《马寅初年谱长编》,商务印书馆2012年版,第386页。

二。"马寅初表示不能夺人所爱。

潘序伦笑道:"我在算盘堆里讨生活,一把算盘送给学长,乃聊表我的一点心意。"

盛情难却,马寅初笑道,恭敬不如从命,于是收下了这把算盘。直到1945年,马寅初才冲破了反动派的监视,获得了自由。马寅初把潘序伦送的这把算盘视若珍宝,一直携带在身边,直至来到北京。

新中国成立之初,中央财政经济委员会成立,政务院副总理陈云兼主任,马寅初任副主任。

马寅初在与陈云共事期间,见陈云在办公室里噼里啪啦地打算盘,叹服陈云这手过硬的理财硬功夫,但见陈云的算盘不仅陈旧,而且质量也不是太好,便想到潘序伦曾送给自己一把质量很好的硬木算盘。

马寅初从家中找出这把算盘,来到陈云的办公室表明心迹。陈云说:"马老,你的美意我心领了,这么好的算盘还是你留着自己用吧!"

马寅初说:"红粉送佳人,宝剑赠壮士。现在我已多日不用,送给您,让它发挥更大的作用吧!"

接着,马寅初把这把算盘的来由告诉陈云。

听完这个曲折的故事,陈云被故事主人公马寅初与潘序伦两位大师的友谊所感动。陈云是上海青浦人,对当年潘序伦办立信会计教育的传奇经历有所了解。于是,陈云收下了这件礼物,两人相对哈哈大笑。

"工欲善其事,必先利其器。"从此,陈云在办公室里用上了这把算盘,打起来更为得心应手。陈云为社会主义工业化和社会主义经济建设建立了丰功伟绩。潘序伦的这把算盘经转送成为老一辈无产阶级革命家使用的工具,确实发挥了更大的作用,是值得立信人自豪的一件往事。①

1949年后,潘序伦与马寅初两人在上海时时有来往,照应不断。

后因形势变故,两人均被错划为"右派",从此多年鱼雁不通。十年动乱期间,尽管他们处境维艰,但身在北京的马寅初还托人冒着风险到上海探望潘序伦。

马寅初以101岁高龄作古后,潘序伦不顾年迈体衰,多次呼吁尽快拍摄马寅初传记影片,他的倡议得到各界附和。②

(三)潘序伦与章乃器:"要做一个有良心的中国人!"

章乃器是闻名遐迩的"七君子"之一,是一身正气、敢于直言的爱国人士,也是我国著名的经济学家。潘序伦与他关系不错,早在中国征信所开办之初,他们俩便共事了。

20世纪20年代初期,当时各大银行放贷,一些工商企业不守信用,银行又缺乏深入细致的调查研究,致使呆账、坏账比比皆是。张嘉璈、李铭、陈光甫等资深银行家认识到,应该成立一家联合信用调查机构,为银行放贷把关,遂委派年轻有为的章乃器负责筹备。

章乃器并非科班出身,但凭借自身的勤奋努力,从练习生逐步升到银行高管,而且好学深思,是上海少有的金融理论家,当时担任浙江实业银行的副经理。该行为"南三行"之一,实力雄厚。

如前所述,直到1932年6月6日,中国征信所这家中国第一家独立的信用调查机构才正式成立。章乃器被选为董事长,而潘序伦是中国征信所的会计师。

随着抗日救亡运动兴起,1935年12月,爱国学生在北平发动

---

① 涂苏中:《一把算盘的故事》,《上海立信会计学院报》,2011年4月30日;又见朱坚强、何佩莉主编:《立信往事》,立信会计出版社2013年版,第147—149页。
② 罗银胜:《潘序伦与几位经济学家的交往》,《立信会计专科学校学报》1997年第1期。

一二·九运动。12月12日,在中共地下党的推动下,马相伯、沈钧儒、邹韬奋、陶行知、李公朴、金仲华、郑振铎等283人,签名发表了由章乃器起草的《上海文化界救国运动宣言》。21日上海妇女界救国会成立。27日上海文化界救国会成立。随后,学生、大学教授、职员、工人救国会先后成立。上海文化界救国会成立后,提出了"停止内战,一致对外"的政治主张,章乃器被选为执行委员。

章乃器才气逼人,救国会这一时期的文件和宣言,绝大部分是他起草的。国难当头,章乃器执笔的《上海文化界救国运动宣言》,以特有的政治敏感和知识分子"天下兴亡,匹夫有责"的正义感,振臂高呼:

> 国难日亟,东北四省沦亡之后,华北五省又在朝不保夕的危机之下了!"以土事敌,土不尽,敌不餍。"在这生死存亡间不容发的关头,负着指导社会使命的文化界,再也不能够苟且偷安,而应当立刻奋起,站在民众的前面而领导救国运动! ①

《上海文化界救国运动宣言》提出八项主张,指斥国民党政府对学生爱国运动的压制:

一、坚持领土和主权的完整,否认一切有损领土主权的条约和协定;

二、坚决反对在中国领土内以任何名义成立由外力策动的特殊行政组织;

三、坚决否认以地方事件解决东北问题和华北问题——这是整个的中国领土主权问题;

四、要求即日出兵讨伐冀东及东北伪组织;

---

① 章立凡:《章乃器文集》(下卷),华夏出版社1997年版,第169页。

五、要求用全国的兵力财力反抗敌人的侵略；

六、严惩一切卖国贼并抄没其财产；

七、要求人民结社、集会、言论、出版之自由；

八、全国民众立刻自动组织起来，采取有效的手段，贯彻我们的救国主张。①

1936年1月28日，上海各界救国联合会成立（"各救会"），推沈钧儒等为主席。5月31日，全国各界救国联合会（"全救会"）在上海成立，推宋庆龄、何香凝、沈钧儒、邹韬奋、马相伯、章乃器等40余人为执行委员。章乃器一直也是"各救会""全救会"的核心人物。

救国会参与领导的活动中，最有影响的是鲁迅先生的葬礼。由上海地下党安排，经许广平同意指派，四位救国会领袖沈钧儒、章乃器、邹韬奋和史良扶柩，灵柩上还覆盖了写着"民族魂"的旗帜，游行队伍达五六千人，十分轰动。

章乃器曾被人称为"宣言专家"，因为他下笔很快，据他晚年回忆："由于我出笔快，起草的任务就经常落到我的头上，因此便给我一个'宣言专家'的徽号。速度的确是很快的，一般的宣言，往往是边讨论边吃饭边起草，吃饭完了，休息一下，坐下来开会就传阅稿子，再讨论一下，修改一些文句，就通过了。当场就有人负担送印的任务，第二天就印出来了。我的稿子喜欢自己校，紧急的我就自己跑到印刷厂里去校。当时的印刷条件相当好。除了生活书店经常来往的几家印刷厂之外，我主管的中国征信所还有一个小型的印字房。几家事业企业动员一下油印，产量也不小。宣言印好后，按照议定的名单和

---

① 章立凡：《章乃器文集》（下卷），华夏出版社1997年版，第170页。

份数，从印刷厂直接发给各发行单位。"①这样，征信所成为救国会的一个重要据点。照章乃器的说法，"培养了一批爱国青年，而且还掩护了不少的革命干部"②。

章乃器在《我和救国会》中回忆了蒋介石曾召救国会领袖谈话，意在拉拢，但章乃器他们并不吃这一套，继续搞救亡运动。当时上海市长为吴铁城，此人资历很深，也是老同盟会会员。因为救国会在上海"闹得很凶"，吴铁城被蒋介石责骂，于是也请章乃器等人到市府吃饭谈话，同样不欢而散。吴铁城一通电话打给浙江实业银行董事长兼总经理李铭。李铭是章乃器的顶头上司，对章乃器的去留有决定权，章乃器也很听李铭的话。吴铁城威胁说："你们的银行不应该容留章乃器这样的人；不去掉章乃器，要对你们的银行不利！"③

李铭当即表示，章乃器未违反行规，不能无故辞退。放下电话后他与上海分行经理陈朵如商量，陈朵如说："国亡不存，何来个人幸福？"两人均认为爱国无罪，章乃器又是难得的金融干才，但为银行和个人安全起见，不妨先避避风头，送他出国一段时间，一切待遇从优。

李铭找章乃器谈话，委婉地说："银行决定出钱送你到英国去留学，这里的薪水照发给你家。你到英国去学习三五年回来，那时不但银行需要你，国家也需要你。"

章乃器不假思索地回答说："那还是让我辞职吧。我不能让银行受累，但也不能离开救国会，那是关系国家存亡的事业。"说完，他便立即要求办理辞职手续。李铭一再劝说，章乃器仍坚持己意。

---

① 章立凡：《章乃器文集》（下卷），华夏出版社1997年版，第631页。
② 章立凡：《章乃器文集》（下卷），华夏出版社1997年版，第637页。
③ 章立凡：《章乃器文集》（下卷），华夏出版社1997年版，第636页。

辞掉银行的职位,也等于辞去中国征信所的董事长职位,因为他是代表银行界管理这一征信机构的。比较起前者,章乃器更难以割舍后者。中国征信所具有开创性的意义,又是他一手创办起来的,当时已然成为金融界不可或缺的重要机构。他担任的中国征信所董事长一职,也被认为是金融界最重要的职位之一,比起上海浙江实业银行副经理一职,在金融界的影响更大。何况中国征信所本身的事业正蒸蒸日上,按章乃器自己的说法,"在我的领导下,它打垮了三家日本人的信用调查机构和一家美国人的信用调查机构,成为全国的独占事业"①。

尽管如此,章乃器没有犹豫,当场在银行内将辞职手续办妥,连家里都未来得及通知一声。章乃器后来说:"在那连生死都早已置之度外的高昂情绪下,丢了一个银行的'金饭碗'和一个留英的'镀金'机会,能算得什么呢?"②

好一个"舍生取义"的爱国斗士!一个真正"大写"的人!

潘序伦慧眼识珠,延聘章乃器到立信会计专科学校任教授。

在章乃器遗留下来的通讯录里,保存的他所交往的潘序伦的通信地址与联系电话,共有4处。据章乃器之子章立凡介绍:

在不少朋友眼中,旧通讯录也许是最无价值的"故纸",但我习惯于从中探颐索隐,串联起来寻找"残余价值"。

先父章乃器于抗战胜利后从重庆回到上海,从事民主运动,因而受到国民党当局的迫害,于1947年流亡香港。不久民盟在国民党政府的压迫下解散,各党派民主人士云集香港,政治活动十分活跃。翌

---

① 章立凡:《章乃器文集》(下卷),华夏出版社1997年版,第635—637页。
② 章立凡:《章乃器文集》(下卷),华夏出版社1997年版,第637页。

年圣诞节，父亲又应中共中央之邀，与李济深、茅盾、朱蕴山、彭泽民、马寅初、施复亮、孙起孟、柳亚子、翦伯赞、邓初民、王绍鳌等三十余位民主人士，在中共的秘密安排下，乘苏联货船"阿尔丹"号秘密北上，到北解放区参加新政治协商会议的筹备工作。

整理父亲留下的通讯录和笔记时发现，他详细记载了这一历史大变革时期各位朋友的住址和电话。其中有各党派的民主人士、文化人和企业家，也有中共的地下工作领导人等。他们当时的住址现在也许还有人知道，但电话号码恐怕是没有人会注意了。上面所有的人物大都已过世，通讯录已成"点鬼簿"，但似可为研究者梳理出一些历史人物和事的线索。特整理出来，以飨研究近现代史和地方志的朋友们，或许历史小说和剧本的朋友们也有用。①

潘序伦则位列这一通讯录的第一部分《沪上篇（附：南京）》，"抗战胜利后，各路人马纷纷从大后方'复员'，上海重新成为名人荟萃之地。劫后重逢，百废待兴，往来频繁，颇极一时之盛"：

	地　址	联系电话
潘序伦　住	霞飞路 1285 弄 17 号	70389
	蒲石路古拔路口杜美新村 22 号	79875
事务所	江西路 406 号	14550-19525
学　校	河南路宁波路口吉祥里 18 号	97866

1947 年春，潘序伦请章乃器教授立信的"商业通论"课。他的课排在最后的第三、第四节，授课切合实际，深入浅出，很受学生欢迎。

---

① 章立凡：《半个世纪前的名人通讯录》，《君子之交如水》，作家出版社 2007 年版，第 221 页。

第五章 一代宗师的革命情缘

据立信老校友姜新祥同学回忆,章乃器从日中为市讲起,条理分明,娓娓动听,他平日讲课顺章按节,慢条斯理,只讲课程内容,从不夹杂政治言论。只有一次经学生的强烈要求,提前结束讲课,即席作针砭时弊的讲话。讲话内容有些已经淡忘,而一句结束语则是"要做一个有良心的中国人!"金石铿锵,至今言犹在耳![①]

另一位老校友陆伯钊的印象则是,当时正值国民党发动内战占领延安趾高气扬之时,章乃器却冷静看待形势。每当讲课结束行将放学之际,就有同学请求章乃器谈谈时局。章乃器总是不顾夜深,不辞辛劳,据实分析,揭露国民党政府腐朽反动、祸国殃民的本质。虽然已经放学,兄弟班级同学下楼看见章乃器正在评论时政,都不愿离去,拥在教室里"旁听"。那门口简直里三层外三层水泄不通,一讲就至少延长一节课的时间。

其时在立信的讲坛上名师云集,立信老校友陆伯钊为我们勾勒了半个多世纪前名师授课的风采:"李正文教授任'工商管理'课是在1948年下半年,正是国民党政府'金圆券'大贬值,物价飞涨市场大溃败的'三大战役'前夕,上海白色恐怖气氛越来越紧张。李先生授课时却巧妙结合工商管理主题介绍苏联工商管理(苏联当时实行计划经济管理,制度严密,身处经济崩溃、物价飞涨、民不聊生境地的中国老百姓对其心生向往,尤其是介绍苏联银行储蓄所遍布城乡,人民存取方便、不会受损。在那个年代,敢于介绍苏联是很不容易的。)交大名教授王思立、祝百英的授课风采也令人印象深刻。王先生的'统计学'授课条理清晰,中英对照、图文并茂,深受同学欢迎。祝先生的'货币银行'课,一口宁波话讲得生动幽默,时不时引起同学笑声,还

[①] 姜新祥:《章乃器老师》,《立信校友通讯》,2005年10月20日。

未听够下课铃就响了,大家都依依不舍。"

陆伯钊深有感触:"58年过去了,除了上面提到的几位老师,还有许多老师的授课风采还深深留在我的脑海中。母校为我们聘请这么多的优秀老师,给我们专业知识,教我们分清是非,做一个真正的中国人。"①

二、中共党内的经济学家:顾准、黄逸峰

(一)潘序伦与顾准:两位大师的友谊

中国当代杰出的思想家、经济学家顾准(1915—1974),1927年进入潘序伦刚创办不久的潘序伦会计师事务所工作。这位1935年加入中国共产党、1940年参加新四军的老党员,在1949年新中国刚成立时出任华东军政委员会财政部副部长兼上海市财政局局长、税务局局长。

抗战期间,大器早成、英气逼人的顾准在险象环生的上海出生入死,从事党的地下斗争。他临危不惧,受命担任上海地下党职委书记、文委副书记。皖南事变后,顾准毅然放弃立信会计专科学校教授的优渥待遇,深入敌后,参加新四军的抗日斗争。

1927年夏,顾准从中华职业学校初中毕业后,因为家境清寒,无力继续承担学费,不得不中辍学业。这时,他由小学老师殷亚华推荐,并经已在银行供职的原就读的留云小学校长王志莘介绍,进入由潘序伦主持的会计师事务所当练习生。

进入潘序伦的会计师事务所是顾准人生中的一个重大事件,他从此走入了会计学这一领域,会计知识和职业给予他的不仅是职业

---

① 陆伯钊:《难忘名师授课的风采》,《立信校友通讯》,2005年7月27日。

和成就,还有行为方式和思维方法。年仅12岁的顾准开始了他的职业生活,开始了会计学的研究、教学和实务工作,从事会计学著作的写作,成为著名的会计学家,虽然这"并不是出于对会计学的爱好,纯粹是一种偶然的机缘"[①]。同时,他的学术造诣和成就也不仅限于会计学一个领域。

潘序伦早年复杂、坎坷和充满偶然性的人生经历,使他在待人处世方面具有相当的包容性。正因如此,只上过职校初中的顾准才有可能被潘序伦提携成为会计教员,各种不同的政治信念的人才有可能被潘序伦接纳为立信会计事业的成员。

从1927年至1940年,在这漫长的13年中,除少数一段时间,顾准一直在立信工作,与潘序伦结下深厚的友谊。顾准聪颖好学,勤奋努力,很快掌握会计学科这门知识。此外,潘序伦唯才是举,并不囿于世俗的偏见,拘泥什么学历、年龄等条件,对顾准大胆提拔、委以重任。从一个练习生开始,顾准很快崭露头角,成长为一个会计学者、教授、会计师,成为立信的骨干之一。他先后担任立信会计师事务所编译科副主任、函授部主任、夜校部主任、立信会计高级职业补习学校教师、事务所稽核员、立信会计专科学校教授等,并以此作为职业掩护,从事共产党的地下工作。

在潘序伦富有特色的、融会计教育、会计业务、图书出版于一体的立信会计事业的架构中,顾准既得益成才,也贡献殊多。对此,潘序伦在1983年还念念不忘地说:

  顾准同志在我国现代会计界中,可称为一个难得的人才。他天资

[①] 陈敏之:《顾准与会计学》,《读书》1984年第7期。

聪颖、才华出众,早在1927年就参加了我所创办的立信会计师事务所作一名练习生,当时只有十二三岁。他经过刻苦勤奋自学,掌握了会计这门科学,便在所编辑部工作和主编第一卷《立信会计季刊》四期(由立信同学会主办)。由于他讲解透彻,说理清楚,深得同学们的欢迎和爱戴。1934年商务印书馆出版他编著的《银行会计》,列为"大学丛书",他也开始登上大学的讲坛。以后又陆续写了不少有关会计的著作和论文,如与我合著的《中国政府会计制度》、《会计名辞汇译》(中英文对照)等,均有他独特的见解和大胆的探索,深为社会所称许和赞誉,我亦有所倚赖焉。①

事隔多年,潘、顾两人的友情并未因为岁月的流逝而消蚀,透过上述言语,人们仍能感受到潘序伦对顾准的"怀念和无限惋惜之情"。

立信是顾准人生旅途的重要驿站之一。立信是顾准成名成家的地方,同时也是他投身爱国救亡运动、参加革命工作、进行地下斗争的场所。对于顾准在立信的这段经历,他的胞弟陈敏之有一段平实中肯的论述,谨以录之:

> 顾准是在立信会计师事务所从一个少年成长为青年的,也是在这里从一个稚气未脱的孩子成长为一个会计学家的。在这14个年头中,顾准的成长可以分为两个方面:一方面,为了改善家庭的经济条件,他必须勤奋地学习和工作。通过刻苦自学,他很快从一个对现代会计学一无所知、所知不多的练习生,成为立信会计补习夜校的教师、会计学著作的著述者(20世纪30年代已有不少会计学著作出版,其中有些与他人合

---

① 潘序伦为顾准遗著《会计原理》一书所作的序言;《会计原理》,知识出版社(上海)1984年版。

第五章 一代宗师的革命情缘

著；有些未署自己的名；商务印书馆出版的、被列为"大学丛书"的《银行会计》就是1934年写成的），大学讲师、教授。另一方面，20世纪30年代初期，九一八事变、一·二八事件相继发生，当时国民党政府采取的民族投降主义，对日屈膝妥协，对内矢志剿共，震撼全国。亡国的现实危险，唤醒一代青年的民族觉悟。为了寻找救国救民的有效途径，顾准逐渐接受了马克思主义，并且采取实际行动，从组织马克思主义秘密小组——进社，到投身到革命的行列。他是一个会计学家，但同时又是一个共产党人。从事会计事业，当时在他不过是一种谋生的手段和从事革命活动的职业掩护，并不是他的人生目的，他的人生目的是实现革命理想。①

直至20世纪80年代，已届耄耋之年的潘序伦还记得："因为自己一心想为国家培养会计人才，对那些有志向、有作为的青年，我不管他们的政治倾向如何，总是爱护备至，不遗余力地加以培养。像顾准这样才华出众的人，他十九岁就受聘到沪江大学、圣约翰大学执教，在会计学术方面有很多的著作和译著，我曾一心打算培养他为立信会计事业的接班人。他在会计师事务所和学校工作期间，从事很紧张的革命活动，如参加'进社''中华民族武装自卫会''上海职业界救国会'等。我对他这些活动早有察觉，但从未干预过。"②其间，国民党上海市党部还曾经告诫潘序伦要"注意赤色分子的活动"，潘序伦明知顾准的"色彩"，然而他对国民党的警告却不予理睬。如果没有甘愿担当一定政治风险的勇气和胆识，是难以采取这种正义的态度的。③

---

① 陈敏之：《一件往事的追忆——纪念顾准逝世二十周年》，《上海会计》1995年第6期，第3页。
② 潘序伦：《潘序伦回忆录》，中国财政经济出版社1986年版，第45页。
③ 陈敏之：《会计事业的生命是无限的——庆贺潘序伦先生从事会计事业六十周年》，《犁地集》，学林出版社1994年版，第279页。

由此可见,顾准能够比较从容地从事地下革命活动,与潘序伦等人提供的条件是分不开的。后来,顾准在《顾准自述》中提到:

> 这三年中,社会职业生活安定,对我从事党的工作也有某些良好的作用。因为那时白天的办公时间只有六小时,办公时间还可以大量读报……实际上白天的写作,每天不过三四小时。中午休息的两小时,下午五点以后的全部时间都可以利用于参加会议和"碰头",有些党的工作需要写的公开文章,还可以在办公时间写。①

在立信的十多年,顾准的成长,他的著述教学、地下工作,可谓"双双夺冠"。特别是他在职业上的"向上"抑或成功,除了他个人的天分与勤奋,与潘序伦周全的呵护、奖掖以及所提供的得天独厚的条件不无关系。仅以版税为例,1940年7月去苏南参加新四军前夕,顾准查看立信会计师事务所编译科保存的商务印书馆历年版税清单,发现自己写作出版的著作为事务所创收版税多达10万法币以上,而当时上海高校的普通教授月收入不过两三百元而已。②

1940年7月,顾准辞别潘序伦,参加新四军。潘序伦很是惋惜,他回忆说:"时在1940年7月,我的学生顾准在上海立信会计师事务所和立信会计学校工作了十三年,突然向我辞职,声称会计工作本不是他的宿愿,他愿放弃了在我所每月三四百元银币的收入,到苏北去投奔陈毅老总的新四军干革命。"③

---

① 《顾准自述》手稿,第54页。
② 黄政维、杨雪:《顾准 历史尘封的会计传奇》,《中国会计报》2008年7月18日。
③ 潘序伦:《对马寅老生平的认识及点滴回忆》,《潘序伦文集》,立信会计出版社2008年版,第534页。

第五章 一代宗师的革命情缘

对顾准的这一行动，立信同仁震动极大，潘序伦亦竭力给予挽留。顾准离沪前夕，立信会计学校也举行了"送别仪式"。潘序伦把这一年夜校的毕业典礼搞得比往常隆重一些，讲话中暗示"欢送"顾准的意思，说着说着，潘序伦不禁潸然泪下。其时，潘序伦也已被悄然列入汪伪的黑名单，不时受到威胁诱降，他自知在上海待不下去了。果然在顾准走后不久，他就将立信迁至重庆去了。

抗日战争时期，顾准与远在重庆的潘序伦通信，潘序伦还汇款予以接济。上海解放初期，就任上海市财政局局长兼税务局局长的顾准代表陈毅市长、潘汉年副市长去探望潘序伦，以后又多次见面交谈，各自发表对祖国建设的真知灼见。

用潘序伦自己的话说，就是"到1949年5月上海解放，顾准随着陈老总到了上海，首先就来看我，要想给我以什么市人民代表的名义。我当时封建思想余毒很深，自己认为已一度做了国民党政府的高级官吏，不宜再去做再醮之妇，所以坚决拒绝，闭门在家专心从事会计编译工作"①。

顾准在中国科学院经济研究所的会计研究，是从掌握大量第一手材料，进行大量调查走访开始的。1962年，顾准打算深入基层考察会计工作的实际运作情况。他想到上海是自己比较熟悉的地方，师友众多，企业熟悉，到上海做这项工作，容易取得必要的帮助。所以他就在五六月份向所长孙冶方提出建议，到上海去一次。

20世纪50年代的顾准

---

① 潘序伦：《对马寅老生平的认识及点滴回忆》，《潘序伦文集》，立信会计出版社2008年版，第534页。

205

孙冶方当即同意了顾准的这一建议。顾准的上海之行,从9月至12月,在此期间,顾准见到他的老师潘序伦,向老师开口要些会计书籍。潘序伦非常喜欢自己的学生,就推说:"我现在根本什么书也用不着了。"潘序伦让顾准从他家所存的书中随便挑选。于是,顾准共挑了二三十本书,都是上海解放后两三年间潘序伦搞会计研究时置办的。后来,两人又多次会面,潘序伦积极支持顾准搞会计改革的研究工作。

4个月的上海调查研究工作很快便告结束了,顾准自认收获不小。他撰写了《会计原理》,书中主要介绍了借贷复式记账,企业会计的账户体系、凭证、账簿体系等,他对这些内容作了深入浅出的阐述。同时对20世纪60年代初期我国会计界所提出的几个理论问题的讨论,也提出了看法。

1983年10月潘序伦先生在耄耋之年为该书作序,给予很高的评价。他说:"这篇遗著虽属残卷,仍可独立成篇,编写方法也与众不同,以他一贯的严谨学风,运用马列主义观点,层层剖析,逐步深入,独创一格而不拘泥于习俗。例如,主张利息应列入成本,应从利润中支出;用数理矩阵方式,来说明复式簿记恒等原理;对借贷记账法和收付记账法问题,提出新的见解;又如对成本计算,应区分大中小企业,分别采用永续盘存制或实地盘存制,从实际出发,加以取舍;如此等等。许多有关会计理论和实务的问题,均具有独到的识见。"[①]1984年,该书以"新编立信会计丛书"的形式由知识出版社正式公开出版。

(二)潘序伦与黄逸峰:"我们两人还有雄心,为国为民,作出贡献"

黄逸峰(1906—1988),原名黄承镜,江苏东台人。他是中国共产

---

① 引自潘序伦为顾准遗著《会计原理》一书所作的序言。

党优秀党员,久经考验的忠诚的共产主义战士、著名社会科学家,曾任立信会计专科学校教授兼教务副主任,校务委员会主任等职务。

1924年,黄逸峰离开家乡到上海读书,先在中国公学大学部就读,1925年春考入复旦大学商学院。上海是全国工人运动的中心,黄逸峰在这里参加了震惊中外的五卅运动,加入中国共产主义青年团,同年10月转入中国共产党,并担任了复旦大学团支部书记。

1927年,黄逸峰参加了上海工人三次武装起义,担任中共上海市闸北区区委委员,并在第三次起义中掩护起义总指挥周恩来同志脱险。

大革命失败以后,黄逸峰受陈延年、赵世炎、王若飞的委派,先后担任中共南京地委书记和南通特委书记,领导党的地下工作和农民暴动。后来,他失去了与组织的联系。

1930年年底,黄逸峰被迫流亡暹罗(今泰国)。应那里的中华总商会的聘请,他在曼谷担任华侨新民学校的教务主任,还曾到新加坡华侨学校担任教师。1934年,他回到上海,到处寻找党组织,都未成功。他只得在京沪、沪杭甬铁路局做行车司事。

1935年夏,黄逸峰组织了"铁路青年社",社员多达400多人。他领导"铁路青年社"成立读书会,组织歌咏队,同时出版《铁路青年》杂志,积极宣传抗日救亡。这些活动引起了国民党当局的注意,1936年秋,黄逸峰被捕入狱。经营救,他被放了出来。连同这次被捕,他已7次入狱,但他始终坚贞不屈,视死如归。

1937年春天,黄逸峰出狱以后,离开了铁路局,到沪江大学兼课,担任会计学教授。由朋友介绍,黄逸峰认识了正在创筹立信会计专科学校的潘序伦。同年5月,潘序伦即聘黄逸峰为立信会计专科学校教授兼副教务长,担任了急需的教学组织工作,并授会计、簿记等课程。

1937年七七事变以后,黄逸峰继续支持和协助"铁路青年社"开展抗日救亡运动,并以铁路局上海北站行李房为基础,组成"上海铁路界救亡协会",加入了中国共产党所领导的"上海职业界救亡协会"(简称"职协")。

"职协"是当时在上海成立的全国救亡总会所属的主要团体会员。它由银行、海关、店员等基层团体联合组成,会员人数众多,是一支重要的抗日救亡力量。时任立信会计专科学校副教务长的黄逸峰由于摆脱了生活的窘迫,便有了更多的精力参与筹备和组织"职协"的抗日救亡活动,被推选为"职协"的组织部长和常务委员。而该协会的骨干还有同样来自立信的顾准以及赵毓华、陈艺先、王纪华、杨延修、谢寿天、曾扎等人。这批骨干经常聚集在小沙渡路黄逸峰的住所商量问题,交换情况,组织活动,起着协会核心小组的作用。黄逸峰办事干练,作风泼辣,为人坦诚,深得大家的钦佩与信任,因而成为这批骨干中的实际领导人。

继七七事变之后,日寇又于1937年8月13日对上海发起了进攻。由于国民党统治的中心地区直接受到威胁,国民政府当即发表自卫宣言。当地驻军在中国共产党领导的人民抗日救亡运动的影响下,奋起抵抗。淞沪会战坚持了3个多月,沉重地打击了日本侵略者。担负"职协"领导重任的黄逸峰工作任务更加繁忙,工作担子更重。在那硝烟弥漫上海的日子里,他亲自宣传动员抗日,捐款募衣,演出慰问,救死扶伤……日日夜夜,风风雨雨,不停地、忘我地工作着、战斗着。"疾风知劲草","路遥知马力"。身为立信会计专科学校教授的黄逸峰,当时成为上海职救会的重要骨干,名副其实的抗日先锋。[①]

1939年,黄逸峰经由潘序伦介绍给国民政府广西省政府会计长

---

① 张开明:《黄逸峰传》,江苏人民出版社1995年版,第76—78页。

张心澂(当时兼立信会计补习学校桂林分校名誉校长),任广西大学会计学教授,并编写了《簿记学》一书。他在桂林工作了一段时间后,辗转去苏北参加抗日斗争,担任了新四军苏北联合抗日部队司令员、苏北参议会议长等职。

上海解放后,陈毅市长向中央提出,希望调一位行家主持铁路局工作。中央鉴于黄逸峰熟悉业务,曾长期在上海工作,因而决定调黄逸峰任上海铁路局局长兼党委书记,他一到上海,便夜以继日地投入了繁忙的工作之中,上海急需的"二白一黑"(白米、棉花、煤炭)源源不断地从解放区运到上海,稳定了上海市场,他因此多次受到中共上海市委和陈毅市长的表扬。

在"文化大革命"中,黄逸峰受到冲击,身心备受摧残。"文化大革命"结束后,他恢复了名誉,潘序伦又与黄逸峰有了联系。他们在古稀之年,又担负起恢复上海社会科学院和立信会计专科学校的历史重任。黄逸峰在1980年立信会计专科学校复校以后,被推举为校务委员会主任。

1979年年底,黄逸峰还与潘序伦共同发起成立了全国第一家会计学会——上海市会计学会,分别出任会长与顾问。当得知黄逸峰身有不适时,潘序伦十分关心,屡次提出要亲自探视。

1982年8月15日,潘序伦冒着酷暑,由他的学生丁苏民陪同前往黄府。两人相见,十分高兴,还一同留影。事后,潘序伦在照片背面题了一段话:

> 1982年8月15日我由丁苏民学弟伴同,到黄逸峰的院长府上,拜访了他,看到他精神很好,我真是万分高兴,祝他早日完全恢复健康。这张照片是苏民拍摄的,我和黄院长紧紧握手,标志着我们还有雄心,

为国为民,作出贡献。

潘序伦将这张照片送给了黄逸峰,留作珍贵的纪念。
1988年11月27日,黄逸峰因病医治无效,在上海逝世,终年82岁。

第三节 与立信师生团结同心

一、抗战风云中的师生救亡活动

(一) 抗日救亡歌咏运动风起云涌

作为在业界赫赫有名的一代会计宗师,潘序伦不仅目光深邃、事业有成,而且胸怀远大、海纳百川,他对有志气、有抱负、有才华的青年是很器重和爱护的,支持和保护了爱国师生的革命斗争。

潘序伦在回忆录里这样说道:"私立立信会计学校是以补习夜校为基础发展起来的,学生大都是工商企业的基层小职员和练习生,或苦无一技之长,失学、失业为找出路来校学习的青年。这些年轻人对当时的社会生活是不满的,富有革命心和进取心。那时正值日本帝国主义者开始大举侵略我国。九一八事变后,学生们的爱国热情十分高涨。1931年,由顾准发起,创立了以'敦睦友谊,切磋学术'为宗旨的立信同学会(会址就在立信会计补习学校内),他组织了30多位同学,推举李建模同学为主要负责人,主持会务。当时顾准是我会计师事务所内的一个练习生,自学成才,在夜校担任'银行会计'教师,深受同学们的爱戴。顾准、李建模后来都参加了中国共产党的地下组织,在党的领导下,同学会宣传进步、民主,更加发展壮大起来。我当时是个无党无派人士,对政治认识模糊,但对抗日是拥护的,爱国之心是和同学们相通的,何况同学会的壮大,对立信会计事业也有利。因此,我对顾准、李建模这些有志气、有抱负、有才华的青年是很器重和爱护的,对同学会是很支持的。"①

在潘序伦的记忆中,立信师生积极开展文艺活动,宣传抗日救国、民主进步,他是看在眼里,记在心里,并积极支持,"自1936年起,同学会就分别组织了'立信歌咏队''立信音乐研究会''立信剧团',以及舞蹈组、图书室、读书会等等,积极宣传抗日救亡,民主进步。著名的音乐家、戏剧家、作曲家和导演,如冼星海、吕骥、徐韬等都曾亲临指导。开始时,还只在学校开学和毕业典礼时演出,后来就扩大到社会上去了,深得各界的好评。参加演出的同学,有些以后就成了著名的电影或话剧演员,如顾也鲁、于茵等。唐根才还自编自导,创作了20多个剧本,反映了当时职业青年要求进步、追求光明的思想感情,也揭露了国民党的反动腐败,因而引起了租界当局的注意,多次演出曾遭其捣乱阻止,但同学们的爱国热忱并没有被扑灭,以后他们就转移到郊区、群众中去演出,继续宣传抗日反蒋,影响是不小的"②。

上述"立信歌咏队""立信音乐研究会"等,成为救亡歌咏运动的重要组成部分。

20世纪30年代早中期,左翼音乐运动、救亡歌咏运动风起云涌,这就是举办立信音乐训练班的时代背景。再加上上海是"全国抗战文化的策源地和发祥地",亦是全国抗日救亡歌咏运动的策源地和发祥地,以及立信主持人潘序伦的支持,立信音乐训练班的举办,成为顺理成章的事情。

上海文化界救国会在全市歌咏队中选荐有一定音乐造诣、有志

---

① 潘序伦:《潘序伦回忆录》,中国财经出版社1986年版,第41页。
② 潘序伦:《潘序伦回忆录》,中国财经出版社1986年版,第43—44页。

于新音乐运动的青年,在立信同学会的支持协助下,开办"立信歌咏班"。

1936年3月至1937年5月,"立信歌咏班"设在上海河南路吉祥里18号立信会计学校的校舍,利用业余时间的每周日下午上课,参加者四五十人,由校友杨祚铭负责,请孙慎教唱抗日救亡歌曲,进而组织"立信歌咏队",并参加由上海救亡歌咏团体成立的音乐研究会。中共党员吕骥积极推动上海的救亡歌咏活动,是"立信歌咏班"的实际领导人,他聘请冼星海、吕骥、麦新、孟波等教师讲课辅导[①],为蓬勃开展的抗日救亡歌咏运动培养指挥和作曲人才,提高全市歌咏队的水平,以更好地开展抗日歌咏活动。

抗日救亡歌咏运动是群众性的爱国运动,上海的歌咏团体之多、参与人数之广都是空前的,对全国产生了极大的影响和示范作用。至1937年年底,上海有抗日救亡业余合唱团、民众歌咏会和新生、立信、洪钟、蚂蚁、量才等歌咏队近百个。在抗日战争全面爆发之前,上海已成为当时全国抗日救亡歌咏运动当之无愧的中心。

(二)支持"立信音乐研究会"的开办

顾准、李建模等积极投入党的地下斗争,对立信同学会的进步活动给予指导和支持,立信同学会与上海文化界救国会、上海职业界救国会等有密切的联系。1936年2月,顾准参加了上海职业界救国会中秘密的党的核心小组,担任上海职业界救国会党团书记。

在顾准等的领导下,立信同学会设立救国工作推进委员会。立信同学会主办的《友讯》月刊连续发表救国的文章,转载上海职业界救国会的宣言等,旗帜鲜明地"要求全国上下立即停止内战,一致对

[①] 黄浦、高云樵:《立信会计学校同学会(校友会)的革命活动简史》,龙一圆主编:《立信史话》,立信会计出版社1993年版,第208页。

日作战,抗日救亡"①。

潘序伦无党无派,追求进步,在沪上有广泛的交游。潘序伦与上海文化界救国会的邹韬奋、章乃器、江问渔等是事业上的好友,又与时任国民政府上海市社会局局长的潘公展有不错的交情。潘序伦对立信同学会的进步活动给予各方面的大力支持,为抗日救亡放下身段,在同学会领导的救国工作推进委员会,"屈就"发展会员的征求总队总队长。

潘序伦默许立信师生在位于租界的立信校舍进行抗日救国进步活动,减少了国民党政府对师生进步活动的干扰。

准许立信师生以同学会出面举办非财经(会计)类的学习班,具有机制灵活和弹性发展的空间。邀请知名学者来立信演讲、举办讲座等,皆由立信同学会出面,这些并没有受到国民党当局的责难,为开办"立信音乐研究会"开辟了道路,积累了办学经验。

(三) 引入"立信音乐研究会"的灵魂人物冼星海

冼星海(1905—1945),广东番禺人,中国现代音乐史上杰出的作曲家。他短暂的一生创作了包括《黄河大合唱》《在太行山上》《二月里来》等多首脍炙人口的革命歌曲,为中国的新音乐运动做出了突出的贡献。毛泽东赞誉他为"人民的音乐家",冼星海还是一位杰出的音乐教育家。

1935年冼星海从巴黎音乐学院学成回国。冼星海坚持并发展了从聂耳开始的革命音乐传统,以更广阔的题材、体裁和更丰富的艺术手法,深刻地反映了中国人民革命和民族解放的伟大现实,创作了一系列具有强烈的时代精神、鲜明的民族风格和富有独创性的音乐

---

① 《救国工作推进委员会对在校同学报告词》,《友讯》1936年第9期。

人民音乐家冼星海

作品,在人民群众中产生了广泛而久远的影响。

1936年3月至1937年5月,为了培养抗日救亡音乐人才,中共地下党在"吉祥里18号"的立信会计学校开设"立信音乐研究会"。冼星海欣然接受著名音乐人吕骥和潘序伦的邀请,来到立信音乐训练班执教。课余,求知若渴的贫寒同学麦新、孟波、孙慎、阮章竞等还"经常登门向老师求教,冼星海总是热心施教,分文不取"①。孙慎、孟波、麦新、阮章竞、王莘、向隅、邹伯宗等,投师冼星海,学习音乐理论或音乐指挥,他们多成长为中国现代知名的音乐家,有的成长为诗人、文学家,有的投身于音乐普及事业。师生相互切磋激励,勇于实践,极大地丰富了立信"学验并重"的办学特色。

冼星海传授学生的不仅有音乐知识,更有以音乐为武器的民族大义,他的教诲使学生受益一生。

(四)"立信音乐研究会"的抗日救亡活动

1. 立信师生是鲁迅葬礼挽歌队的中坚力量

1936年10月19日,鲁迅先生在上海的家中与世长辞。鲁迅逝世的消息公布后,各界知名人士和成千上万民众前来吊唁。立信同学会也迅速组织师生前往吊唁,顾准是鲁迅葬礼的组织者之一,立信歌咏队、"立信歌咏班"师生则是鲁迅葬礼挽歌队的中坚力量。

---

① 上海立信会计会计学院:《上海立信会计会计学院简史》,立信会计出版社2018年版,第31页。

鲁迅先生治丧委员会决定由吕骥、张庚、冼星海、任钧、任光、周钢鸣等6位著名的年轻音乐家突击创作《安息歌》《哀悼鲁迅先生》《鲁迅先生挽歌》三首挽歌。接受任务的音乐家几乎两天两夜没合眼,作品经试唱定稿后,大家立即动手抄写歌曲、刻写蜡纸油印,分头送出去。立信歌咏队迅速召集队员,连夜教唱。

10月22日,上海市各界组织鲁迅先生葬礼,送葬队伍4人一排,花圈队、哀乐队、挽歌队抬着花圈,举着挽联,绵延数里。立信歌咏队、杨树浦女工夜校业余合唱团等组成的"一支庞大的挽歌队,走在队伍中间,一边行进,一边在总指挥、年轻音乐家麦新的指挥下"[①],流着热泪高唱着:

你的笔尖是枪尖/刺透了旧中国的脸/你的声音是晨钟/唤醒了奴隶们的迷梦/在民族解放的战斗里/你从不曾退却/擎着光芒的大旗/走在新中国的前头/呵,导师/呵,同志/你没有死去/你活在我们的心里……

挽歌队几百人的歌声深沉有力,沉痛激昂,回荡在黄浦江畔。浩浩荡荡的葬礼队伍所经过的马路两旁,站满了衣袖上戴着黑纱的民众,许多人跟着麦新指挥的节拍大声合唱,歌声响彻云霄。

2. 创作《救亡进行曲》

1936年2月,孙慎任立信歌咏队指导,3月入"立信音乐研究会"学习,4月在《生活知识》月刊首次发表《救亡进行曲》(周钢鸣词,孙慎曲):

---

① 丁宁、丁育民:《纪念鲁迅逝世七十五周年·丁宁:亲历鲁迅葬礼》,《池州日报》,2011年4月7日。

工农兵学商／一齐来救亡／拿起我们的铁锤刀枪／走出工厂田庄课堂／到前线去吧／走上民族解放的战场／脚步合着脚步／臂膀扣着臂膀／我们的队伍是广大强壮／全世界被压迫兄弟的斗争／是朝着一个方向／千万人的声音高呼着反抗／千万人的歌声为革命斗争而歌唱／我们要建设大众的国防／大家起来武装／打倒汉奸走狗／枪口朝外响……

铿锵的节奏，鲜明的主体，表达了中国人民内心的呼唤，极大地激励着无数中华儿女投身抗日救亡的战争。富有号召力的《救亡进行曲》迅速流行全国，成为抗日运动中具有代表性的歌曲之一，这一时代的强音至今仍在回响。2007年，时任中国音乐家协会主席傅庚辰高度评价《救亡进行曲》的地位和影响：

在众多的抗日救亡歌曲当中，在流传广泛、影响巨大的抗日歌曲当中，孙慎同志作曲、周钢鸣作词的《救亡进行曲》名列前茅、脍炙人口，几乎成了抗日救亡的代名词。……因此说《救亡进行曲》是《义勇军进行曲》的姊妹篇是当之无愧的。①

3. 合编《大众歌声》

"立信音乐研究会"举办期间，师生以极大的爱国热情投入到音乐创作和传播救亡歌曲之中，产生了深远的影响，其中麦新的成就尤为突出。

在传播救亡歌曲方面，1936年9月下旬，麦新、孟波合作，选定了87首救亡歌曲，分为聂耳遗曲、纪念歌曲、救亡歌曲等8类，合编歌集，定名为《大众歌声》。然而，当时上海法租界巡捕房政治部密探四

---

① 傅庚辰：《〈义勇军进行曲〉的姊妹篇——评〈救亡进行曲〉》，《人民音乐》2007年第3期。

处查巡违禁书刊,《大众歌声》的出版印刷却遇到困难。他们跑了不少书店、印刷所,没有一家敢承担这本歌集的印刷。全国各界救国会通过关系,在虹口区提篮桥附近找到一家里弄小厂承印。1936年12月9日,全国各界救国联合会机关刊物《救亡情报》报道《大众歌声》出版的消息:"目前,救亡音乐正是普遍到各个角落的时候,我们向每个救亡同志推荐这样一册材料丰富、没有错误和销价低廉的《大众歌声》。"①

《大众歌声》面市后,很快销售一空,40天后再版,4个月内再版4次,是当时最有影响力的救亡歌曲集。

4. 创作《牺牲已到最后关头》

在音乐创作方面,1936年8月到1937年8月,虽说是麦新刚开始创作的一年,但也是他创作激情颇为高涨的一年,果实累累的一年。1936年11月初,麦新、孟波根据中国共产党《八一宣言》的精神,合作创作了一首歌曲,定名《牺牲已到最后关头》(麦新作词,孟波作曲):

> 向前走,别退后,生死已到最后关头/同胞被屠杀,土地被强占,我们再也不能忍受/我们再也不能忍受/亡国的条件我们决不能接受/中国的领土一寸也不能失守/同胞们,向前走,别退后/拿我们的血和肉,去拼掉敌人的头/牺牲已到最后关头/牺牲已到最后关头/向前走,别退后,生死已到最后关头/拿起我刀枪,举起我锄头,我们再也不能等候/我们再也不能等候/中国的人民一齐起来救中国/所有的党派,快快联合来奋斗/同胞们,向前走,别退后/拿我们的血和肉,去拼掉敌人的头/牺牲已到最后关头/牺牲已到最后关头!

---

① 孟波、乔书田:《麦新传》,上海文艺出版社1981年版,第47页。

这首歌音调雄浑,具有义无反顾的气概,很快唱遍全国,鼓舞人们为争取民族独立奔向人民解放的战场。

5. 创作《大刀进行曲》

"立信音乐研究会"结束后的两个月,爆发七七事变,麦新受到二十九军大刀队英勇事迹的感染,一气呵成谱写了《大刀进行曲》:

> 大刀向鬼子们的头上砍去/全国武装的弟兄们/抗战的一天来到了/抗战的一天来到了/前面有东北的义勇军/后面有全国的老百姓/咱们中国军队勇敢前进/看准那敌人/把他消灭,把他消灭/冲啊/大刀向鬼子们的头上砍去/杀!

《大刀进行曲》在中国人民最需要的时候出现,是一首诞生在中华民族奋起抗击日本侵略者炮火声中的时代战歌,激发了中华儿女的爱国豪情。麦新被誉为中国新音乐运动的先驱者之一。

二、新中国成立前的立信进步学生运动

从建校到新中国成立前,潘序伦创办的立信会计学校培养了数以万计的毕业生,分布于海内外多个国家和地区,涌现出一批以顾准为代表的杰出校友,这是值得全体立信同仁骄傲的。

立信会计学校是一所具有光荣革命传统的名校。前文已经谈到,立信会计学校是以补习夜校为基础发展起来的,学生大都是工商企业的基层小职员和练习生,或苦无一技之长,失学、失业为找出路来校学习的青年。这些年轻人对当时的社会生活是不满的,富有革命心和进取心。

在民族觉醒的高潮中,经顾准的组织推动,立信同学会成立,李

建模被推选为第一届执委会主席。同学会开展了多方面的活动,诸如举办讲座,请进步人士作时事、经济、哲学的专题演讲,启迪同学的思想、激励爱国热忱;参加支援抗日的募捐,以表达对日本帝国主义同仇敌忾的决心。同学会通过各项活动,团结了更多同学、校友,发展了会员。顾准、李建模后来都参加了中国共产党的地下组织,在党的领导下,同学会宣传进步、民主,更加发展壮大起来。

1934年年初,在同学会活动的基础上,由顾准发起组织了一个马克思主义学习小组,定名为"进社"。进社第一批8名成员中有6人均为立信校友、同学,即顾准、李文泉、沈尉平、李建模、童志培、李少甫。以后,进社成员逐步发展到近30人,多数也都是立信校友、同学。"进社"最初以发动阅读进步书刊为主,在先后接受中国共产党的外围组织"远东反帝同盟"和"中国民族武装自卫委员会"(简称"武卫会")的领导之后,开始积极参加社会活动。1934年下半年,"进社"解散,大部分成员转为"武卫会"会员,立信同学会便成为"武卫会"开展群众工作的基地之一,由此,立信同学会就直接在中国共产党的影响下开展活动了。

1935年,当时的北平爆发一二·九运动,立信同学会积极组织同学参加在上海举行的示威游行。

1936年,立信同学会开办"立信歌咏班",参加者四五十人,由校友杨祚铭负责,请孙慎教唱抗日救亡歌曲,进而组织"立信歌咏队",并参加由上海救亡歌咏团体成立的音乐研究会,接受冼星海、吕骥、麦新、孟波等教师的讲课辅导,以更好地开展抗日歌咏活动。

同年,立信同学会又组织"立信剧社",排演抗日剧目,首次演出在四川路青年会大礼堂,取得很好效果;后又在大场顾家宅演出《放下你的鞭子》《夜》等剧,受到农民的欢迎。参加演出的同学、校友有王碧澄、王婴、王曼秀、尉迟缨、于首、顾也鲁等人。

后来成为明星的顾也鲁原在中华职业补习学校读书,先是参加学校课外活动小组话剧组,接着参加"蚁社"的"蚂蚁剧团",再接着参加了"立信剧社"。据他回顾:"我还参加了救国会成员王碧澄、王婴等组织的另一个'立信剧社',到工厂、农村去演出《放下你的鞭子》《夜》和活报剧。我们到浦东郊区农村演出,没有舞台,我建议就在打谷场上搭台。少年时,家乡的戏班子就是临时搭的台,演出效果也很好。于是,农民兄弟卸下门板,搭成舞台,供我们演出,并且主动放哨,防备特务来捣乱。几次演出,起到了激励人民大众抗日情绪的作用。沙千里对我们说:'话剧是宣传抗日最好的形式,要再接再厉。'"①

立信同学会的活动紧密结合上海当时高涨的抗日爱国运动,还为"武卫会""社联"等翻印宣传品,积极宣传"武卫会"的《中国人民对日抗战基本纲领》,得到许多同学的拥护。

1937年,抗日战争全面爆发,全国及上海的爱国抗日运动更加高涨。在顾准的关怀和指导下,陆修渊、霍柯、高云樵、吴履绥等同学、校友共同商量如何利用上海租界沦为"孤岛"之后的条件,恢复一度陷于停顿的同学会的活动。经陆修渊倡议,他们组织了读书会。读书会的成员陆续扩大后,除自行开展读书活动,还组织骨干分子参加中共地下党组织举办的现代知识讲座,较系统地学习辩证唯物主义、社会发展史、政治经济学等理论,使参加者在思想上得到了武装,更坚定地围绕抗日救亡运动,恢复和发展同学会的活动。1938年,立信同学会举行选举,陆修渊被选为主席,高云樵、吴履绥、唐根才、

---

① 顾也鲁:《艺海沧桑五十年》,学林出版社1989年版,第16页。

江爱纯等为执委。

"立信话剧团"同时恢复活动,在教室中演出《放下你的鞭子》,激起广大同学对日本侵略者的仇恨,效果很好。"立信话剧团"还经常演出许多进步剧目以及剧团自己创作的不少短剧,对宣传抗日救国起了一定作用。

立信同学会在顾准的帮助指导下,与中国共产党领导下的上海银钱业业余联谊会、华联同乐会、益友社等进步组织建立了密切的联系,成为团结各行各业中下层店职员的基础。1940年,立信同学会已扩大到300多人,陆修渊因顾准动员他转至益友社工作,同学会经过改选,由高云樵接任主席。

1941年,太平洋战争爆发。同年12月8日,日本侵略军占领租界,在日寇的铁蹄下,立信同学会被迫停止了活动。很多同学奔赴内地,大部分集中于四川重庆。经过酝酿,是年冬,重庆立信同学会成立,周信、吴履绥等为干事。该会运用聚餐会方式进行活动,餐前,请立信教师和学术界人士作报告,经常参加的有六七十人。周信等人后又组织"求智聚餐会"和"互助生活社"。每次聚餐会他们都邀请民主进步人士,如金仲华、章乃器、沈钧儒、章伯钧、罗隆基等前来演讲,讲题都是围绕着抗战和民主问题,对同学们确立抗战必胜的信心和投入争取民主的斗争,都产生了很大影响和推动作用。

1945年8月,日寇投降,抗日战争终于取得了最后胜利。随后,立信会计专科学校等各类学校相继迁回上海,从四川等内地陆续返沪的校友和留在上海的校友会合在一起了,不少校友已参加了党组织。经过努力筹划,立信同学会迅速恢复活动,高云樵被推选为主席。立信校友会也得以成立,袁恒通、陆修渊被推选为正副主席,具体负责会务的是周信、吴履绥、高云樵、陆修渊等骨干。梁汝瑚、徐正凡、黄浦、任锦、上官牛耳、杨成德等都是中共地下党员。在当时的特殊情况下，立信的中共地下党员虽然相互之间并不了解彼此的政治身份，但都能密切配合，共同按照党的"勤学习、广交友"指示精神，以实际行动热心会务公益，为同学、校友服务，千方百计为失业同学找工作，关心青年同学的生活思想，宣传中国共产党的主张，赢得广大同学和校友的拥护、支持，从而推动了同学会、校友会活动的有力开展。同学会、校友会每月举办一次"星五聚餐会"，吸收在社会上工商业界事业有成的校友参加，每次约一百多人，如袁恒通、陆修渊、周信等都是当时的积极分子，并在此基础上，开展了协助潘序伦筹募建造立信会计专科学校新校舍资金等项公益活动。1947年，在中共地下组织"职委"的店员工作委员会的直接领导下，立信同学会、校友会建立了党小组，成员有周信、高云樵、吴履绥等。有了党组织的直接关心和指导，立信同学会、校友会的工作更加取得实质进展。

老校友高云樵在《我在立信十二年》中回忆：

1937年春，我自浙江省一个乡镇，带着一卷行李来到上海，在东莱银行会计课（科）当练习生。一个乡下佬只知道上收下付，对现代会计一窍不通的。不久，七七事变发生，接着"八一三"的炮火轰鸣上海上空。家乡沦陷，国破家亡，忧心如焚，前途茫茫。当时，上海许多补习学校纷纷停办，唯有立信会计补习学校仍在《新闻日报》上刊登招生广告。我是搞会计工作的，决心到立信报名。在立信先后学习过高级簿记、会计学、成本会计、审计、政府会计，从而使我对会计这门学科有了初步认识。

在补校学习时，我认识了许多职业界的同志。陆修渊学长介绍我加入立信同学会，并在同学会的游艺部参加工作，与大家一起办乒乓

第五章 一代宗师的革命情缘

球队、歌咏班、口琴班,组织话剧演出,由独幕剧到多幕剧,由《名优之死》到《狄四娘》;吴履绥学长介绍我阅读进步书刊;瞿柯学长吸收我参加时事讨论,我看到了邹韬奋主编的《团结》;后来参加陆修渊等十多位同学组织的读书会,学习沈志远教授的《新经济学大纲》,看到了毛泽东同志的《论持久战》。我看到了从来没有看到过的书,学到了许多过去不知道的新知识。

后来,我由甘允寿老师介绍,参加了立信会计补习学校的教师队伍,开始任助教,后来独立执教簿记、会计、成本会计。立信是个大熔炉,把我熔化在革命队伍里;立信是个大学校,培养我懂得了会计理论和实务。①

由同学会负责的图书馆经过努力,恢复开放。同学会在图书馆内还开辟了"小小阅览室",举办读书会。读书会经常有一二十人参加,阅读讨论《大众哲学》《政治经济学》等书籍。同学、校友从图书馆获得了精神营养,很多人成了同学会、校友会活动中的积极分子。

立信歌咏团恢复活动后,更为活跃。歌咏团每星期日晚间组织歌咏活动,聘请周一丁、马铁飞等当指挥,教唱进步歌曲和民歌,如《山那边呀好地方》《茶馆小调》《我们的队伍来了》《黄河大合唱》《太阳出来了》等。歌咏团经常和其他进步团体的歌咏组织联合演出,扩大进步、民主的影响。

立信话剧团先后排练和演出著名作家熊佛西、陈白尘创作的《刽子手》《县官升堂》等剧和其他进步剧目,主要是揭露旧社会的黑暗,反映人民群众尤其是店职员的苦闷和呼声,博得了强烈的共鸣。另

---

① 高云樵:《我在立信十二年》,载邵瑞庆主编:《潘序伦纪念选集》,立信会计出版社2009年版,第155页。

外话剧团还举办戏剧讲座,出版《立信剧讯》;以梁润、梁文鸾为主的舞蹈组排演过《王大娘补缸》,颇得好评。

通过同学会、校友会的活动,壮大了进步力量,团结的同学越来越多,到1948年,已拥有会员3000多人。立信同学会、校友会在当时上海各补校的社团中被视为相当活跃的民主进步社团,同学、校友积极参加民主爱国斗争,政治热情高涨,在社会上产生了较大的影响。

1946年6月,上海人民反对国民党内战独裁、争取和平民主的斗争形成高潮。6月23日,上海各界群众数万人齐集北站欢送和平请愿团赴南京请愿,会后举行示威游行,立信同学会打着横幅走在补校游行队伍的前面。

1947年2月9日,上海市三区百货业工会在劝工大楼召开"爱用国货、抵制美货"大会,立信同学会、校友会有多人参加,国民党特务捣乱会场,殴打群众,永安公司职工梁仁达被特务打死,立信学校文书员陆炳麟(曾任上海《解放日报》副总编辑)被打伤,立信同学会迅即组织二九惨案声援会,发动同学捐款慰问受难者的家属。

1947年10月,浙江大学学生自治会主席于子三,被国民党特务杀害于杭州监狱。消息传来,群情大愤。立信同学会、校友会发动募捐,很多同学、校友捐款捐物,校长潘序伦,副校长李鸿寿、陈文麟,教务主任甘允寿以及不少教师、助教,都带头参加捐款。募捐花名册在学校中公布,以此揭露国民党反动派的法西斯暴行。在当时国民党反动高压统治下,立信同学、校友支持正义的行为是难能可贵的。

国民党反动派为了破坏上海的学生运动,在1946年成立了"上海市学生总会",把黑手伸进了立信会计补习学校,成立了所谓"上海学生总会第77立信分会"(简称"77分会"),另搞一些反共宣传活动,与进步的立信同学会、校友会唱对台戏,并对同学会、校友会的工作进行破坏,对一些同学、校友进行盯梢、监视。他们的胡作非为,引起了广大同学、校友的憎恶和鄙视。

1947年下半年,立信同学会改选,"77分会"里的几个国民党员、三青团员公然进行破坏,就在开票那天,选举箱突然不见了,经四处寻找,终于在校门外的垃圾箱里找到了。开票结果:高云樵、周信、黄浦、任锦、上官牛耳、吴履绥等当选为执委,高云樵、周信、黄浦被推举为同学会正副主席。"77分会"的人都落选了,显示了立信同学、校友的团结和进步力量的壮大。

1948年,国民党反动政府面临全面崩溃的局势,加紧推行法西斯统治,白色恐怖笼罩上海。国民党反动派在血腥镇压申新九厂罢工、电力公司罢工、大肆逮捕各大专院校学生之后,又在该年10月制造了"利群书报社案件",他们以查缉从香港寄来的进步刊物为由,查封了利群书报社以及黄河书店、海燕书店等,把书店职工全部抓去。立信补校党支部书记周宝训路过黄河书店,进去探望朋友,被特务抓去。他身上带有立信同学会文艺班中地下"新青联"组织的活动情况和党员周士谋写的有关积极分子的情况,一并落入敌人手中,从而使黄浦、赵通等14名校友、同学被捕。另外,"新青联"组织被破坏,又使赵寿光、焦伯荣、郑伟景被捕。立信校友黄秉乾、吕飞巡因执行组织上布置的保护同学会积极分子躲避撤走的任务,被潜伏的特务抓住。高云樵因到周宝训家里探望也被抓住。尽管国民党反动派的这次镇压暴行,使立信同学会遭受了损失,但中共党员黄浦等在狱中表现英勇。他们虽遭受各种酷刑,但始终未暴露身份。黄秉乾、吕飞巡、周宝训也都坚贞不屈。

立信补校党组织仍然坚强地存在,立信同学会的活动仍在多方努力开展:话剧团在黄俊、唐根才的带领下,以悲愤的心情继续创作演出;歌咏团怀抱向往光明的深情,继续练唱《解放区的天是明朗的天》等进步歌曲;同学会还举办了政治经济学、大众哲学、社会发展史、时局形势等多次学习讲座。

由于被捕的立信同学、校友较多,潘序伦对此甚为焦虑,积极寻求办法营救,这与中共地下党的同志不谋而合。他们把敌人逮捕进步人士的罪恶活动公诸社会,争取广泛的支持。他们认为,只有公开案情,才能阻挠敌人进一步陷害的阴谋,狱中同志的安全才有比较可靠的保障。因此,在中共地下党的指导下,被捕人员很快组织起来,并得到潘序伦校长和立信补校教务主任甘允寿的支持。

在潘序伦的授意下,甘允寿代表校方率领被捕同学、校友的家属代表到国民党上海市政府找市长吴国桢,到警备司令部找司令陈大庆交涉。当遭到拒绝时,甘允寿等找到当时的市府记者休息室,向记者们公布立信师生受到迫害的情况,上海各主要报纸次日都作了报道。《文汇报》《大公报》都称,"立信会计学校二十多人被无辜逮捕"。当时,国民党当局正在搞"假和谈"。这些公开的营救活动,形成了社会舆论,使国民党当局陷于被动。

1949年春节,曙光在即。立信校友会在上海虎丘路会址的小舞台上,演出活报剧《迎春曲》。此剧由唐根才编导,话剧团、歌咏团、舞蹈组的许多同学、校友都满怀激情地参加了演出。全剧将多首激昂的歌曲贯穿在一起,借用传统贺岁的习俗,以明朗昂扬的歌咏、舞蹈、朗诵、对白等多种方式,表达一个主题:严冬即将过去,春天就快来到。演出的气氛非常热烈。

1949年5月,中国人民解放军向上海进军,上海即将解放。立信同学会、校友会深切怀念尚在狱中的战友,满怀革命激情,积极投入迎接上海解放的准备工作。国民党反动派在垂死前竟下毒手,于

1949年5月7日深夜,将立信同学、校友周宝训、黄秉乾、吕飞巡和中共上海地下市委的电台负责人李白、秦鸿钧、张困斋,地下学联严庚初,民主党派人士焦伯荣、郑显芝以及其他案件的杨竹泉、朱聚生等12位革命志士在浦东戚家庙秘密杀害。

上海解放后,1949年6月19日上午,由上海市学联,上海高级机械职业学校,立信同学会、校友会等十几个团体联合组织,在上海高级机械职业学校礼堂为周宝训、黄秉乾、吕飞巡、严庚初、赵寿先、郑伟、焦伯荣7位烈士举行追悼会,到会1800多人。会上挂着出狱没多久的黄浦校友亲手描绘放大的7帧烈士遗像。会场庄严肃穆,上海总工会敬送了"永远活在人民心中"的挽联。追悼会由立信同学会、校友会主持,原中共地下党上海市委书记张承宗讲话,号召向烈士们学习。卢栋华代表烈士生前战友致了悼词,烈士所在单位代表也一一致词。当天晚上还在立信校友会的小舞台上,演出了活报剧《讨还血债》,再现了烈士们宁死不屈的精神,歌颂了共产党人的铁骨红心。

1949年6月,解放区南下的立信校友和在上海坚持斗争的同学、校友以及被捕出狱的校友共聚一堂,听取从解放区归来的、正在从事上海市财政局接收工作的顾准所作的财经形势报告,与会者无不欢欣鼓舞,倍感振奋。立信各类会计学校先后培育了十多万会计专业人才。在欢庆解放的日子里,除留在上海和华东地区外,很多同学、校友响应党的号召,一批又一批地分赴东北、西南、西北,参加建设新中国的伟大事业。立信同学会、校友会在新中国成立以后,根据新形势的要求继续工作,举办财经讲座,交流服务经验,加强学术探讨,这些活动收到良好的效果。后来,立信同学会、校友会虽然相继暂停活动,但在20世纪三四十年代这一段非常复杂困难的时期,立信同学会、校友会团结广大同学、校友,进行革命活动的光荣历史,将永远闪耀着壮丽的光彩。

潘序伦晚年在撰写回忆录时,深情地赞颂立信进步师生的爱国事迹与革命斗争,他说:"我之所以要写这节回忆录,一方面是为了说明我校除了有它传统的学风、校风以外,同学们还有积极开展革命斗争活动的一面,这是值得青年一代学习和继承的;另一方面也是为了表达我当时的政治态度和思想状况。毫无疑问,像我这样一个亲身经历过清封建王朝、北洋军阀、国民党反动统治几个时代的人,思想是复杂的,政治认识是模糊的,个人主义名利思想是比较浓厚的。但是,在进步青年的影响下,我的思想认识也逐步有所转变和提高。"①

三、中共立信地下党支部的成立

潘序伦于 1937 年创建了立信会计专科学校,因抗日战争全面爆发,1939 年秋,才正式开始招生。1941 年太平洋战争之后,学校内迁四川重庆。抗日战争胜利后,学校迁回上海,利用立信补校的校舍上课。

1947 年春,徐家汇柿子湾新校舍落成,立信会计专科学校迁入新址,并另在蒲石路(现长乐路)466 号设立分部。前者习惯上被称为"一院"或"校本部",后者被称为"二院"或"市区部"。该年秋季开学,校本部有学生约 400 人,在市区部上课的约 200 余人。在此之前,立信会计专科学校虽有不少进步活动,也有个别党员开展了一些工作,但由于学校连年动迁,人员流动较大,学生中还没有党的组织,尚待开辟。② 1947 年秋,中共上海地下党学委系统专科学校分区委

---

① 潘序伦:《潘序伦回忆录》,中国财政经济出版社 1986 年版,第 45 页。
② 中共上海市委党史资料征集委员会:《解放战争时期上海学生运动史》,上海翻译出版公司 1991 年版。该书叙述了解放战争时期上海学生运动发展的历程,并收录了 30 余篇专题研究和回忆文章。

调派祝幼婉①、叶文静（又名叶铮）、杨爱绢、马问池四名党员学生入立信就读，建立了党支部。祝幼婉任支部书记，上级党组织的联系人是浦侠。② 从此，党在立信会计专科学校校园里播下了红色种子，激起了革命斗争的浪花。

1947—1948年，上海学生运动处于深入发展的阶段。立信党支部建立后，根据上级党组织的指示精神，分析研究了学校的实际情况。党支部看到当时校内多数学生埋头读书以求毕业后能谋求一个较好职业的情况，另外，少数学生是国民党三青团及特务组织的成员。党支部意识到开展学生工作会有较大的阻力，便决定从立信女学生相对较多且第一届党支部的4名党员又都是女生的特点出发，先在女学生中开展工作，逐步扩大力量，再把工作做到班级，争取大多数，从而揭露与孤立反动势力。于是，党支部党员就利用课余时间，根据女学生集中住在西斋宿舍这一有利条件，广泛联系同学，细致地开展谈心活动，建立友谊，了解她们的思想倾向和政治态度，从中发现进步同学。经过一段时间的工作，有了初步基础，便组织了"女生团契"③，负责人是叶文静，参加者150人左右，占女学生的半数以上。然后，通过"团契"，党支部运用大多数同学能够接受的方式，如传阅进步报刊小说、学唱进步歌曲、参加文娱活动、练习舞蹈、排练节目、组织联欢会等，吸引同学们参加活动。党支部也邀请一些教师观看学生的演出，参加学生的活动，以扩大影响。这样，党支部不仅争取与团结了大多数女同学，发现培养了一批积极分子，初步打开了学生工作的局面，而且为进一步发动和组织同学参加进步的政治活

---

① 祝幼婉，后参加外交工作，曾任中国驻希腊大使。
② 浦侠自1946年任中共上海地下党学委系统专科学校区委（分区委）委员、书记。
③ "团契"是当时上海各大学都采用的一种群众组织形式。

动,打下了群众基础。

1947年10月,浙江大学学生自治会主席于子三被国民党特务杀害于杭州监狱。消息传来,激起了上海学生的愤怒。上海学联发表抗议书,号召各校同学在11月11日以罢课、鸣钟、捐款等方式表示哀悼和抗议。考虑到当时工作基础还比较薄弱,不可能发动罢课,立信党支部就决定在校内开展抗议签名活动,得到学生自治会副主席的合作,并由这位副主席召集各宿舍的室长会议,由室长向同学介绍于子三被害的经过和真相,发动同学签名,以示抗议。会后,党员杨爱娟等同学分头到各宿舍组织签名,总计有100多名同学签名。这一活动揭露了国民党反动派迫害手无寸铁的学生的残暴面目,也在同学中扩大了进步影响。

1947年冬,上海天气特别寒冷,街头饿殍冻尸时有发现,竟发生一日冻毙儿童800之惨状。为此,上海学联发出了"救饥救寒"的号召。[1] 立信党支部按照上级指示,在同学中进行广泛动员,宣传募捐寒衣的意义。由于报名参加的同学较多,党支部就将同学分成三路:第一路带着义卖的盒装糖果,到住宅区劝募寒衣;第二路到徐家汇一带的棚户区访贫问苦,调查、登记需要救济的困难户;第三路在校内做后勤工作,组织发放寒衣。虽然天寒地冻,但同学们热情很高,积极工作,募集到不少衣物和现金,并及时进行了发放。党支部通过这次募捐寒衣活动,不但提高了同学们参加社会活动的热情,而且达到了引导同学深入社会底层、从社会制度上深层地认识与剖析贫苦群众受饥受寒的根源的目的。

自1841年起,英国对香港实行了长达一个多世纪的殖民统治。

---

[1] 中共上海市委党史资料征集委员会:《解放战争时期上海学生运动史》,上海翻译出版公司1991年版,第135页。

第五章 一代宗师的革命情缘

1948年年初,英国当局以武力强拆香港九龙民房,致使2 000名居民无家可归。九龙民众向全国呼吁,广大学生为之深表同情和义愤。1月17日,上海大、中学生准备举行示威游行。立信党支部经过半年多的努力,已培养了一批积极分子,其中不但有女同学,而且男同学中也涌现出像徐远昭、张乃江、林九六(又名林绍贺)等进步骨干,有了发动游行的条件。因此,立信党支部就果断地在同学中进行发动。17日,全校有100多人上街参加示威游行。这是立信会计专科学校学生第一次走出校门参加全市性的规模较大的政治性运动,显示了经过党支部积极开展工作以后同学们不断高涨的政治热情。

对在各项活动中涌现出来的积极分子,立信党支部有意识地加以培养。党支部组织骨干学习,除经常介绍阅读学联刊物,还共同学习艾思奇的哲学著作。毛泽东同志的《目前形势和我们的任务》传到上海后,党支部就及时在党内骨干中进行传阅和学习,很好地起到了认清形势、鼓舞斗志的作用。党支部还通过分配任务来提高积极分子的活动能力,如组织同学夜间外出张贴反内战、反迫害的标语;组织同学冲破阻力,到医院慰问"一·二九"同济大学事件中被国民党军警马队踢伤的同学。这些活动都使积极分子经受了很好的锻炼,也使党支部与全校同学的联系更加紧密、更加广泛。

经过一学期的斗争,立信会计专科学校学生中的力量对比有了显著变化,进步力量有较快发展,中间状态的同学也积极投身到学生运动中来,校园内争取民主自由、反对国民党迫害的气氛日益高涨。这引起了校内极少数反对势力的恐慌,他们伺机捣乱。

立信学生会学术部为开展宣传教育,出版了墙报、剪报,剪贴宣传当时公开发行的进步报刊《时代日报》《民主》《周报》等刊物,引起某些反动学生的仇视。1948年5月,学术部《五月之花》墙报竟被反动学生撕毁。党支部支持学生会向校方交涉，才使一些人未敢进一步采取行动。此时，上海的白色恐怖日趋严重，立信的反动势力也加紧密谋，策划殴打进步同学，并公然拿出手枪威胁学生会主席张乃江，阻挠、破坏学生会的活动。党支部发动同学和他们开展斗争，同时根据上级党组织的指示，提高警惕，加强防范，使党员和进步同学避免遭受进一步迫害。

1948年7月学期结束时，立信党支部得知在平时工作中公开露面较多的党员孙铭、叶文静、徐远昭、陆蕴华、董斐云已被列入黑名单。为了避免革命力量的损失，由上级党组织统一安排，送上述党员离校，转移到皖西革命根据地。

1948年秋至1949年5月，整个解放战争的形势发展很快，全国已处于全国解放的前夜，上海学生运动也进入迎接解放的新阶段。党组织的任务是积极发展力量，巩固与扩大核心，团结师生员工，为迎接上海的解放和顺利接管而斗争。在1948年秋季开学后，因为许多党员离校，立信党支部又一次调整，由金声远任支部书记。根据上级党组织的部署，党支部积极进行发展党员的工作，从一年来经历政治斗争的锻炼、思想觉悟迅速提高的积极分子中发展了数名党员。至1949年4月，立信会计专科学校党员人数，从1948年秋的5人增至32人（包括市区部党员在内），党的力量明显增强了。在积极发展党员的同时，党支部也重视开展对教师和校方的团结工作。在教师中，一方面，注意发现政治进步的教员，并多方面加以联系，有的还准备作为发展对象进一步考察；另一方面，把一些公开发行的进步书刊分送给同情学生的教师阅读，有的也送给了校长潘序伦。

1949年，毛泽东为新华社撰写的新年献词《将革命进行到底》发表，立信党支部及时将其寄给潘序伦校长，宣传党的政策，争取他和党合作,也为即将到来的保护学校、防止破坏、迎接解放、取得校方支持合作的活动创造了有利条件。1949年3月中旬,党员郭涵东在大夏大学(现华东师范大学校址)被捕,党支部积极营救,党员房南生与学校训导长商量,希望校方证明郭是立信学生,外出时被捕,训导长同意这一做法。经过多方设法,并在校方配合下,郭涵东同学终于在4月18日获释。

1949年3—4月,国民党企图在上海负隅顽抗,做垂死挣扎,策划在立信校园内设置炮位,作为一个军事据点。立信党支部立即组织同学坚决反对,组织安全小组,日夜轮流值班,不许反动军警进入。同时由金声远带领部分同学去上海交通大学求援,隔天,上海交通大学近百位学生来校声援,与立信同学在操场上围成一圈,一起高唱《团结就是力量》,携手团结战斗。党支部还及时争取校方支持,校方也很配合。最终,这个炮位被迫移到校外,保护了学校的安全。

到1949年4月,上海即将解放,立信党支部按照上级党组织的指示,在校内建立党的外围组织"新民主主义青年联合会"(简称"新青联"),由党员范镇华负责,通过党员个别联系发展,共发展了20多人,对他们进行明确革命宗旨、遵守组织纪律等的教育,在上海解放前夕,发动他们参加了"人民保安队"。立信党支部在保护学校安全的同时,分配"新青联"调查徐家汇地区国民党军警驻地的力量配置情况,并把这些情况绘制成各种目标的设置图、地形图送交上级党组织。待到上海解放,他们又立即配合解放军接管国民党军警驻地,如毛森所在的据点等。"新青联"的成员,解放后都第一批转入新民主主义青年团。

上级党组织对立信市区部(二院)学生工作同样关心,1949年2月,原在立信柿子湾校本部的施智君、朱象贤两名党员根据党组织的指示转入市区部求学,开辟工作。起初,这两名党员和其他三所专科学校的党员共同组成地下党校际党支部,由施智君任支部书记。其主要任务是培养积极分子,迅速发展党员,迎接上海解放。施、朱两人即在市区部积极开展群众工作,首先在班级中建立级会,编辑级刊《晨钟》,从而发现积极分子,组织他们了解时事与形势,帮助他们理解党的政策,以提高认识,鼓舞斗志。经过近两个月的工作,一些积极分子很快涌现并成长起来,党支部从中发展了高蕴真、屠秀菊、谢世斌、富志权4名同志参加中国共产党。市区部由此单独成立党支部,由朱象贤任支部书记。

此时,上海已临近解放。党支部的任务除了通过党员和部分积极分子传递地下学联刊物开展宣传工作,还进行地区调查工作。党员和积极分子们装作散步的过路行人,调查现淮海路、复兴中路周围的情况。经过一番调查侦察,他们把13层楼(现锦江饭店北楼)一带的敌人碉堡、电台、重要仓库、铁丝网情况画成简图,送给上级党组织。还有的党员接受业务,到一些工商企业,向私营主宣传党的政策,要求做好企业自身的守护工作。校内则以班级为基础,抓紧筹备学生自治会,然后以学生自治会筹备组的合法名义向校方提出酌减学费、准备灭火器材、防止破坏等要求,取得校方的配合,一起做好护校工作。4—5月,党支部又组织了"人民宣传队",并发动党员和积极分子分头写标语、做臂章、印制解放军告示等宣传品,加以张贴,宣传"三大纪律、八项注意"和党的政策,以迎接上海的解放。[1]

1949年5月24日夜,人民解放军进入上海市区,5月25日,上

---

[1] 陆方、朱象贤:《激起了革命的浪花——立信会计专科学校(一院、二院)地下党斗争史》,中共上海市委党史资料征集委员会:《战斗到黎明》,上海翻译出版公司1989年版,第522—530页。

海解放的喜讯通过联络网迅速传到党员和积极分子中间,大家都以人民宣传队、人民保安队成员身份配合解放军进行接管工作。以后他们又根据组织安排,踏上新的征途,在各条战线上,为社会主义事业继续战斗。

第六章

改革开放的践行者

第一节　几度浮沉　初心不改

1949年4月,在丹阳的中共中央华东局——三野司令部驻地,华东联络部通知顾准写一封信给潘序伦,劝他留在上海等待解放,由联络部派人在上海送给他。

潘序伦也十分清楚,立信会计事业的根基在大陆。于是,潘序伦毅然留了下来,顾准的来信对此不无关系。潘序伦回忆说:"我曾一再提到和我一起工作了20年的顾准同志。上海解放时,他跟随陈毅市长和潘汉年副市长一回到上海,就来我家看我,并带来潘副市长的名片,代表他向我问候。潘汉年同志原是我原籍江苏宜兴县的远房族侄,他的长兄潘梓年在抗日战争时期,担任重庆《新华日报》总编辑,那时我也在重庆,常有来往,他称呼我为'四叔'。上海解放后,顾准任华东军政委员会财政部副部长,上海市财政局局长兼税务局局长,是陈毅市长和潘汉年副市长在财经方面的一位得力助手。他来我家劝我在上海市人民政府下担任一个职务,为国家为人民效力。但我因前半生受封建主义和资本主义的影响较深,一时尚难解脱,就对顾准说:'我以一个再醮妇的身份(指我已失足担任过国民党蒋政权下的高级官吏),来担任人民政府的公职,必将使我十分为难。因为在必须表态的场合,用进步的口吻来发言,有许多和我同样处境的人们会骂我为投机分子,无耻之徒;用落后的口吻来表态,又耽(担)心要为自己招致不良后果。因此,还是先让我闭门思过,等一段时期再说罢!'我就这样'自视清高',不问政治,回绝了他的好意……我虽没有出来为党工作,但还是关心我国的会计事业,鼓励和推荐介绍了不少旧同事和学生,到政府机关和企、事业单位任职。"①当然,潘序伦对自己培养的学生顾准能够为新中国服务,内心是十分高兴的。

后来潘序伦在回顾这段往事时又说:"在1949年5月上海市解放之初,由于我对共产党还怀有疑惧之心,因之我对党抱着避而远之的态度。我(之)所以抱这种态度:一是因为我出身于封建地主家庭,中年时期在上海圣约翰大学受的是美国教会的教育,此后,在美国留学三年,又受到了典型的资本主义教育,对共产党缺乏了解和认识。二是因为我曾在国民党政权内,三度担任了会计和经济方面的高级官吏,在中国共产党政权之下,担心是否会受到处分呢?"②

这次拜访后不久,潘序伦在接到潘汉年副市长的名片后,对潘汉年作了一次礼节性的回访。这次回访是由顾准陪同的。在江西路的上海市人民政府的会客室,潘汉年、潘序伦、顾准等人交谈甚欢。

1949年5月27日,立信会计专科学校师生以饱满的政治热情迎接了上海的解放,迅即于28日起全面组织复课。

新中国成立后,立信会计专科学校在中国共产党和人民政府的领导下,各方面工作通过不断改进和革新,呈现出新的气象。

立信的学生们响应号召,纷纷报名参加南下服务团、西南服务团和志愿赴东北参加国家建设。立信会计专科学校的校长、副校长和师生员工经过选举,组成了校务委员会,对学校开始推行民主化管理。学校相继建立了党支部、团支部、工会、学生会并自主积极地开展活动,促进了学校的团结进步,展现了新的风貌。除了继续

---

① 潘序伦:《潘序伦回忆录》,中国财政经济出版社1986年版,第51—52页。
② 潘序伦:《潘序伦回忆录》,中国财政经济出版社1986年版,第51页。

招收专科新生,学校还先后经华东教育部批准和受上海市财政经济委员会委托,开办了一年制的会计训练班、财经干部训练班,以加速培养国家急需的财会人才。此外,学校还推进课程革新,删除三民主义等内容,增设社会发展史、新哲学、政治经济学等新课,更新了会计、财经和语文等科目的内容。自1950年暑期起,毕业生的分配改由国家统筹进行,解决了解放前许多大学生"毕业即失业"的困境。

为适应发展经济的需要,人民政府迫切要求培养会计人才,健全会计制度。新中国成立后,在顾准等人的关怀下,立信又得到了发展。1951年,仅在上海,立信各种学制的在校生总共就达19 000多人。

顾准在任上海市财政局局长期间,委托孙际明翻译《苏联财政制度》,并将该书交给立信会计图书用品社出版发行。顾准还为立信会计专科学校的毕业生以及教员介绍工作。现在上海立信会计金融学院档案室还保存着一份由顾准局长、朱如言副局长签署的公函,标题为《为山东省人民政府邀请会计学术经验较好教员或教授介绍函》,其云:

一、接准山东省人民政府教育厅函,为拟成立一个会计专科学校,内分成本、政府、贸易、银行四科会计学习,派员来沪邀请学术经验较好的几位专门会计教员或教授。

二、你处对上项人材较多,特函请代为介绍。

三、山东省派来人系商专学校的教导主任宋毅同志,现住黄浦路十七号礼查大楼二楼207室山东省工商部驻沪办事处内,如须要详细了解,可请往该处接洽,并请将你处所介绍的名单告知。

> 右项即请，查照办理，见复为荷，此致
>   立信会计学校

上海市人民政府财政局局长　顾　准
副局长　朱如言①

立信会计学校接函，立即作了安排，圆满地完成了顾准所交代的任务。

新中国成立后，潘序伦请黎照寰继续在立信主持工作，并经学校董事会推荐，由黎照寰接替已经离沪的陈其采任立信校董会董事长。黎照寰为立信向国家输送急需的财会人才，竭思竭虑，成绩显著。这时的立信会计学校校长则由李鸿寿担任。

潘序伦因拟专心致力于会计学术的研究著译，请辞校长职务，被校董事会推任为名誉校长。至1952年10月，立信会计学校均在以校长李鸿寿、副校长陈文麟分任正副主任的校务委员会的领导下开展各项工作。

1952年，教育部决定对全国高等学校进行院系调整。6月，立信会计学校校务委员会即对此事作了专门研究，此时学校在校专科生近300人，教师包括专兼任教授、副教授在内共38人。9月，学校接到教育部通知，决定将私立立信会计专科学校与上海其他高等学校的财经院系合并，组成新的上海财经学院。为此，学校推定黎照寰、李鸿寿、陈文麟三人负责院系调整的各项事宜。10月，根据有关领导部门的决定，学校徐虹路校舍、家具移交给了上海交通大学，图书

---

① 摘自上海立信会计金融学院档案馆档案。

及市区部的家具随同学校师生员工一并转移到了上海财经学院。在各项移交手续办妥后,学校宣告停办。

当时潘序伦的心境,用他自己的话就是"革命的洪流滚滚向前,随着上海的解放,也把我推上了社会主义的道路,但我的心情却还是动荡不安,心有余悸,不知何以自处。当时我虽没有跟着蒋介石反动派逃到台湾去,而我对中国共产党的认识,也不是非常清楚的。所以,我接受社会主义思想,改造世界观,是有一个漫长过程的。好比攀登一座大山,在登山过程中确实感到艰难痛苦,但现在回味起来,真觉得'无限风光在险峰'呢!"[①]

为了专心一意在编辑出版财会书籍上再做些事情,潘序伦组建了立信会计编译所。

这时,潘序伦虽年近花甲,却自学了俄文,翻译引进了苏联的会计文献,由他编译的《苏联会计述要》《国营企业会计概要》两本书于1952年出版。

对潘序伦这时从事的立信会计编译事业,作为亲历亲闻者,立信会计出版社已故编审欧阳仲华告诉我们:

> 我是1951年秋进立信会计图书用品社的。报到之前,我曾去潘老当年建国西路太原路口的家中拜谒,请求指导怎样做好编辑工作。我向潘老谈了自己的思想:如果去立信是做会计工作,以我在母校学到的知识作为"资本",也许能够胜任愉快;但是,去做编辑工作,却心中一点"数"也没有,不知该怎样着手才好。这时,潘老鼓励我的大意是:教书是"百年树人"的事业,编辑出版也同样是育人的事业,但更富有特殊意义的是,图书是传世的精神食粮,更富有严肃性。编辑无非

[①] 潘序伦:《潘序伦回忆录》,中国财政经济出版社1986年版,第51页。

就是看稿改稿,如果我们给予"放行",则我们的责任也就不言自明。因此,只要本着"认真对待,一丝不苟"的态度,是不会做不好的。潘老还风趣地说,"谨小慎微"也许习惯上常常用作贬义词,但看来编辑工作却非"谨小慎微"不可。否则,"差之毫厘,谬以千里",完全是有可能的了。

这一年,建国后第一次全国出版工作会议在北京召开,社长顾咨博教授回来后在编辑部传达了会议号召全国各出版社都要按毛泽东题词"认真作好出版工作"的精神,在组织上要健全编辑部门和充实编辑队伍,在工作上要确立审读责任制,以保证出版物的质量。当时,我记得说了一句也许是不甚得体的话,我说,潘校长倒也有先见之明,他不也是这样说的吗?其实,任何事情都有它的客观要求和规律,循此考虑问题和工作,就是符合客观真理的,本就无所谓谁先说谁后说的问题。那时,编辑部主任为潘葆桦,他毕业于中央大学,曾在主计部门担任审计工作多年,潘老慕其才,聘他负责编辑工作。他以国家出版社为榜样,每周组织大家业务学习(政治学习是由工会组织的)和交流工作经验(实际上是建立编辑工作制度和秩序),为提高我们编辑的业务素质和出版物质量起了保证作用。

从另外一件事中,也可以探索潘老的编辑出版思想。

1952年,会计界掀起了一场"会计有无阶级性"的大辩论。潘老在这场辩论中没有表态。但是他一贯主张推广现代会计不应原封不动地照搬西方的理论和方法,而是应该根据中国的实际情况,为中国的实际服务的观点,仍是非常坚定的。从他的这一学术思想出发,反映在他的出版思想上,就是尽快地编出一套适合我国已经改变了的社会经济制度的会计教材。他自己动手组织编写的,也就是在1951年到1953年间出版的《会计学教程》一、二册,《国营企业会计概要》和《苏联会计述要》,即所谓新四册,以替代原已流行多年的、作为大学本科教材的《会计学》一、二、三、四册。在编辑出版这套教材时,潘老仍然本着他一贯的要依靠和培养新生力量的思想。《国营企业会计概要》的合作者俞文青(现上海财经大学教授),当时毕业于南开大学不久,在天津立信会计学校执教,用现在的说法,还是个小青年,但潘老一向爱才若渴,即邀其来沪共编这套新四册中的第三册。

潘老在将这新四册交付立信会计图书用品社编辑部时,一再叮嘱,一定要象(像)对待一切来稿一样,同样处理,不要有任何特殊考虑。记得那时,这四本书稿是由潘葆櫺先行审读,然后分交各人进行编辑加工,最后仍由潘葆櫺阅定发排。我经手编辑的就是《国营企业会计概要》,现在看来,我当时确也有点不知天高地厚,编辑加工完毕后,提了不少意见。稿子回到潘老手里,我一直提心吊胆。担心的是,如果意见不被采纳,岂不充分暴露了自己的无知!但是书稿发排前,潘葆櫺对我说,潘老对你的意见,不论正确与否、采纳与否,都一一斟酌过。正确的、采纳的自不待言,不正确的、未予采纳的,都将理由写了出来,作了解释。(潘老还)特别要他转告我,不要因为某些意见不被采纳而丧失信心,强调今后仍要坚持这样的工作态度。对此,我除深受教育外,那些未被采纳和不尽妥当的意见,由于潘老的详细指点,就成为我日后审读稿件的"资本"了。

建国后,潘老辞去立信会计专科学校和立信会计学校校长的职务,专心致志于会计图书的编辑出版。为此,他成立了立信会计编译所,作为广泛联系专家、学者,组织书稿编译,以及共同讨论研究学术问题的组织。记得当时每周定期聚会一次,地点在北京西路胶州路路口的柳沙村。参与这一学术讨论例会的人员并不固定,随着当时编译书稿的计划和进展而有所变动,但立信会计图书用品社的编辑部人员则经常是座上客。根据我自己参加这种讨论会的感受,觉得这对于一个编辑来说,真是大有裨益。一是可以及时了解会计界的学术动态;

二是可以广泛结识会计界人士；三是对即将编译完成的稿件，可事先对其内容和重点有所了解，便于日后的审读和编辑加工。实际上，这种做法证诸后来出版主管部门对出版社工作的要求，例如国家出版局1980年制订并经中央宣传部同意的《出版社工作暂行条例》中有关"作者工作"和"编辑工作"的部分，也包含着类似的意思。①

潘序伦在潜心著书立说的同时，还不时去徐家汇柿子湾校本部巡视并为师生做若干报告。

在一次报告会上，潘序伦结合形势，针对同学们的思想动态，动情地说，现在国家社会制度发生了重大变化，但不论是过去半殖民地半封建的旧中国也好，是如今的新中国也好，是未来的共产主义也好，会计这一学科，却是万世流芳，任何社会制度都绝对缺少不了的。我衷心希望同学们能认识到这一点，安安心心学好会计，毕业后才能用学到的知识，更好地为社会服务。

1952年夏，潘序伦辞去了立信会计图书用品社社长之职。他闭门谢客，用他自己的话说，过起了"寓公"生活，潜心钻研英美和苏联等国的会计理论。

抗美援朝的胜利，震撼了世界。在此之前，潘序伦曾有过"恐美病"，为中国的命运担忧。抗美援朝的胜利，使潘序伦这位自视清高、不问政治的老专家对中国共产党产生了敬佩和信任。他迫切希望参加政治学习和社会活动。潘序伦原本是一个无党派人士，经友人介绍，参加了中国民主同盟。

在党的关怀下，1957年春，潘序伦被推举为上海市政协委员，并

---

① 欧阳仲华：《我从事编辑出版工作的指路人》，《立信学刊》1993年特刊。

安排在市政协学习。党组织还指派他担任一个学习小组的副组长，他依靠群众，完成了组织学习小组的任务。

在1957年"反右运动"中，潘序伦未能幸免。他说："这原是给一个思想改造的好机会，可是由于我过去没有好好学习，阶级立场尚未改变，又不善于依靠群众，难以掌握会议和胜任学习小组组长的任务。我辜负了党对我的信任。这虽然也是对我敲起了警钟，但我并没有接受教训。以后又讲了一些不合时宜的话，因此，在1957年受到了批判和处分，给我的震动很大。毫无疑问，这时候我的心情是十分沉重和苦闷的。"①

潘序伦秉性耿直，对某些社会弊端敢于直言，在某次上海市政协的学习会上，讲了些不合时宜的话。在当时极"左"思潮的影响下，潘序伦受到了批判和处理。

批判的浊水甚嚣尘上，不一而足。1958年，潘序伦被错划为"右派分子"，同时还被撤销了上海市政协委员的职务，并被中国民主同盟上海支部开除。

1958年10月，上海财政经济出版社编辑出版了《批判右派分子潘序伦在会计方面的反动言行》一书，煞费苦心地罗列了潘序伦的所谓"罪行"：

> 在反右派斗争中，各种形形色色的右派分子被广大的群众揭发出来。潘序伦就是这些被揭发的右派分子中非常恶劣的一个。
>
> 解放前，潘序伦与帝国主义和官僚资本主义勾结一起，并以巧取豪夺的手段，创设和发展了他的"立信事业"立信会计师事务所、立信

---

① 《潘序伦回忆录》，中国财政经济出版社1986年版，第53页。

会计学校和立信会计图书用品社，并以此为政治资本，爬上国民党经济部次长的职位，积极参与了反动统治的许多活动。解放后，潘序伦怀着不可告人的目的，假借从事写作为由，一方面不肯出来为人民服务，以表示他始终效忠于反动政权，另一方面就在他所写的书本中，大量散布反动谬论。去年整风运动开始以后，潘序伦认为他所妄想的资本主义复辟的时机已到，不断地在政协上海市委员会和民盟各次会议上，以及其他许多场合，猖狂地向党、向人民、向社会主义进攻。

关于右派分子潘序伦的反动罪行，政协上海市委员会已经在去年八九月间举行过多次座谈会，进行揭发和批判。今年三四月间，又继续举行座谈会，并邀请有关单位，对潘序伦在会计书本中所散布的反动论点，作进一步的批判。

潘序伦过去一贯积极贩卖资本主义反动会计学说；解放后，当全国广大财会工作者已经在轰轰烈烈地学习社会主义会计理论的时候，潘序伦竟然玩弄手法，借学术研究为幌子，继续其贩私勾当，阴谋破坏社会主义会计，反对社会主义制度。为了让广大的读者认识潘序伦的右派面目，彻底粉碎潘序伦在会计方面的反动谬论，我们根据政协上海市委员会在今年召开的座会记录中，选择了九篇发言，汇编成册。①

在这始料未及的打击面前，潘序伦没有失去对社会主义的信念，仍闭门读书。后来，他被安排参加上海徐汇区政协的小组学习。1960年9月，他被摘去了"右派分子"的帽子。1961年，他出任徐汇区政协委员，并被恢复中国民主同盟的盟籍。

20世纪60年代，潘序伦和他的夫人张蕙生都步入了老年，他们的

---

① 《批判右派分子潘序伦在会计方面的反动言行》，上海财政经济出版社1958年版，第1—2页。

家庭充满着恩爱、和谐的气氛,两人琴瑟相偕,相濡以沫。从抗战时期开始,张蕙生在重庆帮助潘序伦创建立信教育事业,名扬国内外。但是,他俩的生活却非常俭朴。他们的宗旨是"取之于会计,用之于会计"。

有一次,学生蔡经济趁友人到沪之便,带了一件羊毛衫送给潘序伦,作保暖之用。潘序伦收到后,致信说:"非常多谢你的好意,这件羊毛衫是纯羊毛的(pure wool),我很久没有买过纯羊毛的衣服,而且事实上市上也无此高贵羊毛衫,想来其保暖程度相当之高。可是我们想起欠一位医生的人情特别多,无以为报,就将你送给我的这件羊毛衫转送给这位医生,希望他此后多些照顾我们,则我们就心满意足了。"①

潘序伦为人非常谦虚,一贯克勤克俭,宁可自己受寒受冻,而以人情为重,真是难得。

潘序伦那紧锁的双眉刚有所舒展,嘴角边才浮现出微笑,1966年,"文化大革命"开始了。在此期间,他遭受了难以忍受的冲击。他身经磨难,审查、批斗、检讨、抄家……

有人要潘序伦交代所谓的"罪行",并要他支撑衰老的身体,去接受"监督"劳动。他被下放到上海纸品一厂(上海立信纸品厂的前身)从事"惩罚性"的劳动……

出于对会计事业的执着追求,潘序伦身居陋室,伴着孤灯一盏和书卷数箱,自甘寂寞,安之若素;岁月流逝,始终不渝。

第二节 青春不老 老而弥坚

1976年10月,"四人帮"一举被粉碎,举国欢庆。潘序伦的精神

---

① 蔡经济:《潘序伦博士百年诞辰有感》,《立信史话》,立信会计出版社1993年版,第59—60页。

也为之一振,他立即将多年所蓄的长须,一剃而光,以示投身"四化"建设的决心。

严寒刚刚褪去,在潘序伦即将平反的前夕,他对人侃侃而谈的不是哀怨,不是感慨,而是要求重振"立信"、为会计事业再创辉煌。

潘序伦清楚地知道,时间对他来说,已经不会太慷慨了。所以,他来不及唏嘘和叹喟,紧要的是再干一番事业。

粉碎"四人帮"的第三年,党组织郑重宣布,为潘序伦以前的错案彻底平反,他的上海市政协委员职务同时得到恢复。

听了这个消息,潘序伦觉得自己多年所受的委屈和抑郁,如今一下子恍若冰释,他的心境更加舒畅。

潘序伦重新安排了自己的学习日程,经常提起精神,戴上老花镜,手握放大镜,认真阅读各种报刊和学习"参考资料"。在目力疲乏、卧床休息时,他则在收音机旁收听国内外政治、军事、法律、财贸、科技以及体育比赛等新闻,从不间断。他在居室的案头上高高地垒起了一叠叠国内外最新的会计文献。他经常工作到深夜,有时腿肿得油光光的,就坐在床上写作。他还参加了各种学术讨论和社会活动。

这一切都向人们展示了他魅力独具的风采,表明这位历经苦难而意志弥坚的老教育家老骥伏枥,志在千里。

回顾这段历程,潘序伦说道:

> 能使我自觉自愿地衷心乐意地接受社会主义思想,真正认识到"只有共产党才能救中国"的真理,则在党的十一届三中全会以后。当全国人民经受十年动乱痛苦的时候,我也受到难以忍受的冲击,但对会计事业奋斗的志愿,却始终不渝,念念不忘。粉碎了"四人帮",全国

欢腾,当时我虽已年逾八旬,亦在绝望叹惋声中觉醒过来,精神振奋,立即将多年所蓄的长须,一剃而光,以示投身"四化"建设的决心。(党的)十一届三中全会以后,拨乱反正,平反了解放以来的冤假错案,对我1957年被错误地批判和处分的问题,给予了改正。我更加关心党和国家大事,经常参加市、区政协和民盟组织的各种学习、会议等社会活动,积极阅读十一届三中全会以来的重要文献和历次全国人大、政协会议的工作报告,特别是学习《关于建国以来党的若干历史问题的决议》以后,更觉得我们的党是光荣、正确、伟大的,我们的国家是大有希望的。近几年来党中央的各项对内、对外方针政策和所有的主张措施,都深得民心,顺乎民意。党中央宣布:"我国知识分子的绝大多数,已经成为工人阶级的一部分,是实现'四化'的依靠力量";党的十二大又提出了到2000年工农业生产年总产值翻两番的宏伟目标,这些都使我受到了极大的鼓舞。鉴于随着国民经济"调整、改革、整顿、提高"八字方针的贯彻执行,经济振兴和新产业革命时代即将到来,作为经济管理重要组成部分的会计学科研究,亟待跟上。1979年初,我首先倡议在上海市成立全国第一个会计学会,同时建议大力举办会计职业教育,以解决会计人员严重青黄不接的问题。这些建议受到了上海市委和市人民政府的重视,于1980年秋,批准恢复了立信会计专科学校,使我平生夙愿得以顺利实现。同时还任命我为名誉校长,享受高级干部的各项待遇,给予我无微不至的关怀和照顾,真使我百感交集,感激万分。

我现在起步虽已晚了点,但我要竭尽有生之年,积极响应"肝胆相照、荣辱与共"的号召,自觉自愿、全心全意地为人民多作贡献,坚决沿着党所指引的方向,在社会主义大道上前进![1]

---

[1] 潘序伦:《潘序伦回忆录》,中国财政经济出版社1986年版,第53—54页。

党的十一届三中全会的春风吹遍了祖国大地,万象更新,百业复苏。潘序伦认为,"作为一个终身从事会计工作和教育工作的我,当然希望我的会计事业和教育事业在大好形势下继续下去;更希望我的弟子们能'青出于蓝而胜于蓝',把立信会计事业发扬光大,并能在振兴中华的年代里,为'四化'建设大业作出更大贡献。这对我的晚年将是个莫大的安慰!"

鉴于当时国内企、事业各界的会计工作人员量少质差,青黄不接,远远不能满足我国经济蓬勃发展的需要。在潘序伦倡议下,1979年在上海市组织成立全国第一个会计学会——上海市会计学会,随即开展了各项学术讨论,出版了《上海会计》(初名《会计通讯》)和创办了业余会计学校。翌年,中国会计学会成立,潘序伦被推选为上海市会计学会和中国会计学会的顾问。

1979年1月18日,潘序伦以上海市会计学会筹备委员会委员的身份,出席了在上海陕西北路市社联会堂举行的上海市会计学会成立大会,他在会上发表讲话。

潘序伦在讲话中,语重心长地对会计学会及其广大会计工作者提出殷切希望:

第一,学会要组织总结我国过去的一些宝贵经验。1949年以来,我国广大的会计工作者在30年的会计工作实践中,积累了丰富的经验。如果能把这些亲身经验整理和总结出来,从而逐步提高到理论的高度,那是非常宝贵的。他希望上海市会计学会能够领导和组织这项工作,因为它对我们在实现四个现代化的过程中不断提高会计理论水平,改进会计实务工作,打好会计学术基础和发掘会计科研人才都有很大的作用。

第二,学会要组织会员学习外国的经验。过去30年我国会计工作者学过苏联的经验,对其他国家的经验却学习得不多,或者根本没有注意。实际上,苏联会计方面的经验,基本上是从欧美资本主义国家引进的,并没有什么新的创造。可是30年来资本主义国家的企业管理出现了很大的变化,那就是出现了应用数学的方法来进行管理的管理科学和应用电子计算机的管理情报制度(或管理信息系统)。这是企业管理上的大革命,叫作"科学管理革命"。在电子计算机出现之前,管理方面的情报制度基本上就是会计制度。在电子计算机出现之后,情报制度这个职能被擅长这一行的经理人和情报制度专家们接过去了。会计界在这一方面起步较迟,直到(20世纪)70年代才赶上步伐。美国的一些主要会计学术团体都在这方面进行了探索,主办各种有关电子计算机和情报制度的讲座和讨论会,提供进修这种新知识的教学方案。大专学校也都开设有关这方面的课程。所有这些东西,对我们来说,都还很陌生,特别是我们过去对于数学方法注意得太少。但是在大生产日趋现代化的今天,要想满足于按我们过去的老办法行事是不可能的。我们会计学会和学会会员应当及早学习和研究这些新的课题,否则我们会在将来的客观要求面前感到措手不及。为此,会计学会有必要组织学习讲座,组织学习有关电子计算机(电子数据处理)方面的知识,有关管理科学、情报制度、运筹学等方面的知识。这对我们很好地研究如何吸取外国的好经验,做到"洋为中用"来说,是大有好处的。在组织这种讲座时,目前可能还要争取"外援",请国内外一些对运筹学方面、电子计算机方面有研究的人来给我们讲课。除此以外,为了要使广大非会员的会计工作者能够学习外国经验,组织收集和翻译出版会计书刊资料也是十分必要的。

第三,学会应组织研究我们在实现四个现代化过程中所遇到的新问题。举一个例子来说,"土地"一项在我国会计科目中没有被列入。现在我们如果同外商合办企业,占用的土地就不能不予以考虑。对于原来的国营企业来说,如果要比较占地面积很大的企业与占地面积较小的企业的经济效果,不考虑它们各别占用土地面积这个因素,实际上是不妥当的。又如,将来企业提奖励基金,如果要以利润为基础,那么"收益决定"问题势必会提到议事日程上来,那时所遇到的问题就更多了。不仅仅是新问题,就是过去在会计基本理论和实践上所没有很好研究的问题,也都值得我们仔细地检查一下,提出来进行研究。总之,组织研究会计理论与实务上的新旧问题,是我们会计学会理所当然的任务。

第四,学会应迅速担负起会计人员的培训和普及教育工作。比如说,有许多企业的管理者对会计比较陌生,看报表也感到困难,这对提高管理水平是不利的。过去往往仅从报表通俗化、简单化的角度上动脑筋,这是不够的。所以学会还需要做些普及教育工作,使企业管理者不仅能看懂报表,而且还能懂得一些会计知识,对管理水平的提高,好处极大。又如,会计人员现正处于青黄不接时期,这是大家知道的,单靠学校培养,恐怕不能满足迫切的需要。学会自当考虑组织一些力量,利用电台、电视,举办短期业余讲座,或为某些大型企业,举办会计人员的业余培训工作,以济急迫的需要。这也可以补充学校教学力量一时难以照顾到的一面。

第五,为了使上述各项工作能够顺利地开展,有两项工作也是十分重要的:一是出版工作,二是资料工作。如果学会不搞出版工作,则上面所述总结、翻译、研究等项工作取得的成果就不能发挥普及作用。有关各种会计问题研究的文章没有刊物发表,也得不到广泛交流讨论的效果。至于资料工作,学会在短时间内不可能设立图书馆,但是否可以考虑建立一套有关会计方面的图书资料目录卡片,上面不仅注明图书资料的名称、作者及出版时间、地点,而且指明这项资料可向哪里(哪个学校、工厂或图书馆)取得。如果学会会员由于研究上的需要,要借用该项资料时,学会可办理介绍或代借的工作,为会员进行研究工作提供方便。这就要求学会资料部门能与各项资料的持有机构事先联系。这种服务在国外图书馆行之已久,我们如能试办一下,倒也是个创举。

潘序伦在这一讲话的最后表示,他虽年老,体弱多病,但仍当追随各位,在以党中央和各级领导同志的领导下,在完成我国新时期的总任务这一宏伟事业中,贡献出他最后的微薄力量。

潘序伦的讲话涉及学习外国的经验、电子计算机、管理科学、情报制度、运筹学等学科建设,既富有前瞻性,又有操作性,得到了大家的赞同。

潘序伦在那天的会议上,宏论倜傥,风采不减,因而给当天在场的诸尚一[①]留下深刻的印记,他回忆说:

> 1月18日上午八时半左右,我去陕西北路上海市哲学社会科学学会联合会,参加会计学会的成立会。刚到门口,迎面一辆小汽车驶近,步下车来的是上海财经学院副院长李鸿寿氏。我正待招呼,见他神情肃穆,忙着躬俯身往车厢里搀扶一位老者出来,便住口站过一旁,细看是谁。
>
> 冬日的上海,早晨每多云雾,可这天阳光煦和,分外晴朗。在李鸿寿的扶持下,那位老者稳稳地步出车厢,才踏上街沿,便挺直起身子,向四周注视,一眼看到了我,还没等我认出是谁,便直呼我的名字道:

---

① 诸尚一,1913年出生于上海,1997年去世;历任《上海商报》经理、上海市会计学会副会长兼《上海会计》月刊主编、市注册会计师协会常务理事、市特约监察员、市住房委员会委员等社会职务,先后担任第一、第二、第三、第五、第六、第七届市政协委员,第六、第七、第八届民革上海市委副主委。

"尚一兄,好久不见了,你好么?"浓浓的宜兴口音,啊,是潘序伦先生!

已经十多年不见了。潘先生风采依旧,只是颔下的稀疏须髯略见灰白了。听说他也受到了"四人帮"的折磨,如今虽然已落实了政策,可毕竟是八十多岁的人了,谁能想到他还是那么矍铄,那么神采奕奕。

他也是来参加会计学会的成立会的。这位会计界的老前辈,仍然不能忘情于他所毕生倾注其心力的会计学术。他的到来,一下子便歆动了整个会场——这边叫先生,那里唤老师,亲亲热热地簇拥着他步向二楼休息室。随同潘先生来的张蕙生先生和钱素君女士,这时,也被他们的门墙桃李们团团围住,问长问短,再也顾不上潘先生了。

开会了,潘先生由会计学会会长黄逸峰、副会长王眉征等陪同就了主席台座。早一时没见到潘先生的与会者,闻风之下,都争着把目光投向他。他笑迎着满场掌声,微微点着头,向全场扫视。我过去没有机会亲承他的教益,但可以想见他在执教当时的风度也就是这样的吧?!

轮到潘先生讲话了。带着家乡口音的普通话,谈起了他正在读的刚从国外寄来的会计、系统工程等方面的书籍,随即用英语介绍了这几本书的原名,发音咬字还是那么清晰确切,完全不像是高龄而又荒废了多年的样子。

……在出席成立会的二百七八十位会员面前,他侃侃而谈,提出了那么几个问题:会计学术应该如何为实现我国的四个现代化服务?如何为经济改组和企业管理服务?如何运用电子计算机到生产管理和会计工作上来?等等。老前辈虽然白了须髯,可是宝刀不老,壮志未已,精神反而有胜于当年了!

在大家的推崇下,会计学会郑重决定:聘请这位会计界的老前辈担任顾问。伯乐空群,正是再也没有比这更孚众望的了![1]

---

[1] 诸尚一:《潘序伦风采依旧》,《尚公杂议》(第三集),百家出版社 1999 年版,第 81—83 页。

上海市会计学会的基金也就是在这时候由潘序伦捐助的。潘序伦说："我在'文化大革命'中被抄家的财物，全部作价人民币8万余元发还给我。我得到这笔发还的钱以后，当时想到自己已是年逾八旬，风烛残年，我的两个女儿也都已自立，我老夫妻俩毋需拥有这样一笔巨款。那时，正当上海市会计学会成立，我就把发还的半数4万元，捐赠该会作为基金。"①

对于筹建上海市会计学会等往事，当年做过潘序伦助手的丁苏民曾回忆说："经受'反右斗争'和'文化大革命'两次很大冲击的潘老师，在党的十一届三中全会后，虽已年逾八旬，思想豁然开朗，精神焕发，决心做个'老来红'，誓为祖国会计事业的复兴贡献终身。自1978年起，潘老师亲自召集立信老校友陆修渊、陆梓樵、王成杰、顾福佑、凌廷熙、蒋春牧、王庭桂、施明璋、黄子仁、周以籛、周四新等，商讨成立上海市会计学会。此举得到了上海社会科学院黄逸峰院长和市财政局王眉征局长的大力赞助和支持，我国第一个会计学会终于在1979年1月18日在上海诞生了。（学会）选举黄逸峰为会长，聘请潘老师为名誉会长。为了支持会计学会开展工作，潘老师以'平反'发还的抄家财物——人民币四万元，捐作学会基金，而自己依然过着粗茶淡饭、勤俭节约的日子。"

说起丁苏民先生辅助潘序伦，那是基于丁苏民与立信的渊源。据他本人说：

1934—1935年，我白天工作，晚上到河南路吉祥里常常作业到深夜，星期日也很少休息，任课老师有：高级商业簿记和会计学为陈文麟

---

① 潘序伦：《潘序伦回忆录》，中国财政经济出版社1986年版，第57—58页。

老师,成本会计为施仁夫老师,审计学为顾询老师。最后结业时,潘序伦校长、李鸿寿教务主任和我们一起摄影留念。同班同学有周信、凌廷熙、吴履绥等。师生之间感情非常亲密,直到现在仍未间断。由于我的学习成绩名列前茅,在修毕成本会计课后,母校就叫我担任成本会计助教。同时,我的工作也由簿记员、会计员跃升为主办会计,并最后考进了大中华火柴公司会计科。不久,抗日救亡怒火烧遍祖国大地,立信同学会在进步校友顾准等领导下,组织了歌咏、话剧、学术报告等活动,不少同学都由此踏上了革命、救国的征途,我也是其中之一。

他还说道:

1979年起,承上海社会科学院院长黄逸峰之约,受聘为该院特约研究人员。此时潘序伦老师兼任该院顾问。由于潘老师年老体弱,需人帮助料理公私杂务,我受陈敏之(顾准胞弟)副所长之嘱,兼任潘老师的助手,直至1985年11月潘老师病逝为止。在长达七八年时间里,我追随潘老师左右。

1979年3月,潘序伦出席了上海市哲学社会科学联合理事会联合会议,并当选为主席团的成员。1984年社联再次开会,又推举他为顾问。

中共十一届三中全会以后,随着现代化建设的开展,会计工作又被提上议事日程。1980年3月5日,潘序伦在上海《解放日报》上撰文,呼吁全社会重视会计工作。

同年7月,当潘序伦得知提高现代化企业管理水平与财会队伍青黄不接的矛盾相当突出时,他又一次提出复办"立信"。在接受上海《文汇报》记者采访时,潘序伦算了一笔账。他指出,就数量来说,上海工业企业财会人员只占职工总数的0.9%，按规定比例推算，还缺财会人员1万名左右。而且现有财会人员中将近一半没有受过专门训练，很难进行财务分析和促进企业经营管理。靠现有的几所财经学校，每年只毕业1000名学生，远远不能满足各行各业加强管理的需要。谈话之中，焦急之情溢于言表。

作为一个会计教育家，面对这种状况，怎能不心急如焚？潘序伦想：国家急需会计人才，而社会上的待业青年，却缺乏专门学校培养，如果恢复"立信"，不是可以为国家输送不少有用的人才吗？

于是，他多次向上海市的有关部门写信，述说自己办学的心愿。他的双腿肿得不听使唤，于是他只好把老立信的一些同仁请到家里，商谈有关办学事宜。潘序伦提出，学校的开办费，由他承担，他把一张5000元的银行存折交给了同仁。

潘序伦还设法找到了上海市财政局副局长顾树桢，详细陈述了复校计划。谈着谈着，潘序伦兴奋得脸上泛着红光。顾树桢倾身用心听着，不时地插上一两句话。不知不觉，他们谈了好几个小时。一位教育家、一位局长，两人虽然素昧平生，但为了祖国的"四化"大业，为了培养会计人才，他们想到一起了。

他们的手紧紧地握着，他们的心息息相通，他们决意共同肩负起历史重任，为立信会计专科学校的复办而戮力合作。直至华灯初放，他们才握手告别。

立信被上海市人民政府正式批准复办是在1980年10月20日（以后立信的校庆日即定于此日）。但是酝酿复办立信早在1978年就开始了。据老校友施明璋介绍：

1978年10月11日，凌廷熙学长收到北京吴履绥学长一封关于编写立信同学会史的来信。1978年11月5日,在上海新昌路87弄75号老凌家中,我们在十年动乱中老死不相往来的立信校友陆修渊、陆梓樵、李燮泉、王成杰、蒋春牧、王庭桂、施明璋、周豫康、丁苏民、朱柏青、凌廷熙等11人终于相聚在一起,共同追忆立信同学会史。会上,陆梓樵同学提出成立会计学会的建议。11月9日再次在老凌家聚会,参加者增加了黄浦、张更生、唐根才、顾福佑、沈尉平5人,集中讨论成立会计学会问题。时隔两个多月,即1979年1月18日,上海市会计学会诞生了。凌廷熙、周豫康参加了学会工作。由成立会计学会,便引发了复办立信会计学校。1979年9月30日,在我家聚会,重点讨论立信同学会史料和复校两件大事,出席的有:陆修渊、黄浦、丁苏民、蒋春牧、周以策、王成杰、凌廷熙。在此前后,潘校长也一再指示要复校。在凌廷熙的记录中有这样一段记载:9月23日,潘老对凌说,可以考虑由立信同学用立信校名办校。10月7日,十几位立信老同学在人民公园茶叙会上表示:只要恢复立信校名和立信校风,大家都愿"拼老命"。10月11日,丁苏民、凌廷熙、施明璋三人去潘老住地专门汇报办校事宜。10月15日晚,丁苏民、周以策、王成杰、凌廷熙又去黄浦家中商谈办校事宜,并由丁苏民向陆修渊通报近日酝酿情况。10月16日,凌廷熙向蒋春牧通报情况,并由蒋转告王庭桂、黄子仁。10月18日,黄子仁、王庭桂、凌廷熙同往蒋春牧家中交流近日办校活动的进展情况。10月23日下午5时,丁苏民、施明潭、蒋春牧、凌廷熙在王庭桂家中共商去教育局申请办校的打算。11月4日,在上海社会科学院309会议室讨论立信复校筹备工作,出席的有:王成杰、周四新、徐一尘、凌廷熙、李燮泉、丁苏民、陆修渊、陈敏之、黄子仁、施仁夫、王庭桂、施明璋、江麟年、周豫康、王文彬、詹家忠、姚爱珠、杨其昌、周以策等19人。会议最后由陈敏之同志作总结发言,确定:(一)立案报批,(二)建立领导班子,(三)组织工作班子。11月13日,丁苏民、李燮泉、王庭桂、王成杰、江麟年、黄子仁、凌廷熙、施明璋8人在老凌家开会,讨论复校计划和报批问题。12月4日,又在老凌家开会,讨论立信挂靠单位等问题,出席的校友有丁苏民等15人。吴履绥学长适来上海,也参加了讨论。12月30日,在丁苏民家讨论办学的备案问题,参加者有:王成杰、凌廷熙、周四新、王庭桂、丁苏民、陆梓樵、施明璋、杨其昌、蒋春牧、李燮泉等10人。①

施明璋提供的材料表明,立信复校是在潘序伦登高一呼的情况下,广大立信同仁共同努力的结果。

1980年8月25日,潘序伦会同顾树桢等11位教育界、经济界知名人士,联名向上海市有关部门发出倡议书。他们为国兴办会计教育事业的拳拳之心,受到了人们的称赞,也得到了上海市人民政府的首肯。

1980年10月10日,上海市教育局、市高教局、市财政局联合向上海市委、市政府报送关于复办立信会计专科学校的请示,并附上述倡议人正式拟就的《关于复办立信会计专科学校的倡议书》。三局在请示报告中对学校性质提出的意见是:立信会计专科学校为地方政府举办的财经类专科学校。它的任务主要有:一是参加本市高等学校自费走读生的统一招生,为地方培养高级财会人才;二是接受有关部门委托,培训和提高工交、财贸系统在职财会人员的业务水平;三是附设会计职业学校,培养中级财会人才,并在条件成熟的时候增设会计函授学校,为待业青年和农村财会人员提供学习机会。附设的立信会计职业学校属自费走读中专性质,拟在每个区设分校一所,总校负责教学业务指导。

10月20日,上海市人民政府发出沪府(1980)135号文,同意立

---

① 施明璋:《酝酿复办立信的经过》,载朱坚强、何佩莉主编:《立信往事》,立信会计出版社2013年版,第172—173页。

信会计专科学校复办,要求"复校工作,要依靠社会各方面的力量,挖掘潜力,以广开学路,培养急需的财会人才,适应'四化'建设的需要"。

这一天标志着立信会计专科学校从此进入一个新发展时期。

立信会计专科学校校务委员会召开会议,宣布经各方磋商产生的45名校务委员名单,除潘序伦,还有马一行、顾树桢、胡远声、段力佩、黄朝治、陈敏之、顾濂溪、陆修渊、张更生、顾福佑(以上为学校复办倡议人)、王眉征、黄逸峰、黄凉尘、许毅、杨纪琬、郭森琪、龚清浩、娄尔行、姚惠泉、史景星、吕更、李贤达、吴羹梅、陈铭珊、诸尚一、陈穗九、王文彬(以上为财会主管部门、财经院校等方面人士)、李鸿寿、李文杰、张蕙生、钱素君、施仁夫、王澹如、黄浦、储启蒙、王庭桂、陆梓樵、徐日清、徐惠勇、丁苏民、李燮泉、蒋春牧、王成杰、施明璋(以上为立信同仁、校友)。① 与会者推选黄逸峰为校委会主任,马一行、王眉征、顾树桢、李鸿寿为副主任,并推举潘序伦为名誉校长,推选王眉征为校长,顾树桢、段力佩、胡远声、顾福佑为副校长。校务委员中的党员另行开会,推定由王眉征、马一行、顾树桢、段力佩、胡远声、陈敏之、陆修渊组成党组,王眉征为党组书记。

得知上海市政府正式批准恢复立信会计专科学校,潘序伦大喜过望,并愉快地出任了名誉校长。"立信"的复办,实现了潘序伦多年夙愿,也得到了社会各界的鼎力相助,老教育家、育才中学校长段力佩将中学的部分教室借给了他们。

10月25日,无数人翘首以待的立信会计专科学校复校首届开学典礼,假座黄浦区政府大礼堂隆重举行。潘序伦高兴地出席了典礼并发表了讲话。他怀着激动的心情,勉励全体师生在党和政府的领

---

① 名单的先后以及括号中的文字均为当时原稿记录,见上海立信会计金融学院档案。

导下,发扬"立信"优良的办学传统,以"建立信用"为目标,当老实人,说老实话,办老实事,逐步发展多样化的办学形式,按照严格和实用的要求培养人才,为祖国"四化"事业作出贡献。

时任上海市市长的汪道涵发来书面贺词,祝愿"立信会计专科学校在我国社会主义现代化的进程中,源源不断地培养大量的会计人才,为提高经济管理水平作出新的贡献"。

王眉征在会上致开幕词,上海市有关领导舒文等参加了大会。财政部会计制度司、财政科学研究所等部门以及海内外校友发来贺电贺函。次日,上海的《解放日报》《文汇报》均作了报道。

没过几天,潘序伦来到育才中学。看看这,望望那,他伫立在校门口,抚摸着刚刚挂上的"立信"新校牌,不禁百感交集,回想往事,恍

1980年10月,潘序伦、马一行、顾树桢等11位教育界、经济界著名人士倡议复办立信会计专科学校,名誉校长潘序伦在临时校舍育才中学门口留影(左起:顾福佑、潘序伦、王眉征、段力佩、顾树桢、胡远声、黄朝治等)

若隔世。

他兴奋地说:"一生夙愿,在共产党领导下,得到发扬光大,我真万分高兴。"他深深感激党对他的关怀和支持。

在立信会计专科学校复办的同时,由专科学校附设的立信会计职业学校也在紧锣密鼓地操办之中。1981年1月,立信会计职业学校在应届高中毕业生中录取中专新生816名,2月16日正式上课,2月22日举行开学典礼。经上海市教育局与各区县教育行政部门研究商定,并取得有关学校的配合支持,立信会计职业学校在黄浦、杨浦、虹口、闸北、长宁、卢湾、南市、静安、徐汇九区,嘉定、上海、宝山、川沙四县先后设立了分校。据参与复校的校友黄华麟回忆:

> 回顾(20世纪)30年代,我从家乡来到上海,由于求知欲的驱使,毅然进入母校学习。在潘序伦老校长和陈文麟、李鸿寿、钱㲀澂、顾准、顾询等老师的悉心教导下,我逐步掌握了会计知识,并在工作中加以运用。数十年来,我所以能在会计战线取得一些成就,与当初各位老师,特别是潘老校长的谆谆教导是分不开的。饮水思源,对母校倍感亲切。
>
> 当1980年下半年经上海市人民政府批准复办母校时,我出于对母校的热爱,欣然应邀参与复办工作。
>
> 根据当时市府文件精神,除复办立信会计专科学校外,还设职业学校(中专性质),并要求在各区、县设立分校。这是一项相当繁重的任务。为了完成这项任务,必须在市、区部门的领导下,依靠社会各方面力量来进行。经过多方联系,结果决定在九区、四县成立十三所分校。其中重点分校由母校指定专人会同有关中学进行筹建,一般分校则派联络员与学校保持经常联系。按照当时的分工,由我负责筹建静安分校。我通过静安区教育局的介绍,同瑞金中学接上关系。经过多

次与该校沈岳浩校长、郁桂英副校长等商量,很快在班级设置、教室安排、教师选聘、人员配备以及费用预算等方面达成协议,为建立静安分校奠定了基础。双方研究确定,由沈岳浩兼任静安分校校长,我担任副校长,郁桂英同志兼任教导主任,并由立信老校友陆梓樵同志担任顾问。

接着,我又和总校其他同志一起去市招生办公室看材料,办理录取新生事宜。1981年春静安分校正式开学。当时,招了两个中专班、两个预备班。1981年秋,为了适应社会需要,又试办了一个职工中专班。1982年春,举办了四个职工培训班。其后每年都招收中专和职工中专的新生,因而逐步成为十三所分校中办班最多、发展最快的一所分校。

……

特别使我们感到高兴的是,潘老校长对静安分校一直给以极大关怀和鼓励。他总是当面或亲自写信来勉励我们,并加以指导。记得有一次,他看到我们编印的《教学动态》刊登静安分校开展作文比赛的情况,就写信来要我把优秀作文投寄给报社发表,我就照他老人家的意见做了。当时他已九十高龄,他对静安分校的关心和爱护,使全校师生深受鼓舞,是推动静安分校不断前进的强大动力。①

复校后一直在立信中专工作的徐瑞洁回忆说,"在立信复校之初的一次会议上,我见到了潘老,他老人家慈祥而又闪烁着智慧的容颜,引起我内心激动,久久不能平息。会后潘老和我们谈心,话语不多,但语重心长。大意是:立信一直是来自五湖四海的,到立信来工作不分

---

① 黄华麟:《参与复校的一点回忆》,载龙一圆主编:《立信史话》,立信会计出版社1993年版,第81—84页。

先后都是立信的校友。立信创业不易,我们要齐心协力,继承立信传统,为立信争光。这次谈话深深铭记在我的心中,成为我以后十多年来做好工作的动力,为立信工作的光荣感和责任感,一直驱使我竭尽全力,为立信事业贡献微薄的力量,不辜负潘老对我们的期望"①。

1980年年末,潘序伦的活动繁多。据马钟榆回顾:1980年12月7日,在沪的原立信会计专科学校第十六届同学假借上海市政协会场,欢聚一堂,庆祝毕业30周年。我们特别邀请潘老和我们欢庆这一珍贵的时刻,潘老欣然赴会。不少同学在会上回顾了自己走过的历程,感怀自己今天在工作上、学术上能有所成就,离不开潘老和母校的培育,称赞潘老桃李满天下。潘老听了同学们的发言后,很诚挚地说:"我对桃李满天下这一句话的'桃李'并不十分喜欢,我还是更喜欢'松柏',现在国家要兴国,我们立信要兴学,立信会计专科学校已经市政府批准复办,我们要将立信会计事业办得像松柏那样,万古长青。"

潘序伦这一席话,使在座的同学感触很深,潘老的思想境界多么高呀!他不只满足于桃李满天下,而是要提倡一种"松柏"精神,经得起严冬冰霜的考验。他在启示同学们要为立信会计事业在各种磨炼中继续开拓发展下去。回忆当时,潘老正是不畏艰难曲折,为立信会计专科学校的复办到处奔波,他自己却过着粗衣淡饭的生活。前来参加会议时,他穿着深蓝涤棉中式棉袄罩衫、一双黑色布鞋,却将数万元财物捐给了学校;党和政府看到潘老居室不宽敞,三次要配给他住房,他都婉言谢绝,只希望已复办的立信会计专科学校,有一个自己的校舍,为发展会计事业培养更多的人才。②

---

① 徐瑞洁:《缅怀潘老》,《立信学刊》1993年特刊。
② 马钟榆:《纪念潘序伦老校长诞辰百年》,《立信学刊》1993年特刊。

1981年2月,立信会计编译所恢复成立,潘序伦任主任,副主任为王澹如、管锦康。9月,立信会计编译所恢复后的第一本图书《会计基础教材》由知识出版社出版。立信会计专科学校、立信会计编译所及上海会计师事务所的成立,标志着潘序伦为之终生奋斗的"三位一体"的立信会计事业,以崭新的态势,呈现在人们面前,正以昂扬的干劲为祖国"四化"奉献光和热。

潘序伦在1985年的一次谈话中纵论立信会计事业各个组成部分的关系。他说:"我们还在1981年2月,组织原立信会计研究编译所部分同仁恢复立信会计编译所,专门编译'新编立信会计丛书'和'立信财经丛书',为培养财会人材提供教材,已经出版了23种财会书籍,发行249.6万余册,仍然供不应求。去年年底又成立立信会计咨询服务公司,开展咨询业务。去年筹办的印刷厂现已正式投产。这些单位与学校的关系是:凡是立信所办的各项事业是一个整体。以大专为主体,各种层次、各种形式的学校是一个整体。有主有从,相互促进,使立信专科学校向多功能的方向发展,逐年减轻国家财政负担,力求自给。"

第三节 与改革开放同频共振

1978年12月10日,美国《时代》周刊发表了一篇题为《改革开放是个划时代的伟大传奇》的文章,作者是《时代》周刊总编辑艾略特(Elliott),文章称:"当代中国的改革是我们时代的伟大改革。它是我们所有人的故事,不仅仅属于中国。"在这个伟大的故事里,会计的改革扮演了一个非常重要的角色。

立信的复办,是中国改革开放的结果;立信的发展,同样与中国的改革开放同频共振。

立信会计专科学校原副校长孙庆元在论述潘序伦教育思想与改革开放的内在机理时说:

> 复校6年以来,我们的学校所以能够得到较快的发展,取得较好的成绩,除了党的路线、方针、政策正确,党和政府的重视和支持以外,我们深感潘序伦教育思想在立信教育事业的发展过程中有着重大影响,从而使立信的教育事业越办越兴旺。
>
> 我们认为,潘序伦教育思想的核心是改革。在创办立信会计学校的时候,潘老明确提出:办教育是为了"培养人才,发展实业,振兴中华"。这无疑是对当时教育指导思想的大胆改革,也是对传统观念的一个有力冲击。潘老也是引进西方会计知识和技术,改革我国古老的会计技术的先驱。全国解放后,潘老又率先成为研究苏联会计和经济管理的学者之一。他引进苏联(会计)学说,意在为社会主义祖国服务。20世纪80年代初期,潘老已近九旬高龄,仍孜孜不倦地研究电子计算机技术在会计工作中的应用。潘老的改革创新精神,永远是我们崇敬的楷模。
>
> 立信会计专科学校复办后,我们遵照潘老的教育思想,制定了在改革中复校、在改革中建设、在改革中前进的办学方向。首先,端正教育指导思想,摆脱就教育办教育的传统观念,主动适应社会需要,实行多层次、多规格、多形式办学,确定了"两主两兼"的办学方法。这就是办好大专为主、兼办中专;以全日制学生教育为主,兼办成人教育。我们1980年复校办大专,1981年开办中专,1982年增加夜大学,同年又举办了函授教育。此外,还开办了各种职业培训班。复校6年,在校学生(不包括函授生)比复办初期增长了10倍,其中大专学生增长近5倍。其次,在学生的管理和分配上,也改革了传统的做法,实行学生

第六章 改革开放的践行者

"收费走读,不包分配,择优推荐"和向用人单位实行"有偿分配"的办法。这样做,提高了学生求知的积极性,又运用经济手段促进了企业在用人时必须注意按需录用,人尽其才,防止人才积压;同时也补充了学校经费来源。这一改革,现在已经得到教育领导部门的肯定。现在我们正在进一步制定"供销见面"方案;用人单位可以与应届毕业生直接见面,也允许学生自谋职业以适应有计划商品经济发展的需要。再次,在学校管理方面,对干部改任命制为聘任制,建立了各级岗位责任制和干部考核制度;实行民主管理,建立了教职工代表大会制度。当然,这些制度还有待于进一步完善,但效果已经十分明显,我们的管理改革得到了上海市人民政府财贸办公室和高教局的肯定,成为上海市高校中实行管理改革第一批验收合格单位之一。①

1981年,潘序伦即将九十寿辰,上海各界要为他预祝生日,他执意不肯。后来,这件事传到时任上海市政协副主席张承宗那里。张承宗特意送请帖,诚邀潘序伦、张蕙生夫妇到静安宾馆,宴请他们。

潘序伦谢辞道,年纪大了,牙齿不灵,肠胃又不大好,就免了吧。

张承宗悉心询问潘序伦平日吃些什么,并吩咐宾馆精心置办。潘序伦感激之余,恭敬不如从命,愉快地接受了张承宗的款待,与其一起聚餐。

没过几天,潘序伦的本家请他们夫妇到玉佛寺游览,并设家宴祝寿。

这两次祝寿活动被潘序伦的学生和会计界同仁知道后,便不肯放过先生。然而他再三推辞,不愿兴师动众,铺张浪费,最后便在

---

① 孙庆元:《浅谈潘序伦教育思想》,载邵瑞庆主编:《潘序伦纪念选集》,立信会计出版社2009年版,第143—144页。

晚年的潘序伦、张蕙生夫妇

7月上旬假座上海市政协餐厅举办了潘序伦校长九十寿辰的茶话会。

上海市财政、会计、教育等各界人士雅集一堂,祝潘老校长九十寿辰。美国八大会计师事务所之一的何伯斯·赖布兰公司和诸其诚先生也到会,一致赞誉潘序伦作为"中国现代会计之父"当之无愧。潘序伦十分感动,表示要为振兴中华竭尽绵薄。

在潘序伦眼里,学生质量的优劣直接关系到学校的发展。每当年轻的学生去他寓所时,他总是不厌其烦地叮嘱他们克服困难、好好学习。

潘序伦一生爱校如家,将精力和钱款都花在立信会计事业上。晚年他与学生的一次聊天中,他发问立信意何谓?有人说:"立信会计者,潘序伦也。"

潘序伦不以为然,"立信是我的儿子",一语而出惊四座,无不称是。

**1983年7月,潘序伦出席立信复校后首届毕业生毕业典礼,
左起:顾树桢、许毅、忻元锡、潘序伦**

潘序伦是这样说的,也是这样做的,他数次捐款给学校充作经费。1984年,潘序伦向学校提出一个久藏于心的夙愿:筹集捐赠人民币10万元给学校(其中包括立信会计海外校友会顾问杨国树捐的4.5万元、香港实业家查济民捐的1万元),设立"潘序伦奖学金",用以褒奖优秀学生。

关于潘序伦的数万元捐款的具体情况,立信老校友、曾任学校财务处处长的潘华恭介绍说:"我们的老校长潘序伦教育了我。潘老是我非常敬慕的一位师长。1980年10月25日,'文化大革命'结束以后复校那天,我又看到了潘老穿了一件蓝布大褂坐在主席台上。我到学校财务处以后我看到潘老把补发给他的5万多元工资全部捐给了学校，他自己过得很清贫。后来，学校为他设立了潘序伦教学基金，但实际上没有动他那个钱，学校拨了一笔钱给基金，他的钱一直保留在财务处铁箱里。因为顾局长（指时任校长顾树桢）说，潘老这个钱我们不能随便动，必要的时候我们还要还给他。这样一个老校长，我对他非常敬佩。"①

20世纪80年代以来，随着立信会计学校在上海的复办，全国各地立信会计学校犹如雨后春笋，纷纷兴起或恢复。潘序伦基于上海的经验，提出三条原则：一是各地立信会计学校要由当地财政部门领导；二是取得当地教育行政部门支持；三是由当地校友会举办。这三条原则充分体现了立信的特色和继续发展的原动力。为了支持各地立信会计学校的开办，潘序伦除了担任上海立信会计专科学校的名誉校长，还欣然应聘出任各地立信会计学校名誉校长或董事长，并再三嘱咐，要把各地立信会计学校办好。

在国家财政部和各地政府的关心下，重庆、天津、北京、广州、南京、成都、桂林、南宁、无锡、宜兴、洪湖、玉林等地区都开办了立信会计学校，为当地输送了不少财经人才。

不少立信复校期间的校领导，至今还记得晚年潘序伦工作、生活的情景。魏人英（曾任中共立信会计专科学校党委副书记）回顾他第一次见到潘老的深刻印象：

> 那天潘老接见我们是在一间只有20平方米左右，既作会客室又兼起居室的卧室里。小小一个房间置一床、一桌、一书写台、一书橱、一单人沙发、一电冰箱，还有几把椅子。除了床头挂着一幅他在林间

---

① 《潘华恭：从"小潘"到"潘老师"》，上海国家会计学院口述历史项目工作组主编：《会计口述历史》（第二辑），立信会计出版社2020年版，第206页。

小憩的国画外,别无他饰。这就是蜚声国内外会计界前辈的寓所吗?完全出乎我的想象。当时正值盛暑,老人穿了一身已经洗得很旧的白色中装布衫裤,套了一双黑色圆口布鞋,活脱脱像一位乡间塾师。这位就是留洋海外,并先后获得硕士、博士学位的会计学专家、教授潘序伦先生吗?也完全出乎我的想象。没等我在两个直觉的"出乎想象"中回过神来,孙庆元同志就把我介绍给潘老。我随即奉上前几天填好的一首作为晋见礼的《沁园春》词(见《立信校友通讯》创刊号),对老人为开创和发展中国会计事业的贡献表示敬意。潘老非常高兴而认真地立即拆阅,边看边作低吟,还自言自语地说,《沁园春》的这个"沁"字,不少人常读成"xin",其实应读"qin",接着又简要地问了当时学校的近况和我的简历。为了不影响老人休息,且又是第一次见面,不久我们就告辞了。

徐文彬(曾任立信会计专科学校副校长)也追忆潘老的二三事:

1984年上半年潘老的一位老友的孙女要投考我校,潘老的女儿打电话给我,我就到潘老家中去了一次。潘老把他老友的信给我看了,信中的意思是要潘老"鼎力支持,破格录取"。我看了信以后说:"我尽量按信中的要求办就是。"潘老问我准备怎么办。我就把"鼎力支持,破格录取"的意思说了一下。潘老听了后说:"可不可以找个老师帮她复习复习功课,指点指点,让她考得好一点,这就是我对老友的支持。破格录取?我不能徇私,你们也不要为了我而徇私。"潘老这种公私分明的态度给我留下了很深的印象。

过去我常听说潘老经济情况虽较宽裕,但自奉甚俭。我第一次去潘老家中时,看到他家中的家具、用具确实非常简单,证明传闻非虚。但后来有一件事却给了我更深刻的印象。有一次潘老请美国著名会计师麦克劳在红房子餐馆吃饭。因为天气冷,餐厅中的暖气开得很大,在座的其他人都脱掉了厚衣服,只有潘老虽然额头流汗但仍穿着棉袄,大家劝他把棉袄脱了,以免出去时因室内外温差太大而受凉。可是潘老坚持不脱棉袄,大家都有点诧异。饭后送潘老回家,潘老脱下棉袄换衣服,大家方恍然大悟,原来潘老里面的衣服打了一个大补丁,有位同志随便说了一句,劝潘老做一件新衬衣。潘老却认真地说:"我的积蓄不多了,我要全部奉献给会计事业。这件衣服补一补还可穿,何必花钱去做新的呢?"从这里可以看出,潘老之所以自奉甚俭,其目的是要为发展祖国的会计事业尽自己的力量,这是一种崇高的奉献精神,应该成为我们后辈的楷模。

潘老勤奋学习,刻苦钻研学问的精神,一向为会计界人士所钦佩,潘老早年的求学生涯,我们不可能见到。但他晚年仍然渴求新知识的情况,却是我目睹的。有一次去探望潘老,见他正在做笔记,边上放着几本有关电子计算机的书籍。坐定之后,潘老就向我谈起学习电子计算机的事来。他说他最近身体较好,天天在学习电子计算机语言,读书不仅做笔记,而且也做习题。他认为会计今后总要走向电算化,搞会计的人总要学会使用电子计算机才行。但是由于年纪大了,记忆力很差。已经做过的习题,过几天又不会做了,他说他采取了一种"累计学习法"。做习题时把老习题先做一遍,然后再做新习题。我听了以后感到很惊讶。用这样的方法做习题,每天要做的习题越来越多,到最后学完一本书,要做多少习题啊!可是潘老对我说,他就是决心要这样做下去的。一个年逾九旬的老人,为了学习一点新知识,竟然有这样大的决心,实在令人钦佩。当时我对潘老学习计算机的决心还不大理解。我想,像他这样的年龄,恐怕不一定真能学会使用计算机,就是学会了也不会有机会让他亲自来操作计算机,那他为什么要下决心学习计算机呢?后来慢慢体会到,勤奋学习在潘老身上已成为一种秉性,渴求新知识已成为潘老的一种生活必需。潘老在会计学术上所以能达到这样高的造诣,恐怕与这种秉性是分不开的。当然这种勤奋学习的秉性决不是天生的,而是他在几十年的奋斗中逐渐养成的,而且是老而弥坚的。对照潘老这种如饥似渴地追求新知识的精神,看看现在一些在学习上浅尝辄止、不求甚解的年轻人,应该是羞愧无地的了。

听一些立信的老前辈说,潘老除自己勤奋学习外,对后辈对学生一向是诲人不倦的。他在晚年,很喜欢与年轻人接触。遇到立信的在校学生和青年教师去探望他,他总是非常高兴,兴致勃勃地与他们交谈,询问他们的学习情况。潘老谈的最多的是会计工作的重要性,希望年轻人能够立志在会计领域中做出一番事业来。潘老也常常指导他们应该看些什么参考书。凡是亲自聆听过潘老教诲的学生和青年教师,对潘老这种诲人不倦的精神都非常感动。我到立信的时候已经不属于年轻人了,但潘老也同样对我亲施教诲。有一次潘老问我过去写过些什么东西,现在有什么研究课题。我一一作了回答。我回答潘老的话以后又加了一句,说我年龄不小了以后恐怕不会有什么成果了。话一出口我就懊悔了,在潘老面前怎么可以这样讲呢?果然,潘老听了以后就恳切地对我说:"咦!你还在壮年,怎么能说年纪大呢?你担任行政工作以后,还是不要放掉专业研究的好,这两者是相互作用的,我相信你还是可能出成果的。"我听了以后,一方面深感惭愧;另一方面也把潘老的教诲深深地印在心里。在这以后,我还能拿出一点成果,写了几本书,(我取得的成就)与潘老的这番教诲也是分不开的。

1952年全国高等学校院系调整之前,立信会计专科学校属私立(私人办学)性质。1980年立信复办,立信会计专科学校是地方政府举办的财经类大专院校,属公办的性质。关于学校的隶属关系,上海市人民政府批文确定：立信会计专科学校由上海市政府财贸办公室、教卫办公室共同领导；人事、财务和办学规划由上海市财政局负责；学校的教学行政业务由上海市高等教育局管理和指导，其附设的职业学校的教学业务则由上海市教育局管理和指导。

这样的隶属关系延续到1983年。财政部为关心支持学校今后的发展，经与国家计划委员会、教育部，上海市人民政府反复商讨后，1983年9月30日发文给国家计划委员会、教育部，提出了"上海立信会计专科学校改由上海市人民政府和财政部双重领导、以上海市为主"的意见，国家计划委员会、教育部于当年12月6日复文给财政部，同意上述意见。复文中明确：财政部除在有关教学业务方面进行指导外，其他有关发展规模、专业设置、经费、投资等问题由上海市人民政府负责。

1984年1月，财政部人事教育司发文给学校，通知了上述隶属关系的变动，并在通知中特作说明："今后在教学业务方面的指导活动，视同部属其他院校。"1984年2月，上海市人民政府同意上海市财政局在请示报告中提出的意见：在隶属关系变动之后，立信会计专科学校的人事、发展规划等应同其他大专院校一样，单独设置，归属上海市政府财贸办公室管辖，财务经费仍由上海市财政局管理。

1995年10月，经上海市人民政府决定：立信会计高等专科学校由上海市政府财贸办公室划归上海市教育委员会管辖，财务经费也划归上海市教委统一安排。

立信复办后，潘序伦一直为校舍而操心，多次恳请有关部门及早解决这一问题。1982年12月2日，潘序伦致函汪道涵市长，吁请解决学校校舍问题；汪道涵批示给上海市政府教卫办副主任舒文，要求提出处理意见。1983年3月28日，潘序伦会同李鸿寿向上海市政协五届五次会议提出请求落实立信会计专科学校校舍的议案。

1983年,复办后的立信正沐浴着党的十一届三中全会的东风,大专部和夜校部、中专部、函授部等各种学制的在校生达到3 000余人,身为名誉校长的潘序伦当然十分欣喜。当时,财政部和上海市人民政府正酝酿成立立信会计专科学校总校,在各地设立分校,潘序伦等立信同仁也为此努力。

立信复办后,由著名爱国人士黄炎培创办的中华职业教育社也重新恢复,为此,时任中共中央总书记胡耀邦给该社主任胡厥文写了信。这年3月,兼任该社董事的潘序伦在"拜读了前赐胡厥老的手示"后,"亦同受鼓舞"。4月14日,潘序伦写信给胡耀邦,向他报告立信的办学情况。

潘序伦在信中表达了对复办了的立信能继续为祖国造就财会人才的"钦幸"之情。他恳切地表示:"序伦今已年逾九旬,恐难有所建树,但当此国家中兴,总该为祖国教育事业竭尽绵力,并根据我公对胡厥老的指示精神,决心把现在立信会计专科学校办好。"

潘序伦在晚年,一直为立信会计专科学校的复办而不辞辛劳地工作。原先他拥有好几处高级公寓,后大都捐给学校。十年动乱期间,他家受到冲击,被迁居到一间房子里,没有回旋余地,显得颇为不便。

复校以后,党和政府出于对潘老的关心,在华侨新村、康平路、乌鲁木齐南路等三处,先后给他安排了住房,潘序伦都辞让了。他恳切地表示:"上海住房紧张,还是把房子先让给比我更需要的中青年知识分子吧。"

1983年夏天,上海市有关部门又第四次给潘老分配住房。这次是北京西路江宁路口的京西大楼,它地处闹市中心,四间一套,设施齐全，交通也方便。但潘序伦还是执意谢绝了。

他对来人这样说过，专校（指立信会计专科学校）校舍未落实，绝不为个人安适作打算。

一时，"潘序伦四让住房风格高"在沪上传为佳话。

立信复校后，潘序伦被任命为名誉校长，时任上海市市长的汪道涵同志亲自向他颁发了任命书。由于潘序伦年事已高，校方专门为他配备一部专用轿车，他得知后甚为生气，认为这样过于奢侈，故屡加辞谢，只是有时因公或开会才乘坐。

每月5日，校长办公室派专人将潘序伦的200余元工资送至其寓所。有一次，这位年轻同志因故延迟数日，潘序伦关切地问道："是不是学校的工资发不出？"他表示，自己的工资可以首先裁减。得到回复是相反的，潘序伦的焦虑之心才安定下来。① 可见，潘序伦时时惦念着立信的前途和命运，牵挂着立信的师生们。

对帮助解决立信复办后商借中学的教室上课的困难，建造立信校舍，相关部门一直相当重视。1984年，经财政部、上海市人民政府同意，将立信校舍的建造正式列项，选址确定在上海市中山西路2230号。

经过征地、动拆迁、勘察等紧张的前期准备，校舍由上海市高等教育建筑设计院负责设计，上海市第七建筑工程公司承建。1985年10月举行奠基开工典礼，潘序伦为奠基石题了名，时任财政部副部长陈如龙亲临剪彩。

新校舍首期工程于1987年8月竣工交付使用。9月，学校迁入新址办公。

---

① 据采访立信办公室李旸先生的记录。

新校舍包括综合办公大楼11 604平方米,图书馆、阅览室、阶梯教室2 432.26平方米,教学楼5 346平方米,大礼堂、食堂3 557平方米,厨房、浴室1 084平方米,宿舍、车库2 418.6平方米等建筑群体,共计26 000多平方米,投资1 567万元,比原计划投资额1 845万元节约278万元。

潘序伦晚年除了担任立信名誉校长,还身兼数职,他出任了中国会计学会和上海市会计学会顾问、上海会计师事务所董事长、立信会计编译所主任、上海市社会科学界联合会顾问,以及上海市高级会计技术职称评定委员会副主任等职,热心从事会计、教育活动,贡献自己的"余热"。

潘序伦十分"重视会计工作",晚年仍然呼吁全社会重视会计教育。他认为,会计是管理国民经济的一个重要工具。随着生产的发展,会计的重要作用也愈益明显。他在1980年3月5日的《解放日报》上撰文说,会计的作用可以概括为三个字,即记、算、管,记就是记账,算就是算账,管就是管理。记账的目的是提供算账的资料,算账的目的是便于进行管理。由此可见,会计是进行经济管理的一个十分重要的工具。他强调要打好会计的基础,包括振兴会计教育,培训会计人才,为经济的腾飞服务。

20世纪80年代前后,以微电子技术为核心的新技术革命,包括微电子技术、光纤通讯、航天技术、新能源、新材料、生物工程、海洋工程等一系列新技术的重大突破和飞速发展,极大地改变了世界面貌和人类生活。对此,国际科技、经济界议论纷纷。人们预言在20世纪末、21世纪初的几十年内,把现在已经突破和将要突破的新技术,运用于生产,将会使整个世界发生一个社会生产力的新飞跃,人类将进入知识经济的社会,这无疑对我国实现"四化"是一个机会,也是一个挑战。面对严峻的挑战,潘序伦认真考虑着教育界、会计界人士该如何办。他当时提出的许多问题,值得人们深思。他在《新技术革命向会计界提出的问题》一文中指出:"我们说科学技术等于生产力,是因为新的科学技术可以带来巨大的生产力。而现代化的管理可以极大地提高生产力,所以管理也可以说是一种生产力。那么,会计是管理的一部分,算不算生产力呢?"①接着,他又就新兴的信息技术对会计工作对会计教学以及专业课程设置提出了自己的看法。他说:"过去,是用电波来完成通信任务。而现在发展成为用光来通信,就是大家知道的光纤通信。会计本身就是一种信息,随着电脑时代的到来,会计工作是否要来一个彻底的变革?目前,我国的会计记录、编制报表等工作都用人工来完成,以后是否可以用电脑代替人工……由于通信技术的革命,作为信息的会计不应忽视通信新技术的学习,如会计专业中过去无'电子技术'这一门课程,结合新产业革命发展的需要,会计专科学校相应地开设这方面的专业课程。学生不仅从书本上学,还要下工厂联系实际应用进行学习。过去认为中小学生用电子计算器不相宜,这会使儿童不动脑筋,会使脑子退化。属于数学学会的珠算专业人士,就认为中小学生还要学珠算的,现在的小学生都还是背了算盘去上学。但目前形势的发展,不仅要求中小学生会用计算机,还要进一步学会搞电子计算机的程序设计。连小学生的知识都发生了如此巨大的飞跃,我们会计人员不应急起直追吗?随着集成电路,超大规模集成电路的出现,对世界各国电脑的应用和发展,我们难道不需要急起学习吗?"②

潘序伦在这篇文章中还对会计人员的知识结构的更新提出了要求。为此,他认为必须及时调整充实学校的教学内容。他说:"现在

---

① 潘序伦:《潘序伦文集》,立信会计出版社 2008 年版,第 577—578 页。
② 潘序伦:《潘序伦文集》,立信会计出版社 2008 年版,第 577—578 页。

有一种说法,就是科学有'硬科学''软科学'之分。专家有'硬专家''软专家'之分。软科学的重心是管理,而重点是企业管理。既有科技知识又有管理才能的专家被称为'软专家'。会计是企业管理重要的一环,从发展来看,会计人员不仅要精通会计业务,而且还要学习自然科学、社会科学、哲学、心理学等知识。新产业革命的发展有赖于无限的智力资源,在现代领导体制中,无论是企业、科研机构还是政府机构,无不重视智囊人员的咨询工作。我们的会计专家应和其他专家一起,为社会主义'四化'建设各个领域的发展提供科学依据,提供最优的方案、策略和方法,以帮助领导部门进行决策。根据上述发展趋势,我们会计人员今天的智力投资,应该向什么方向发展呢?如何以只争朝夕的紧迫感,采取什么相应的步骤来更新我们的知识呢?"[1]潘序伦在这里提出一系列值得教育界深思的问题,他的"活到老、学到老"的精神以及教育必须与时俱进的观点,实在令人感佩。

1983年9月,在《经济日报》记者前来采访时,他强调,要发挥管理会计的职能,在做好传统的记账、算账、报账等工作的基础上,充分发挥会计信息的控制和反馈作用,逐步开展经营分析、前景预测、方案比较、预算控制等工作。

同年,潘序伦语重心长地指出,会计人员必须树立职业道德。他认为,会计人员的职业道德应该包含品德、责任和业务技术三方面内容。他说,品德方面应做到:遵纪守法,以身作则;坚持原则,廉洁奉公;忠诚老实,毋忘"立信"。责任方面是指会计工作要按政策办事,按计划办事,按原则办事,按制度办事。业务技术方面要求:记账、算账、报账都做到100%的正确。后来,这篇文章发表在当年的《财务

---

[1] 潘序伦:《潘序伦文集》,立信会计出版社2008年版,第577—578页。

与会计》杂志上。

关心年轻一代的成长,潘序伦把它当作一个教育家的分内之事。1982年5月,潘序伦代表上海市珠算协会,在中国福利会少年宫向孩子们赠送了一批制作精良的小算盘,希望小朋友们继承祖国的文化遗产,学好算盘、打好算盘,将来更好地为人民服务。

1983年,潘序伦还写了《一个会计学家的自述》,把他自己在青年时代的坎坷往事,误入歧途的曲折经历,如实地叙述出来,刊登在上海《青年一代》杂志上,希冀对青年有所启迪,有所帮助。此文发表后,被许多刊物转载,并被评为《青年一代》的优秀稿件。

潘序伦的晚年生活依然保持着勤俭淡泊的本色。他穿的是朴素的中式服装和布鞋,有的是补丁替补丁;吃的多是廉价的东西;住的仍旧是小屋;外出除了因公或开会,从不使用学校专门为他配备的小轿车。

潘序伦的老伴想买一台电视机解解寂寞,他不同意。一个学生知道后,非常过意不去,想方设法买好了电视机送上门来,潘序伦不得已才收下。潘序伦对自己如此苛刻,对教育事业却乐于慷慨捐助。

1984年7月14日,1 200多位立信学校在沪校友,欢聚在上海社会科学院大礼堂,举行立信上海校友会成立大会。当上海市会计学会副会长陆修渊校友宣布大会开始时,会场掌声雷动。

潘序伦在讲话中强调要继续维护立信的声誉,必须坚持"信以立志,信以守身,信以处事,信以待人"的校训精神,并寄希望于重建的立信校友会能对立信发展工作中遇到的困难,群策群力多作贡献,最后指出了知识更新问题,强调了它的重要性和迫切性,并豪迈地说道:"我们以前的学习口号是'活到老,学到老'。我已年逾九旬,因之我自己的口号是'活到死,学到死'。"

今天我看到校友中间，有些是老年，有些是中年，有些是青年，这叫做老中青三结合，济济一堂，共庆立信上海校友会的成立。我们全体校友面对这种情况，心情定然非常愉快。我在五十六年前创办了各种程度不同的私立立信会计学校，在老校友们的共同努力下，赢得了一些声誉，立信这块牌子原是校友们所共同创建的。到了现在，这块牌子已经是属于国家的了。现在我们的立信会计学校已经是国家办的了，是人民大众所共有的了，因此更应该依靠大家来维护它的声誉。

我常常想起立信会计学校以前之所以能在社会上赢得了一些声誉，最重要的原因，不外乎是立信毕业的学生，大都能在各种岗位上尽职尽力地做好他们的工作，没有做有损于学校名誉的行为。现在的各届毕业学生是否也能如我校以前的毕业生那样，坚持我校"信以立志，信以守身，信以处事，信以待人"的校训精神，使他们的工作也能得到工作单位和社会上的好评。我校校友们在全国的分布面很广，校友们一定能听到各方面对于我校近来各届毕业生服务的评语。假如评语是好的，也就算了；假如不好，我恳切希望校友们能把这种不好的评论，迅速反馈给我校领导，引起他们的注意，这是校友们帮助我们学校改进工作的首要办法。

今天，我们为了社会主义"四化"建设，加强会计、审计和经济管理工作，需要大量的高级、中级和初级的会计人员。我校经上海市人民政府批准，从1980年复校以来，经过四年的努力，总算已奠定了初步基础。我校的办学方针是多层次，多形式，学生自费走读，不包分配，由学校择优推荐的方式，受到了政府的重视和社会的欢迎，也为社会主义职业教育闯出了一条新路子来。外地各省市，远及新疆、西藏，也纷纷来函、来人要委托我校，代办训练班或培训他们的在职干部。现在上海立信大专日校、夜校以及中专、函授等部门的学生共计约5 000人，没有党的十一届三中全会的拨乱反正，重视科学，重视知识分子的方针、政策，我校哪里会有今天的这种局面呢？

面临着这样的大好形势，我一则以喜，一则以惧，喜的是我校在党的领导下，在财政部与上海市政府的双重领导下，有了新的发展，前程似锦。惧的是盛名之下，其实难副。除了上面已经讲到的毕业生的素质问题，我校在建设征途上，还面临着不少棘手的困难问题。例如：

1. 我校的新址虽已经市计委审定，建筑校舍的专款，虽已经财政部与市政府调拨下，但校舍的建筑设计，还刚刚开始，从破土动工到建筑完成，恐非经三年之久不能完成，这就要大大增加我校办学的困难。

2. 我校的教材编印事项，在新编立信会计丛书编委会的努力和大百科全书出版社上海分社的大力支持下，已经出版了近二十种，但远远不能适应国内各方面的需要，况且印刷出版的时间越来越长，以致我们新版的"立信会计丛书"，竟不敢在报纸上登载广告，假如新丛书能快速出版，它的贡献可能更好、更大。

3. 我校今天在师资方面也感到困难，由于缺少具有正教授职称的教师，因而不能培训研究生。还有新的课程，如会计电算化、审计、统计等，由于请不到足够的教师，也买不起价值昂贵、足供整班学生应用的电子计算机，因而难以多开这种课程。所有这些发展中遇到的实际困难，还得依靠全体校友们群策群力，从爱护母校及为祖国培养更多的财会人员出发多作贡献，这也是重建我校校友会主要目的之一。

至于改革之风，现在吹遍全国企业、事业，我们现在的立信会计专科学校，是不是也该追随上海交大、复旦学校之后，考虑一下在某些方面作一些适当的改革呢？我希望校友们对我校领导提出好的建议，并对于我校某些方面出现的不足之处提出批评，这也是能使我校办得更好的重要途径之一。

最后，我对全体校友，包括我自己在内，还要提出一项重要而紧迫的问题，就是知识更新。现在世界上的科技知识，不论是自然科学知识,还是社会科学知识,都在迅速更新,通常在三年或五年内就会更新一代。我们的知识如不经常更新,就会被人甩得更远。我们从前的学习口号是"活到老,学到老",我已年逾九旬,因之我自己的口号是"活到死,学到死"。各位都比我年轻得多,正是更新知识的大好时光。我也知各位工作很忙,但无论如何应该挤出适当时间来学习新知识,以免遭受时代的淘汰。关于这一点,我愿与各位相互勉励。

我的讲话完了,祝全体校友们身体健康,工作顺利,学习进步。①

1985年是我国杰出的会计学家、教育家潘序伦从事会计事业60周年。立信会计专科学校联合有关单位,举行隆重热烈的庆祝活动。

10月25日下午,上海市会计学会、上海市审计学会、立信会计专科学校、立信上海校友会在上海锦江小礼堂隆重集会,热烈庆贺潘序伦同志从事会计事业60周年。出席庆祝集会共有200多人,时任上海市会计学会和上海市审计学会会长、立信会计专科学校校长顾树桢,专程来沪的财政部副部长陈如龙,上海市副市长叶公琦,上海市政协常委寿进文,上海市哲学社会科学联合会副主席王眉征,以及加拿大审计总署主任莫多等参加了庆祝大会。

时任财政部副部长陈如龙发表了热情洋溢的贺词,他说,为表彰潘序伦先生对我国会计事业作出的卓越贡献,财政部特予颁发荣誉证书。

杰出的会计专家、教育家潘序伦先生,从事会计工作和教育工作六十周年,对我国的会计事业作出了卓越贡献,特发给荣誉证书。

中华人民共和国财政部
一九八五年十月二十五日

---

① 《立信校友通讯》1984年9月20日。

陈如龙在讲话中指出，潘序伦先生在青年时代留学美国，先后获得哈佛大学企业管理硕士和哥伦比亚大学经济学博士学位。他回国后，为了振兴贫穷落后的祖国，引进和传授西方先进会计知识和技术，先后兴办了立信会计师事务所、立信会计专科学校和立信会计图书用品社。60周年来，潘老先生应用国外先进学术成果，结合我国实际情况，编写和翻译了大量的会计财经书籍，培养了数以万计的专门人才。这些人才遍布祖国各地，成为我国财会战线上的骨干力量。可以说，潘老的学生遍天下，立信会计专科学校的名字与潘序伦先生的名字是联系在一起的。潘老先生积极拥护党的十一届三中全会的路线和政策，在垂暮之年，仍然为发展财经教育事业献计献策，为祖国的两个文明建设贡献力量。1980年在潘老先生的倡议下，立信会计专科学校复办。复校以来，立信已为国家培养了一大批人才。陈如龙高度评价了潘序伦的伟大贡献：60年来，潘序伦先生为我们会计事业作出了卓越的贡献，建立了不朽的功勋，在中国会计史上写下了光辉的一页。潘老先生崇高的爱国主义品德；拥护中国共产党并为祖国繁荣、人民富裕的献身精神；实事求是，理论联系实际的科学的治学态度；全心全意为人民服务，脚踏实地的工作作风；忠诚人民的教育事业，为振兴中华、培养人才奋斗不止的高尚情操，是值得我们学习和尊敬的。[1]

上海市副市长叶公琦指出：

> 在潘序伦同志从事会计事业60周年并荣获中央财政部颁发的荣誉证书之际，我代表上海市人民政府向潘老致以热烈的祝贺。

---

[1] 罗银胜等：《实用交际大全》，上海古籍出版社1991年版，第760—761页。

潘老是我国杰出的会计专家,著名的教育家,是培养我国会计人才和发展我国会计事业的先驱。60年前,潘老满怀振兴祖国民族经济的愿望,从西方学成归国后,创立立信会计事业,对推广近代会计知识,提高企业管理水平,取得了很大的成绩。日寇入侵,上海沦陷后,潘老只身奔赴抗日后方,在一无办学经费、二无校舍的困境下,到处奔波,向社会募集经费,为会计教育事业历尽艰辛。抗战胜利后,潘老重返上海,集资筹建立信会计专科学校新校舍。解放以后,立信继续为上海和全国各地培养了大批财会人才。高等学校院系调整以后,立信并入上海财大,但潘老仍继续关心并积极支持会计教育事业,研究会计新技术。党的十一届三中全会之后,潘老虽已年近九旬,而壮志不减当年,为了振兴会计事业,倡议复办了立信,采取了"自费走读、择优推荐"的办学新路子,既能更多地培养社会主义经济建设急需的会计人才,又为国家节约了大量办学经费。数十年来,潘老献身会计教育事业,治学严谨,著作等身,桃李满天下,驰誉海内外。他的爱国主义品德和献身会计教育事业的精神,受到了党和人民的高度评价。他所创办的立信会计专科学校已成为培养社会主义财会人才的一个重要基地,随着经济建设和教育事业的发展,必将更加兴旺发达,办出新的水平。

潘老年事已高,近来又患病住院治疗,我们衷心希望潘老善自珍摄,早日恢复健康。①

遗憾的是,潘序伦因病在中山医院住院治疗,未能亲自出席,委托了他的女儿潘屺瞻出席。

第二天,1985年10月26日上午,雨过天晴。坐落在上海市区西

---

① 罗银胜等:《实用交际大全》,上海古籍出版社1991年版,第761—762页。

南的中山西路 2230 号立信会计专科学校新校舍工地上,举行了新校舍奠基揭幕典礼。在此之际,潘序伦身染沉疴,与病魔作最后的抗争。他将生命置之脑后,唯一牵挂的还是立信。时任立信会计专科学校副校长的孙庆元记得很清楚:

> 那是潘老去世的前一天上午,他的病情已十分严重,而思维却仍然十分清晰。他反复询问立信将来会怎样,会不会这样,会不会那样。在他生命垂危的时刻念念不忘的仍是立信。如今,八年过去了,可以告慰潘老的是:立信,包括上海立信和全国各地的立信,虽然还存在着这样或那样的一些困难,但总的来说,都取得了很大的进展。因此,在今天纪念潘老诞辰 100 周年的时候,觉得最好的纪念,莫过于进一步办好立信事业。
>
> 潘老创办立信事业、领导立信事业,历尽了千辛万苦,整个过程为后人留下了宝贵的精神财富。作为潘老的一名学生,对这一切,当然不可能全面了解,然而潘老创办立信的许许多多做法,仍然一幕幕地浮现在眼前……①

1985 年 11 月 8 日,这是潘序伦生命的最后一天。他因患膀胱癌,医治无效,不幸在上海中山医院溘然长逝,终年 93 岁。临终前,他忍着病痛,写下了催人泪下的《潘序伦最后遗愿》:

> 恳切请求亲友、同志、同学们务必在我死后,切实按照我的遗愿执行,万分感激! 1. 不发讣告。2. 不收骨灰。3. 不开追悼会。4. 不收任何形式的奠礼,如花圈、花篮等。

---

① 孙庆元:《怀念潘老,努力办好立信事业》,《立信学刊》1993 年特刊。

> 我一生最喜欢节约一切物力、人力、财力,为建设新中国服务。

潘序伦作为中国会计教育事业的先驱,建立了不朽的业绩,高山仰止,景行行止。

1987年11月,为缅怀潘序伦,在新落成的立信校园内,立了一座青铜浇注的纪念塑像,供后人瞻仰。当看到时任财政部副部长陈如龙和时任上海市副市长叶公琦揭开红绸,露出闪着光芒的潘老塑像时,所有在场的人无不内心激动,思绪万千……

1993年春天,适逢潘序伦诞辰100周年,他的骨灰移存于立信校园。党和国家领导人发来题词。其中,时任中华人民共和国副主席荣毅仁的题词:

> 为我国的会计事业的开创、发展和壮大作出贡献!

时任中共中央政治局委员、国务院副总理李岚清的题词:

> 现代会计学宗师,职业教育之楷模。

时任全国人大常委会副委员长、中国民主同盟主席费孝通的题词:

> 建校建业,立信于民。

时任全国人大常委会副委员长、中国民主建国会中央委员会主席孙起孟题词:

敬业育人，会计先驱。

时任全国人大常委会副委员长、中国民主促进会主席雷洁琼的题词：

培育财会英才。

时任全国人大常委会副委员长王丙乾的题词：

发扬光大，再立新功。

值得一提的是，原上海立信会计学院和原上海金融学院于2016年6月合并组建为上海立信会计金融学院。

在新时代，"中国现代会计之父"潘序伦倾注一生的会计事业，由此进入一个崭新的发展时期。

后记：我与潘序伦研究

罗银胜

在潘序伦先生诞辰130周年之际，我回首从事潘序伦研究的经历，别有一番滋味。

作为立信大家庭中的一名成员，对现代杰出的会计学家和著名教育家、立信始创者潘序伦老先生，我素来心仪已久。1987年从上海市政府财办调至立信工作不久，《光明日报》上刊登征稿启事，约请教育界选择五四运动的中国现代著名教育家，将其业绩撰写成传，汇集出版。得知这一信息，当时学校的党政领导顾树桢等经过慎重研究，认为潘序伦老先生虽已作古，但作为一代会计泰斗、杰出的会计教育家，在中国现代教育史、会计史上留下了光辉的一页，理应为他编写传记。

由于各种原因，当时没有合适的人选来写传，领导决定由我来承担。我勉为其难，为完成好这一任务，克服种种困难，终于将初稿杀青。

潘老传记初稿完成以后，几经修改讨论定稿，交付编委会审阅通过，收入《中国现代教育家传》第八卷，于1988年7月由湖南教育出版社出版，赶在当年10月的立信60年校庆与大家见面。这部传记由老一辈革命家陈云同志题字，人大常委会副委员长周谷城先生作序，周老在序言中说道："现在，在选择一批教育实践和教育理论上有重要贡献的教育家,搜集整理他们的事迹和教育理论观点,编成他们的传记,这一工作,对于研究、建立我国现代教育科学理论体系,是不可缺少的。"周老所言诚哉。

这篇传记出版以后,《立信》校报和《立信校友通讯》每期以一定篇幅加以连载,由龙一圆主编、张立年为责任编辑的《立信史话》一书,也收录了潘老传记(立信会计出版社1993年11月出版)。1989年春天,由知名经济学家许涤新主编的《中国企业家列传》欲收录潘序伦传,副主编谢牧(曾任《经济日报》副总编辑)先生向立信元老、全国政协法制委员会副主任李文杰先生约稿。承蒙李老推荐,我承担了为潘序伦作传的任务,我着重刻画潘序伦的企业家风采,以及立信创业、敬业的企业文化、企业精神,比较成功地完成这一传记,也于1990年5月编入《中国企业家列传》第四册,由经济日报出版社出版。

由此开始,我对潘序伦先生生平业绩、学术思想、道德文章的研究从未间断,这方面的点滴成果有:《潘序伦会计教育思想及其办学实践散议》(《上海会计》1988年第11期)、《潘序伦学术思想及活动述评》(《上海会计》1990年第7、第8期)、《"信"就是责任感》(《新闻报》1989年1月14日)、《邹韬奋与潘序伦》(《解放日报》1990年7月12日)、《"中国现代会计之父"轶事》(《联合时报》1991年2月1日)、《中国现代会计之父——潘序伦》(《财会月刊》1997年第1期)、《潘序伦教育思想和办学实践研究》(立信会计出版社1998年11月出版)、《潘序伦先生与几位经济学家的交往》(《立信学刊》1998年第6期)、《潘序伦教育思想的渊源探索》(《立信会计高等专科学校学报》1999年第4期)、《潘序伦先生教育观刍议》(《上海青年管理干部学院学报》2007年第1期)、《潘序伦会计学术思想述评》(《云梦学刊》2009年第2期)、《他被誉为"中国现代会计之父"》(《文汇报》2018年

6月11日)、《大师情缘：潘序伦与他的知交们》(《解放日报》2018年7月12日)等。此外，我还在《立信》校报开设专栏，连载《潘序伦校长轶闻录》，从1989年10月开始，共近百期，未曾中断。

梁漱溟先生说："自己愈认真，从外面收来的东西就愈多，思想就一步一步地变，愈收愈多，不能自休，就成今日这样子。"我从事潘序伦研究的艰辛历程，使我深为服膺梁先生所说的话。

为了全面完整地再现潘序伦先生生平业绩及其所处的时代，准确反映潘序伦先生身上的爱国主义精神与深沉的家国情怀，我上下求索，其中的酸甜苦辣不足与外人道：且算是为自己的潘序伦研究作了一个交代，且算是自己已经尽力而为了。

为了写好潘序伦先生的故事，我历经数载，在浩如烟海的图书文件、回忆文字、档案资料、人物谈话以及潘序伦先生的著述中，寻寻觅觅，悉心剔爬，并赴各地采访有关人士。我从上海立信会计金融学院档案馆、上海图书馆、国家图书馆、重庆市档案馆、广州市档案馆等，查考档案卷宗及民国书刊。至于南京中央第二历史档案馆，我先后三次涉足。为了掌握大量的可贵的第一手感性材料，在领导的指点下，我先后拜访了许多立信老校友，如时任商业部副部长张世尧，时任财政部副部长陈如龙，时任全国政协常委、著名会计学家杨纪琬，时任财政部科研所所长、博士生导师许毅，时任全国工商联副主席黄凉尘，时任中国民主建国会中央咨议委员会副主任李文杰，时任冶金部财务司司长钟礼华，时任上海财经学院副院长李鸿寿，时任国务院经济研究中心高级研究员吴敬琏等，获得了不少珍贵的有关潘老、校史的口碑资料。经过努力，我创作的《潘序伦传》，由上海人民出版社于2007年5月出版；《中国现代会计之父——潘序伦传》，由立信会计出版社2017年12月出版。

我在研读潘序伦先生事迹的时候，自己的道德品质与心路历程得到了延展。

近年来，我在认真学习习近平新时代中国特色社会主义思想的过程中，对一代宗师潘序伦先生浓烈的家国情怀及其浸润的革命情缘，有所发现、有所感悟，不禁援笔而书，诉诸文字。

2023年是潘序伦先生诞辰130周年。积极传承潘老留下的宝贵精神财富，是十分重要的任务。

在拙著《经世济民——中国现代会计之父潘序伦的家国情怀》付梓之际，我要向下列人士表示衷心的谢意：潘屺瞻、管锦康、陈敏之、王元化、李文杰、李鸿寿、顾树桢、许毅、杨纪琬、娄尔行、诸尚一、丁苏民、黄浦、张曙峰、吴刚、樊锡刚、唐萍、刘全忠、陈有富、陈素芬、成守文、李海波、金家富、徐立元、魏人英、徐文彬、孙庆元、马钟榆、钟陵强、纪剑鸣、吴洁英、邬敏懿、沈雨敏、汪溢中、陆锺美、阙伟民、叶新民、李旸、王晓英、张志高、费嘉、解超、杨力、文选才、刘艳、王军华、温景春、陈洁、赵荣善、李延绍、刘永琴、李文亮、龙英锋、姚惠兰、黄敏、陈嵩莉、崔亦田、李政、孔晨旭、宋小明、李羽佳、孙丽娜、李益、华春荣、窦瀚修、赵新民、张巧玲、张翠芳、孙勇、方士华、彭秋龙等先生。毫无疑问，没有他们的鼎力支持，这本书是难以顺利问世的。

衷心感谢上海立信会计金融学院党委书记解超同志赐序。

2023年7月1日